A Presença de Duns Escoto no Pensamento de Edith Stein

Coleção Estudos
Dirigida por J. Guinsburg

Equipe de realização – Edição de texto: Fernanda Rodrigues Rossi; Revisão: Raquel F. Abranches; Produção: Ricardo W. Neves, Sergio Kon, Lia N. Marques, Luiz Henrique Soares e Elen Durando.

Francesco Alfieri

A PRESENÇA DE DUNS ESCOTO NO PENSAMENTO DE EDITH STEIN
A QUESTÃO DA INDIVIDUALIDADE

PREFÁCIO
Friedrich-Wilhelm von Herrmann

TRADUÇÃO
Juvenal Savian Filho e Clio Francesca Tricarico

Título do original em italiano
La presenza di Duns Scoto nel pensiero di Edith Stein: la questione dell'individualità

Copyright © Morcelliana, Brescia, 2014. All rights reserved. © Springer International Publishing Switzerland 2015.

Dados Internacionais de Catalogação na Publicação (CIP)
(Câmara Brasileira do Livro, SP, Brasil)

A377p

Alfieri, Francesco
A presença de Duns Escoto no pensamento de Edith Stein: a questão da individualidade / Francesco Alfieri ; tradução Juvenal Savian Filho , Clio Francesca Tricarico . - 1. ed. - São Paulo: Perspectiva, 2016.
232 p. : il. ; 22 cm. (Estudos ; 340)

Tradução de: La presenza di Duns Scoto nel pensiero di Edith Stein: la questione dell'individualità
Apêndice
Inclui bibliografia e índice
ISBN 978-85-273-1056-7

1. Duns Scotus, John, ca. 1266-1308. 2. Teresa Benedita da Cruz, Santa, 1891-1942. 3. Antropologia filosófica. 4. Antropologia teológica. 5. Fenomenologia. 6. Hermenêutica. I. Título. II. Série.

16-31923
CDD: 128
CDU: 128

01/04/2016   04/04/2016

Direitos reservados em língua portuguesa à
EDITORA PERSPECTIVA S.A.

Av. Brigadeiro Luís Antônio, 3025
01401-000 São Paulo SP Brasil
Telefax: (011) 3885-8388
www.editoraperspectiva.com.br

2016

Sumário

Prefácio – *Friedrich-Wilhelm von Herrmann* xi
Apresentação – *Clio Francesca Tricarico* xv
Introdução xix
Siglas e Abreviaturas xxv

ESTUDO HISTÓRICO-CRÍTICO DAS FONTES
"ESCOTISTAS" UTILIZADAS POR EDITH STEIN 1

    Possibilidade de uma Filosofia Escotista em Âmbito
    Fenomenológico.................................. 1
    "Quaestiones disputatae de rerum principio":
    Problemáticas Histórico-Literárias 14
    Vital De Furno: Scriptor, Compilator, Commentator,
    Auctor? 37

A QUESTÃO DO "PRINCIPIUM INDIVIDUATIONIS"
NOS ESCRITOS DE DUNS ESCOTO: "ORDINATIO"/
"LECTURA" E "QUAESTIONES SUPER LIBROS
METAPHYSICORUM" (Q. 13) 43

    O "Principium Individuationis": Uma Controversa
    Disputa Medieval................................ 43

A "ultima realitas entis": Acabamento da Perfeição
Ontológica 51
As "Quaestiones super Libros Metaphysicorum"
(Q. 13): Análise das Dificuldades 72

A SINGULARIDADE "INTANGÍVEL" DO SER
HUMANO: A ORIGINALIDADE DA PERSPECTIVA
DE EDITH STEIN 81

A Investigação Fenomenológica de Edith Stein
Sobre o Ser Individual 82
A "Responsabilidade" da Percepção Espiritual
do "Fühlen": A Inviolabilidade da "Pessoa" 97
"Qualidade Positiva do Ente" e "Forma Vazia":
A Originalidade do "Fühlen" 142

CONCLUSÃO 151

Apêndice: O Ponto da Pesquisa Sobre Escoto em 1933,
  Com Base em Ephrem Longpré, O.F.M. –
  Marianus Müller 161
Posfácio: Um Divisor de Águas nos Estudos
  de Fenomenologia – *Juvenal Savian Filho* 171
Bibliografia 187
Índice de Nomes 199

*À comunidade científica
do Grupo de Trabalho Edith Stein
e o Círculo de Gotinga da Associação Nacional
de Pós-Graduação em Filosofia (Brasil).*

Prefácio

O livro *A Presença de Duns Escoto no Pensamento de Edith Stein: A Questão da Individualidade*, do professor Francesco Alfieri, resultante de seu doutoramento em filosofia e publicado originalmente na Itália[1], chama a atenção porque promete algo de excepcional e significativo: realçar as raízes escotistas de aspectos do pensamento de Edith Stein.

A obra já foi traduzida para o inglês[2], para o romeno[3] e agora para o português. Na Romênia, a tradução foi realizada pela profa. Tereza-Brînduşa Palade e publicada pela editora Ratio et Revelatio. No Brasil, a tradução foi feita pelo prof. Juvenal Savian Filho e pela profa. Clio Francesca Tricarico, ambos reconhecidos entre os melhores pesquisadores da obra de Edith

---

1 Cf. F. Alfieri, *La presenza di Duns Scoto nel pensiero di Edith Stein: la questione dell'individualità*. Prólogo de H.-B. Gerl-Falkovitz, Prefácio de A. Ales Bello, Posfácio de G. D'Onofrio. Brescia: Morcelliana, 2014.
2 Idem, *The Presence of Duns Scotus in the Thought of Edith Stein: The Question of Individuality*. Traduzido por G. Metcalf, Prefácio de A. Ales Bello, Posfácio de G. D'Onofrio. Heidelberg/New York/Dordrecht/London: Springer, 2015. (Analecta Husserliana, v. 120.)
3 Cf. F. Alfieri, *Problema individualităţii: presenţa lui Duns Scotus in gindirea lui Edith Stein* (Ratio), control ştiinţific şi prefaţă de T.-B. Palade, traducere din limba italiană de R. Lazarovici Vereş. Oradea (Romania): Ratio et Revelatio, 2015.

Stein, sempre empenhados em promover os estudos steinianos no Brasil por meio do Grupo de Trabalho Edith Stein e o Círculo de Gotinga, da Associação Nacional de Pós-Graduação em Filosofia, fundado recentemente pelo prof. Juvenal Savian Filho.

Neste livro, Francesco Alfieri procede a uma análise exegética e filológica da questão central da antropologia fenomenológica de Edith Stein: a individualidade do ser humano. Sua base primordial é o *opus magnum* da filósofa, a obra *Ser Finito e Ser Eterno: Ensaio de uma Ascensão ao Sentido do Ser*.

Francesco Alfieri investiga o modo como Edith Stein examina a individuação segundo Tomás de Aquino e Duns Escoto, e mostra como a pensadora prefere a posição escotista, com o respectivo conceito de *haecceitas*. Edith Stein, graças ao que aprendera com Edmund Husserl, reinterpretou o pensamento de Duns Escoto sob um ponto de vista fenomenológico e elaborou sua própria concepção da individualidade humana. O que mais interessou a Edith Stein foi justamente a *haecceitas* ou a ecceidade/istidade (*Diesheit*), quer dizer, "esta unicidade" (*Dieseinzigkeit*) que contrai a natureza comum no indivíduo e se mostra como diferença individuante.

Seguindo Duns Escoto nesse aspecto, Edith Stein permite uma clara aproximação com Martin Heidegger e sua obra *Die Kategorien und Bedeutungslehre des Duns Scotus*[4] (A Doutrina de Duns Escoto Sobre as Categorias e o Significado). Na introdução dessa obra, Heidegger declara:

Não pretendo refazer o percurso do problema das categorias por toda a história da Escolástica. Gostaria mais de analisá-lo e avaliá-lo por meio da discussão que dele faz o franciscano Duns Escoto, "o mais arguto entre todos os escolásticos", como definiu Dilthey. Não fui atraído apenas pelo pensamento crítico que, com razão, é tomado como a característica distintiva de Duns Escoto e é absolutamente necessário para os problemas lógicos. Ele me convenceu pela sua total singularidade como pensador, com seus inegáveis traços modernos. Ao falar de *haecceitas*, ele revela maior aproximação à vida real em toda a sua multiplicidade;

---

4   M. Heidegger, *Die Kategorien- und Bedeutungslehre des Duns Scotus*. Tübingen: Mohr, 1916, p. 189-411.

contém também uma possibilidade de tensão mais sutil e mais forte do que aquela dos escolásticos anteriores a ele[5].

Na maior e mais sutil aproximação à vida real constatada em Duns Escoto, Heidegger entrevê sua aproximação aos fenômenos que, para a análise heideggeriana do problema das categorias, era particularmente interessante. Foi, portanto, o espírito fenomenológico que conduziu Heidegger a esse pensador escolástico. A situação é muito semelhante para as fenomenólogas Hedwig Conrad-Martius e Edith Stein que, como constatou Francesco Alfieri, aproximaram-se também dos escritos e do pensamento de Duns Escoto.

Um dos méritos principais da tese de Francesco Alfieri é o de ter esclarecido como e em que medida alguns fenomenólogos encontraram o acesso fenomenológico à filosofia escolástica justamente graças a Duns Escoto e à sua aproximação fenomenológica à vida real representada pelo conceito de *haecceitas*.

A Presença de Duns Escoto no Pensamento de Edith Stein é uma pesquisa muito bem sucedida acerca da fenomenóloga, da individualidade segundo Duns Escoto e da importância do pensador franciscano para o acesso fenomenológico ao pensamento medieval. A riqueza dos resultados alcançados por Francesco Alfieri exige indiscutivelmente que este precioso texto seja traduzido tão logo quanto possível para o alemão. Nesse sentido, espero que esta obra tenha uma ampla recepção no âmbito internacional e possa inspirar, assim, uma fértil discussão filosófica.

Friedrich-Wilhelm von Herrmann
Professor emérito na Albert-Ludwigs-Universität Freiburg

---

5   Ibidem, p. 202.

Apresentação

> *Teu filho está preso no incêndio, tu o salvarás... Se há um obstáculo, venderias teu braço por um auxílio. Tu habitas em teu próprio ato. Teu ato é tu... Tu te transformas... Tua significação se mostra, ofuscante. Este é teu dever, é tua raiva, é teu amor, é tua fidelidade, é tua invenção... O homem é só um laço de relações, apenas as relações contam para o homem.*
>
> ANTOINE SAINT-EXUPÉRY

Um dos pontos centrais da fenomenologia husserliana é a concepção da consciência não como uma coisa, mas como a relação que cada sujeito estabelece com o mundo. A novidade explorada por Husserl exerceu impacto tão grande no pensamento contemporâneo que vários autores recorrerão à autoridade do mestre no momento de fundarem suas filosofias. Alguns se põem em continuidade com ele; outros, contra; todos, porém, que se inspiram na fenomenologia ou que a seguem, decididamente admitem que a consciência é, antes de tudo, uma relação.

Maurice Merleau-Ponty, por exemplo, assume sua filiação a Husserl e procura superar, por meio de uma fenomenologia do corpo, a antiga dicotomia entre o polo do sujeito e o polo do mundo, herdada principalmente da filosofia moderna. Não é por acaso que ele encerra sua obra *Fenomenologia da Percepção*[1] com o texto de Saint-Exupéry – aqui em epígrafe – para dar voz ao artista que com tanta beleza lembra o leitor de que ele é seu ato e de que o homem é um laço de relações. Mais do que meras relações sociais, éticas etc., as relações fundamentais estabelecem-se no próprio modo de ser da consciência.

---

1 M. Merleau-Ponty, *Fenomenologia da Percepção*. Tradução de Carlos Alberto Ribeiro de Moura. São Paulo: Martins Fontes, 2006.

Na mesma obra, no entanto, ainda no esforço de minimizar a polarização sujeito-objeto no interior da intencionalidade, Merleau-Ponty encontra um resíduo ao qual denomina subjetividade indeclinável. *Grosso modo*, trata-se da autoapercepção por parte do sujeito, sustentando sua identidade pessoal. Sem ela, não seria possível tecer uma história pessoal em um modo singular de ser. O si indeclinável, assim, faz com que a vida do sujeito tenha um sentido pessoal, apesar de todas as suas dependências em relação ao mundo e às estruturas subjetivas universais que determinam o seu ser.

Sob esse aspecto preciso, há uma coincidência admirável entre a fenomenologia de Merleau-Ponty e a de Edith Stein, ainda que entre ambos também haja grandes diferenças. Com efeito, um dos interesses primordiais da filósofa foi esclarecer a "estrutura" da pessoa humana, principalmente no que diz respeito ao modo singular de ser, próprio de cada indvíduo.

É também da relação consciência-mundo que parte Edith Stein em sua tarefa de chegar à essência do ser humano. Contudo, no seu dizer, a pessoa humana não poderia ser reduzida apenas aos aspectos universais implicados nessa relação (o polo da subjetividade e o polo do mundo), uma vez que se não existisse algo de singular em seus próprios atos, ou algo que caracterizasse o seu modo singular de ser, então sequer os sentidos constituídos em sua relação com o mundo seriam distinguíveis dos mesmos sentidos constituídos por outros sujeitos. No máximo, seriam distinguíveis apenas quantitativamente; e um sujeito somente poderia ser distinguido de outro sujeito por aspectos quantitativos, ou seja, por meio de sua materialidade ou de suas características espaçotemporais. Em outros termos e no limite, seria a dissolução do indivíduo.

Edith Stein enfrenta, assim, o desafio de dar corpo a uma fenomenologia da singularidade humana. Ela encontra, na filosofia medieval, concepções que a auxiliarão a garantir o caráter pessoal de cada ser humano por meio da admissão de uma qualidade intrínseca a cada indivíduo. A singularidade, para Edith Stein, está relacionada a um centro de irradiação, denominado *núcleo pessoal*, do qual brota o modo singular pelo qual cada indivíduo se torna quem ele é, entra no mundo objetivo dos valores e exprime-se em cada ato. Em termos fenomenológicos, admitir esse núcleo pessoal significa conjugar a generalidade do eu puro com o modo singular do eu empírico e individual. Em termos medievais, significa ver a singularidade como uma qualidade positiva do ente que contrai a natureza comum da espécie em um indivíduo singular, tal como dizia Duns Escoto ao falar da *ultima solitudo* (a solitude última) do ente, em oposição à concepção tomista do indivíduo como resultante da *materia signata quantitate* (matéria assinalada pela quantidade), portanto, com prevalência do aspecto quantitativo.

Mostrar o percurso realizado por Edith Stein e como se articulam em seu pensamento elementos medievais e fenomenológicos foi a principal tarefa realizada por Francesco Alfieri. Tomando como fio condutor o problema do princípio de individuação, o autor refaz o caminho percorrido pela pensadora, identificando convergências e divergências com relação às principais concepções do Medievo, notadamente escotistas.

O livro é caracterizado por uma sólida análise exegética, indo desde o minucioso exame das fontes escotistas até o resgate do epistolário de Edith Stein. O primeiro capítulo é dedicado quase exclusivamente ao levantamento das fontes escotistas consultadas por Edith Stein, com suas respectivas comprovações de autenticidade. No segundo capítulo, é apresentada a disputa medieval sobre a questão do princípio de individuação. Nele, o autor consegue sintetizar o conteúdo da literatura escotista no que se refere especificamente ao princípio de individuação. Todo o trabalho desenvolvido nos dois primeiros capítulos serve de alicerce para o terceiro, no qual a confluência dos pensamentos de Edith Stein e Duns Escoto é trazida à luz, mostrando-se o distanciamento da pensadora em relação às concepções tomistas no que se refere ao princípio de individuação. A análise não se restringe às convergências identificadas entre os pensamentos de Edith Stein e Duns Escoto; aborda também temas de grande relevância para os estudos medievais e contemporâneos, como, por exemplo, a possibilidade do conhecimento seguro de dados individuais (uma vez que conhecer, de modo geral, relaciona-se à captação de regularidades e dados universais). Nesse capítulo, o leitor é conduzido a percorrer as vias que inervam as argumentações, fazendo com que os principais elementos constitutivos da pessoa humana sejam articulados e implicitamente transpassados pelas perspectivas lógica, ontológica e epistemológica, colocando em evidência o alcance e o estilo da investigação steiniana. Nele são explicitados: as relações entre ipseidade e alteridade, entre pessoa e comunidade, a concepção de núcleo pessoal e sua inviolabilidade, os conceitos de matéria-prima e matéria formada, a definição de personalidade humana individual e suas implicações sob o ponto de vista antropológico, os aspectos formal-ontológicos relativos às concepções de forma vazia e preenchimento qualitativo (fundamentais para a compreensão da singularidade), bem como a possibilidade de conhecimento do que é individual pelas Ciências da Natureza e pelas Ciências do Espírito, relacionando os resultados alcançados com as concepções escotistas sobre as quais se fundamentam. Nesse último capítulo, ainda, o autor analisa a possibilidade de conhecimento da essência da pessoa humana, por meio da percepção espiritual do *sentir*, esclarecendo detalhadamente a acepção específica dada a esse termo por Edith Stein.

As análises apresentadas nesta obra, porém, vão muito além. Iluminados a cada momento por uma luz específica dos prismas steiniano e escotista, os estudos realizados por Francesco Alfieri consistem numa base fecunda a partir da qual não só podem ser extraídas importantes chaves de leitura, como também são abertas outras perspectivas para novas investigações sobre o modo singular de ser do indivíduo humano. A profundidade alcançada nessas pesquisas é, sem dúvida, o resultado de uma imersão obstinada nas fontes bibliográficas originais de Duns Escoto e Edith Stein e no estudo exaustivo de suas questões mais obscuras. No entanto, o livro não se restringe ao exame crítico da bibliografia tradicional: dialogando com pesquisadores da atualidade, a obra se abre para o debate no panorama acadêmico, tanto no âmbito da filosofia medieval quanto no campo da fenomenologia. No Brasil, em particular, a relevância deste livro é redobrada, tendo-se em vista, sobretudo, o crescente interesse pela fenomenologia em variados campos do saber como a Psicologia, o Direito, e a Pedagogia, para os quais as investigações aqui desenvolvidas acerca da singularidade da pessoa humana consistem, certamente, numa preciosa contribuição.

Clio Francesca Tricarico
Universidade Federal de São Paulo

Introdução

O ensejo desta introdução é explicitar, em linhas gerais, as motivações que estão na origem deste livro, sobretudo aquelas de caráter científico.

As temáticas ligadas à antropologia filosófica, ao estatuto da pessoa humana e, *in primis*, à individualidade, foram objeto de intensa pesquisa filosófica no século xx. Elas aparecem nos mais diversos pensadores, desde os vinculados ao neoaristotelismo (estilo que se prolonga nos trabalhos hermenêuticos do existencialismo e, portanto, em Gadamer e Buber) até os adeptos do neotomismo. Igualmente, elas são notadas em autores que se inserem no âmbito da revalorização da filosofia política – Hannah Arendt, por exemplo, é autora de clássicos que podem ser considerados válidos também para a antropologia, pois no centro das reflexões contidas em obras como *A Condição Humana* e *A Vida do Espírito*, encontra-se o tema da liberdade individual e de um espaço pessoal precípuo da pessoa –, chegando a autores que buscam uma fundação da democracia pelo *libertarismo* (Nozick).

Esse clima cultural, que atravessa grande parte da filosofia do século xx, é compartilhado pela fenomenóloga Edith Stein em suas exigências de esclarecimento dos pressupostos últimos da pessoa humana e da individualidade. Partindo do aristotelismo e do tomismo, ela reúne, para além dessas duas tradições, importantes contribuições de outras linhas da filosofia medieval, inserindo-as no *corpus* ontológico-formal e gnosiológico próprio da fenomenologia de Edmund Husserl.

Cerca de vinte anos atrás, em relação à realidade filosófica italiana, abria-se um novo período de estudos sobre os escritos de Edith Stein, discípula de Edmund Husserl, muito conhecida pela sua história existencial e espiritual. Se, desde os anos de 1970, na Itália, é possível pesquisar e discutir sobre a contribuição intelectual da nossa pensadora, devemos isso a Angela Ales Bello – fundadora do Centro Italiano di Ricerche Fenomenologiche com sede em Roma –, graças ao seu projeto vanguardista de alavancar a edição crítica das obras de Edith Stein quando esta ainda era praticamente desconhecida naquele país. O longo percurso reflexivo de Angela Ales Bello culminará, em 1992, com a publicação do livro *Fenomenologia dell'essere umano: lineamenti di una filosofia al femminile*[1], que dará a possibilidade a muitos estudiosos de conhecer algumas figuras femininas, expoentes da corrente fenomenológica, que se formavam na "escola" de Husserl durante a sua permanência em Gotinga: Hedwig Conrad-Martius, Edith Stein e, mais tarde, em Friburgo, Gerda Walther. Esse livro e as interessantes conversas teóricas com Angela Ales Bello marcarão o meu percurso intelectual e as investigações aqui propostas.

Em linhas gerais, os objetivos do presente trabalho se enquadram, primeiramente, na tentativa de preencher aquela que, para mim, parecia uma evidente lacuna nos estudos steinianos, italianos ou de outros países (com exceção de pouquíssimos trabalhos, como os de Angela Ales Bello[2], Bottin[3] e outros aos quais fazemos referência aqui): sob a perspectiva de uma reconstrução historiográfica, a problemática da pessoa e da individualidade foi considerada pelos intérpretes e pelos comentadores steinianos sempre como uma continuidade do

---

1 Cf. A. Ales Bello, *Fenomenologia dell'essere umano*.
2 Idem, Il "singolo" e il suo volto, em D. Vinci (org.), *Il volto nel pensiero contemporaneo*, p. 176-190.
3 Cf. F. Bottin, Tommaso D'Aquino, Duns Scoto e Edith Stein sulla individuazione, *Il Santo*, n. 49, p. 121-129.

pensamento de Aristóteles e Tomás de Aquino. Certamente não faltam nos textos steinianos referências e capítulos inteiros cujo teor consiste no debate com a escola aristotélico-tomista. Mas, sob meu ponto de vista, o problema encontrado nos estudos historiográficos sobre o tema consiste não apenas no levantamento das pesquisas feitas por Edith Stein sobre o pensamento desses dois grandes filósofos – pesquisas essas, aliás, mediadas por uma produção literária secundária, com exceção das voltadas ao *De veritate* de Tomás de Aquino e obras de Aristóteles, sobretudo a *Metafísica* –, mas principalmente na constatação de que as relações com a tradição do pensamento aristotélico-tomista não são certamente mais intensas e mais profícuas que as estabelecidas por Edith Stein com Duns Escoto, embora, também aqui, o acesso às fontes originais e primárias não seja explícito.

Considerei importante, então, procurar preencher essa lacuna. Mais especificamente, pareceu-me indispensável identificar o que denominei *convergências escotistas* nas obras de Edith Stein, assumindo como ponto de referência *Endliches und ewiges Sein* (Ser Finito e Ser Eterno), precisamente o capítulo VIII, evidente ponto culminante de toda uma série de reflexões disseminadas ao longo de sua obra, desde sua tese sobre a empatia, de 1916. O capítulo VIII de *Endliches und ewiges Sein* representou o ponto a partir do qual começa um processo retroativo, nem sempre linear, de reconstrução das citadas influências escotistas, o que se mostrou mais difícil à medida que o debate com a obra tomista aparecia, num primeiro momento, como o mais privilegiado por Edith Stein. Tomás de Aquino, como Aristóteles, parecia inicialmente delimitar as fronteiras doutrinais dentro das quais Edith Stein contextualizava as suas pesquisas fenomenológicas sobre o problema da individuação, mas, como fica evidente pelos seus escritos, o aprofundamento dessas análises levou-a de modo completamente natural a um debate sempre mais cerrado com a especulação do pensamento do Doutor Sutil. Não é preciso dizer que as temáticas escotistas não são transpostas ou aceitas servilmente por Edith Stein: há pouco, falamos de convergências direcionadas às doutrinas escotistas, sinalizando como Edith Stein soube interpretar de maneira totalmente original o método fenomenológico, inserindo-o nas temáticas da metafísica medieval, trazendo de uma e de outra tradição motivos, conhecimentos e resultados teóricos que permitiram, no âmbito da tradição fenomenológica, um tratamento sobre a temática da individuação de absoluta originalidade. Originalidade que faz de Edith Stein uma das figuras mais importantes no panorama filosófico do século xx, especialmente no que diz respeito às questões antropológicas.

A especificidade da produção de Edith Stein está no fato de que o seu trabalho é, desde o início, *comunitário*: sua obra é plena de debates, pressupostos, referências a outros autores que, no espírito da sua pesquisa, resultaram fundamentais ao longo da estrada que conduz à verdade. O método aprendido na escola de Husserl consistia em um trabalho que escapava completamente das formas de puro solilóquio; o próprio Husserl convidava seus alunos a seguir determinadas linhas de pesquisa de modo a fazê-los convergir em direção a uma espécie de "câmara de compensação" na qual seus trabalhos eram reavaliados, reajustados, rediscutidos, sempre sob a égide do *immer wieder*, que era a palavra de ordem do método husserliano. Os alunos, dentre os quais recordamos Hedwig Conrad-Martius, Alexander Pfänder, Max Scheler, Jean Hering, Alexandre Koyré, Gerda Walther, foram moldados nesse espírito comunitário que impregnou o seu modo de proceder, no sentido de permitir-lhes ampliar – e é o caso específico de Edith Stein e de Hedwig Conrad-Martius – de maneira considerável a *epoché* e a redução fenomenológica em direção a escavações arqueológicas não direcionadas só e exclusivamente à amplitude do Eu transcendental como em Husserl, mas também voltadas para as contribuições da tradição.

Esse espírito comunitário de pesquisa, próprio dos fenomenólogos, é central nos trabalhos de Angela Ales Bello, nos quais insistiu em manter as peculiaridades da fenomenologia enquanto tal, conseguindo transmitir, ao longo de uma pesquisa de quarenta anos, esse mesmo espírito comunitário aos colaboradores, provenientes de vários países, que frequentam o Centro Fenomenológico romano. De fato, como diz a própria Angela Ales Bello,

uma característica interessante, que se refere às nossas filósofas e em geral aos círculos filosóficos que se reuniram em torno a Husserl, consiste na modalidade de condução da pesquisa, uma pesquisa não individual, mas verdadeiramente comunitária, como deveria ser a pesquisa do que é verdadeiro[4].

Em minha opinião, é possível afirmar que, dentro dessa comunidade de alunos, que se amalgamaram à figura carismática de Husserl, não poucos foram aqueles que demonstraram, no início do século XX, um fatual, concreto interesse pela obra de Duns Escoto. O Círculo de Gotinga tinha já assumido certo interesse pelos textos escotistas, posteriormente revelados apócrifos, com base na edição crítica atual. Em 1916, Heidegger escreve *Die Kategorien- und Bedeutungslehre des Duns Scotus* e, em 1921, Edith Stein e Hedwig Conrad-Martius dão início à tradução a quatro mãos do original francês *Essai sur l'idée de Dieu et les preuves de son existence chez Descartes*, de Alexandre Koyré, encontrando algumas *Quaestiones* – que Edith Stein retomará em *Endliches und ewiges Sein* – do famoso pseudoepígrafo, por muito tempo atribuído ao Doutor Sutil, intitulado *Quaestiones disputatae de rerum principio*. Como defenderei, com base em uma análise e um confronto histórico-crítico pontual dos códices (V+T+Is), o autor dessas *Quaestiones* é incontestavelmente o franciscano Vital de Furno; mas isso necessariamente deveria escapar à Edith Stein uma vez que somente naqueles anos teve início um estudo sistemático da edição crítica dos escritos escotistas.

Perguntar-se-á, além disso, se o interesse pela filosofia medieval por parte de Edith Stein – geralmente remetido aos idos de 1929 com a publicação da sua tradução do *De veritate* de Tomás de Aquino – remonta na realidade a 1921, como também é possível constatar a partir da análise de alguns *Excerpta* conservados no Edith Stein-Archiv de Colônia. A tradução da obra de Koyré forjará e consolidará o trabalho comunitário acima citado, a ponto de a própria fenomenóloga lhe confiar a revisão da primeira parte de *Endliches und ewiges Sein* concernente à filosofia medieval.

Justamente por essas aquisições, tornou-se necessária uma análise, o mais abrangente possível, dos escritos do Doutor Sutil em relação à questão do princípio de individuação que, nesse

---

4 A. Ales Bello et al. (orgs.), *Edith Stein, Hedwig Conrad-Martius*, p. 19.

ponto, revelava-se de absoluta importância para poder estabelecer o discurso sobre as convergências stenianas direcionadas aos temas escotistas. Tal análise servirá, enquanto eminentemente filológica, para estabelecer qual é a última palavra ou estágio maduro do pensamento de Duns Escoto sobre a individuação, assumidos como pontos de referência a *Ordinatio/Lectura* e as *Quaestiones super Libros Metaphysicorum* (q. XIII).

Por todos esses motivos, nossa investigação procurará fazer uma reconstrução da obra de Edith Stein, sempre seguindo o fio condutor da problemática da individuação; é nesse aspecto que se concentraram as convergências com o pensamento escotista. Procurar-se-á entender como a posição tomista relativa à *materia signata quantitate* não é mais suficiente aos olhos de Edith Stein para a compreensão do sentido profundo do princípio (único) de individuação ou, como destacarei mais adiante, da *singularidade* que permite considerar melhor a essência do ser humano não apenas do ponto de vista metafísico, mas também e mais abrangentemente antropológico, buscando ampliar a perspectiva fenomenológica por meio do recurso teórico da metafísica medieval.

Siglas e Abreviaturas

CÓDICES MANUSCRITOS UTILIZADOS

T   Todi, Biblioteca Comunale, cód. 95
Is   Roma, Collegio S. Isidoro, cód. 1/15
V   Cidade do Vaticano, Biblioteca Vaticana, cód. lat. Borghesiano 192

SIGLAS DAS OBRAS DE EDITH STEIN

ESW   *Edith Steins Werke*
ESGA *Edith Stein Gesamtausgabe*

REVISTAS E COLEÇÕES

AFH   *Archivum Franciscanum Historicum*. Periodica publicatio trimestris cura PP. Collegii S. Bonaventurae, Ad Claras Aquas (Quaracchi-Grottaferrata a partir de 1908)

AHDL   *Archives d'histoire doctrinale et littéraire du Moyen Âge* (Paris a partir de 1926)
AHus   *Analecta Husserliana* (Dordrecht/London/Boston a partir de 1971)
AL   *Aristoteles Latinus* (Leiden a partir de 1961)
Anton   *Antonianum*. Periodicum philosophico-theologicum trimestre. Editum cura Professorum Collegii S. Antonii de Urbe (Roma a partir de 1926)
AO.F.M.   *Acta Ordinis Fratrum Minorum* (Florença a partir de 1898)
BullFr   *Bullarium Franciscanum Romanorum Pontificum constitutiones, epistolas ac diplomata continens*. Ed. Joannes Hyacinthus Sbaralea; Conradus Eubel (Roma 1-7, 1759-1904; Suppl. 1780; Epitome 1908)
CFr   *Collectanea franciscana*. Periodicum cura Instituti Historici Ordinis Fratrum Minorum Capuccinorum editum (Assis-Roma a partir de 1931)
DThC   *Dictionnaire de théologie catholique* (Paris 1889-1950; *Tables générales*, Paris 1951-1972)
EtFr   *Études franciscaines*. Publiées par des religieux de l'ordre des Frères mineurs capucins (Paris 1899-1977)
FIP.P   *Franciscan Institute Publications. Philosophy Series* (Franciscan Institute. St. Bonaventure University, St. Bonaventure, NY, a partir de 1944)
FrFr   *France franciscaine*. Recherches de théologie, philosophie, histoire. Revue trimestrielle d'études franciscaines pour les pays de langue française (Paris 1912-1939)
FrSA   *Franciscan Studies* (The Franciscan Institute of St. Bonaventure University, St. Bonaventure, NY, a partir de 1963)
FS   *Franziskanische Studien* (Werl in Westfalen a partir de 1914)
GCFI   *Giornale critico della filosofia italiana* (Florença a partir de 1920)
HLF   *Histoire littéraire de la France* (Paris a partir de 1733; nouv. éd. a partir de 1835)
HWP   *Historisches Wörterbuch der Philosophie* (Basel a partir de 1971)

JPPF	*Jahrbuch für Philosophie und phänomenologische Forschung* (Halle 1913-1930)
MF	*Miscellanea francescana*. Revista trimestral de ciências teológicas e de estudos franciscanos (Roma a partir de 1936)
MFS	*Miscellanea francescana di storia, di lettere, di arti* (Foligno/Assis/Roma 1886-1935)
MS	*Medieval Studies*. Pontifical Institute of Medieval Studies (Toronto a partir de 1939)
PhJ	*Philosophisches Jahrbuch der Görres-Gesellschaft* (Fulda a partir de 1888)
Phron	*Phronesis. A Journal for Ancient Philosophy* (Assen a partir de 1955/1956)
RMet	*Review of Metaphysics. A Philosophical Quarterly* (New Haven, CT, a partir de 1947)
RFNS	*Rivista di filosofia neo-scolastica* (Milão a partir de 1909)
RSPhTh	*Revue des sciences philosophiques et théologiques* (Paris a partir de 1907)
StFr	*Studi francescani*. Publicação trimestral organizada pelos Frati Minori d'Italia (Florença a partir de 1914; cont. de *La Verna*, Florença 1903-1913)
StPat	*Studia Patavina*. Revista de filosofia e teologia (Pádua a partir de 1954)
WiWei	*Wissenschaft und Weisheit. Zeitschrift für Augustinisch-Franziskanische Theologie und Philosophie in der Gegenwart* (Mönchengladbach a partir de 1934)

Estudo Histórico-Crítico das Fontes "Escotistas" Utilizadas Por Edith Stein

As análises das fontes "escotistas" empregadas por Edith Stein me levaram a percorrer, inicialmente, um caminho inverso dentro da escola fenomenológica para chegar a datar a sua primeira abordagem do estudo de Duns Escoto. Esse processo foi extraído do seu epistolário e das análises das fontes diretas e indiretas de Duns Escoto utilizadas nas suas investigações fenomenológicas, especialmente em relação às *Quaestiones disputatae de rerum principio*. Faz-se necessário examinar o *status quaestionis* dessa pseudoepígrafe, por muito tempo atribuída ao Doutor Sutil, fazendo o percurso indispensável para estabelecer a paternidade literária.

POSSIBILIDADE DE UMA FILOSOFIA ESCOTISTA EM ÂMBITO FENOMENOLÓGICO

A retomada dos "escritos" de Duns Escoto em âmbito fenomenológico percorre o caminho de muitos expoentes dessa corrente de pensamento. Inicialmente, Martin Heidegger relê a especulação medieval em termos fenomenológicos; esse interesse torna-se mais concreto nas análises conduzidas por Alexandre Koyré, Edith Stein e Hedwig Conrad-Martius. A assimilação das *Quaestiones disputatae de rerum principio*, paralelamente às investigações realizadas por Koyré, parece ser fundamental para determinar a posição de Edith Stein em relação à doutrina do Doutor Sutil.

Os Discípulos de Edmund Husserl e a Recuperação dos "Escritos" do Doutor Sutil

Se quiséssemos datar, dentro da escola fenomenológica, o início de um estudo sistemático da filosofia medieval, com particular atenção à recuperação dos "escritos" considerados do Doutor Sutil, poderíamos buscá-lo na obra do jovem Martin Heidegger, *Die Kategorien- und Bedeutungslehre des Duns Scotus* (1916)[1]. Na realidade, o retorno à filosofia medieval[2] por

---

1 M. Heidegger, *Die Kategorien- und Bedeutungslehre des Duns Scotus*, p. 189-411. Esse livro é dedicado ao estudo da lógica e das categorias em Duns Escoto segundo a Gramática especulativa. Grabmann demonstrou que essa obra não é de Duns Escoto, mas de Tomás de Erfurt. (Cf. M. Grabmann, Die Entwicklung der mittelalterlichen Sprachlogik, *PHJ*, n. 35, p. 121-135.) Da mesma opinião é também E. Longpré, *La Philosophie du B. Duns Scot*, p. 15. Não tem a mesma opinião Onorio Pontoglio, que defende que o estudo de Heidegger se funda sobre obras de certa atribuição escotista. (Cf. O. Pontoglio, La dottrina scotista dell'intenzionalità nell'interpretazione di M. Heidegger, em Commissionis Scotisticae (org.), *De doctrina Ioannis Duns Scoti*, v. 4, p. 653-657. Todavia, Heidegger não tomará posição com relação à atribuição a Duns Escoto desse escrito, que estuda e comenta na sua monografia em termos modernos.

2 A Idade Média, para grande parte dos pensadores protestantes, é apenas teologia, o que poderia explicar o motivo pelo qual ela é negligenciada ou rapidamente descartada por Husserl. Na correspondência pessoal do autor, conservada no *Husserl-Archief* de Lovaina, encontrei um único *Exzerpt* (Ms. trans. F 1 30/43a-b) no qual ele faz referência explícita a Duns Escoto. Transcrevo o texto na íntegra: "Der (Randbemerkung Leibniz) zentrale Geist für alle diese Entwicklungen ist Leibniz (1646-1716). 14 Jahre nach Spinoza und Locke geboren, 38 nach Descartes. Anfangend als Rationalist, aber von vornherein bei seiner außerordentlichen historischen Bildung und Anregsamkeit vielfältig motiviert, hat er nicht nur von der neuen Naturwissenschaft und vom Cartesianismus her Bestimmungen erfahren, sondern aus antiken und mittelalterlichen Philosophien, von den Italienischen Naturphilosophen und von den englischen Platonikern und sonstigen Philosophen der Renaissance. Charakteristisch ist die absolute Hochschätzung mit der er immer wieder von Platon und Aristoteles, selbst von den Neu-Platonikern spricht, der Ernst mit dem er die Scholastik gegen die modischen Einwürfe verteidigt, wie er dann von Thomas und auch von *Duns Scotus* erheblich beeinflusst war. Die teleologische Weltanschauung hat in seinem Gemüt feste Wurzeln ▶

Edmund Husserl (primeira geração dos fenomenólogos) não foi realizado com a mesma atenção dada à filosofia grega, ao contrário do tratamento dado por Martin Heidegger, Max Scheler (segunda geração) e em seguida também por Alexandre Koyré, Edith Stein e Hedwig Conrad-Martius (terceira geração), que resgataram, nas suas investigações fenomenológicas, algumas figuras fundamentais da filosofia escolástica.

O trabalho de Heidegger sobre o Doutor Sutil, em parte por causa da necessidade de iniciar uma carreira como docente universitário, era por ele considerado o programa para um *Lebensarbeit*: apresentar a filosofia medieval e moderna não como contraste, mas como etapas sobre a via de pensamento em direção à explicação do ser. A abertura ao estudo da filosofia medieval, como escreveu o jovem Heidegger,

consistia, primeiramente, não tanto em uma análise das relações históricas entre os vários pensadores, mas na compreensão interpretativa dos conteúdos teóricos da sua filosofia por meio dos instrumentos da filosofia moderna. Assim nasce a minha análise sobre a doutrina das categorias e do significado de Duns Escoto. Deu-me também inspiração para o projeto de uma descrição completa da lógica e da psicologia medieval à luz da fenomenologia moderna considerando a posição histórica de cada pensador medieval[3].

> gefasst. Von konfessionellen Schranken, von kirchlichem Dogma ist er, der Mann eifriger Versöhnungsversuche aller christlichen Kirchen, frei". Tradução nossa: "O promotor (observação ao lado de Leibniz) principal de todos esses desenvolvimentos é Leibniz (1646-1716). Nascido 14 anos depois de Spinoza e Locke, e 38 anos depois de Descartes, iniciou como racionalista, mas com múltiplos interesses também graças à sua extraordinária cultura histórica; não sofreu apenas influência das ciências naturais e de Descartes, mas tomou inspiração também de filósofos antigos e medievais, de filósofos naturalistas italianos e de platônicos ingleses, além de outros filósofos do Renascimento. É característica a grande estima com a qual retorna sempre a falar de Platão e de Aristóteles, mas também dos neoplatônicos. É evidente, além disso, a seriedade com a qual defende a Escolástica das críticas modernas e também a sua determinante dependência de Tomás de Aquino e *Duns Escoto*. A ótica teológica ocupa, na sua mente, um lugar importante. Como homem que tentou de todo modo encontrar pontos de encontro entre todas as confissões cristãs, ele é livre das limitações confessionais e dos dogmas eclesiásticos" (grifos nossos).

3   H. Ott, *Martin Heidegger*, p. 86: "Vorerst weniger in einem Herausstellen der historischen Beziehungen unter den einzelnen Denkern, als in einem deutenden Verstehen des theoretischen Gehaltes ihrer Philosophie mit den Mitteln der modernen Philosophie. So entstand meine Untersuchung über die Kategorien- und Bedeutungslehre des Duns Scotus."

O nosso objetivo não é entrar nas sutis questões de interpretação que se referem à releitura da especulação medieval por parte do autor, mas apenas indicar a perspectiva inicial na qual se coloca a investigação de Heidegger, que abandona o trabalho sobre a lógica medieval por ocasião de sua mudança de Friburgo após o fracasso em obter a cadeira que lhe havia sido proposta[4]. Ele não pôde realizar esse projeto porque o seu percurso tomou outra direção com a publicação de *Sein und Zeit*[5], obra na qual se delineam as primeiras diferenças que o levariam ao distanciamento da fenomenologia de Husserl.

Diferentemente de Heidegger, Edith Stein amplia os horizontes das suas pesquisas para a especulação medieval e, mesmo permanecendo fundamentalmente ancorada no método fenomenológico – e em particular àquele contido no segundo volume de *Logische Untersuchungen* de Husserl[6] – traça o percurso necessário para alcançar a *filosofia cristã* apresentada em *Endliches und ewiges Sein*, capaz de conciliar os resultados da filosofia e da teologia.

Abordagem à Perspectiva Escotista
nas Análises Fenomenológicas de Edith Stein

Percorreremos as etapas da formação intelectual de Edith Stein para identificar a sua primeira abordagem à filosofia escolástica e à especulação do Doutor Sutil. O percurso é articulado em dois momentos: um é extraído de seu epistolário e o outro indica as possíveis influências escotistas sobre as suas análises fenomenológicas.

---

4 Cf. W. Kölmel, Heidegger und Duns Scotus, em L. Sileo (org.), *Via Scoti*, p. 1145-1155.
5 M. Heidegger, *Sein und Zeit*, 1927.
6 E. Husserl, *Logische Untersuchungen*. Tal é a influência desse trabalho em determinar o caminho filosófico da estudiosa, que ela, depois de ter lido a obra, decidiu seguir presencialmente as aulas que Husserl estava dando em Gotinga em 1913. (Cf. E. Stein, *Aus dem Leben einer jüdischen Familie und weitere autobiographische Beiträge*, p. 170.)

O Início do Estudo de Duns Escoto
por Edith Stein e Hedwig Conrad-Martius (1922)

A única referência explícita no epistolário de Edith Stein, no qual indubitavelmente se destaca no pano de fundo de sua pesquisa o interesse pela doutrina de Duns Escoto, aparece em uma carta endereçada ao seu companheiro de estudos e amigo polonês, Roman Ingarden, escrita pouco depois do seu ingresso no Carmelo de Colônia, em outubro de 1933: "Durante as últimas semanas, pude finalmente dedicar um pouco de tempo a Duns Escoto, o que nunca havia conseguido fazer, mesmo se há muito já sei quais tesouros podem ser descobertos nele."[7]

Anteriormente, Franz Pelster, em uma carta de 19 de maio de 1931, endereçada a Edith Stein, agradecendo por ter lhe enviado de presente a tradução em alemão das *Quaestiones disputatae de veritate*, convidou-a a traduzir

com o mesmo método, outras obras de Tomás de Aquino e não somente dele – uma vez que é um erro fundamental o de esperar que o melhor da filosofia escolástica venha apenas de Tomás de Aquino, não dando a justa importância a outros como Henrique de Gand, Escoto, Auriol, Ockham[8].

Edith Stein teria iniciado o estudo de Duns Escoto em 1933? Como interpretar a última parte da carta endereçada a Ingarden na qual ela mesma afirma conhecer "há muito, quais tesouros podem ser descobertos nele"? Para responder a essas perguntas é necessário percorrer o caminho inverso até chegar aos anos da sua conversão ao catolicismo (1921-1922) que obviamente orientou a direção das suas pesquisas intelectuais. Edith Stein refere-se a esse período no prefácio de *Endliches und ewiges Sein*, no qual informa ao leitor: "de Hedwig Conrad-Martius recebi importantes estímulos, há tanto tempo atrás, quando vivíamos e trabalhávamos juntas intensamente"[9]. Apenas uma análise atenta da história das duas estudiosas no período em que

---

7   E. Stein, *Selbstbildnis in Briefen*, v. 3, p. 234-235.
8   Idem, *Selbstbildnis in Briefen*, v. 1, p. 171-172: "Nach der gleichen Methode auch andere Werke von Thomas und nicht nur von Thomas – es ist ein fundamentaler Irrtum, wenn man alles Heil in der scholastischen Philosophie von Thomas erwarter u. andere, wie Heinrich von Gent, Scotus, Aureoli, Ockham."
9   Idem, *Endliches und ewiges Sein*, p. 7.

estão juntas esclarece um aspecto, não levado em consideração até agora, do seu percurso intelectual em relação à Escolástica. As duas fenomenólogas se encontraram em agosto de 1920, quando Edith Stein estava preparando a coleção *Gesammelte Schriften* em memória de Adolf Reinach, discípulo de Husserl, morto durante a Primeira Guerra Mundial. Na casa de Pauline Reinach, Edith Stein encontrou Hedwig Conrad-Martius. "Entendemo-nos muito bem e irei a Bergzabern[10] nas próximas férias": essas são as palavras que lembram o primeiro encontro das duas, descrito por Edith Stein em uma carta de 1920 a Roman Ingarden[11].

Em maio de 1921, Edith Stein vai de Gotinga a Bergzabern para ajudar Hedwig Conrad-Martius no vultoso trabalho e também para que juntas se dedicassem à pesquisa científica[12]. Ela permanece como hóspede na casa do casal Conrad até o início de agosto do mesmo ano[13]. Tanto quanto Edith Stein, Hedwig Conrad-Martius também vivia um período de crise, como nos conta em suas memórias de 1958: "Quando Edith ficou conosco da última vez por um período maior, encontramo-nos ambas em uma crise religiosa."[14] Esse é o período no qual Edith Stein acaba de ler, na casa da amiga, a *Vida de Teresa d'Ávila*, obra que lhe tinha sido presenteada por Anne e Pauline

---

10 A residência do casal Conrad em Bergzabern torna-se, com o passar do tempo, o lugar no qual se encontrarão muitos dos discípulos de Husserl para dar continuidade às suas investigações fenomenológicas. A esse respeito, recomendo o interessante estudo realizado por Joachim Feldes no qual são descritas de modo minucioso as ligações entre Edith Stein, o casal Conrad, Hering, Koyré e outros; vínculos não ocasionais, mas reveladores de uma profunda unidade de tipo intelectual que envolve toda a sua pessoa. O círculo fenomenológico se apresenta, assim, exemplar, indicando como deveria ser uma pesquisa em espírito de colaboração, de amizade e de compartilhamento dos resultados alcançados. (Cf. J. Feldes, Il rifugio dei fenomenologi, em A. Ales Bello; F. Alfieri; M. Shahid (orgs.), *Edith Stein, Hedwig Conrad-Martius*, p. 23-50.)
11 E. Stein, *Selbstbildnis in Briefen*, v.3, p. 130-131 (Carta de 9 de set. 1920).
12 Ibidem.
13 Ibidem, p. 139-141 (Carta de 30 de ago. 1921).
14 H. Conrad-Martius, *Meine Freundin Edith Stein*. Esse texto, de 9 de março de 1958, é uma conferência realizada pela autora na sede da Sociedade para a Cooperação judaico-cristã, posteriormente publicado em *Hochland*, n. 51, 1958, p. 38-48. O original é o Ms. A XXI 2, conservado no legado da pensadora na Bayerische Staatsbibliothek de Munique (cf. *Catalogus codicum manu scriptorum Bibliothecae Monacensis. Die Nachlässe der Münchener Phänomenologen in der Bayerischen Staatsbibliothek*, p. 224). Cf. W. Herbstrith (org.), *Edith Stein*.

Reinach[15]. O que une as duas fenomenólogas é a conversão, passo dado por ambas simultaneamente, ainda que tenham seguido direções diferentes na metade do percurso: enquanto Edith Stein se converte ao catolicismo, Hedwig Conrad-Martius abraça a fé protestante.

A estada de Edith Stein em Bergzabern também visava à pesquisa científica. Nessa ocasião[16], elas deram início à tradução para o alemão do original francês *Essai sur l'idée de Dieu et les preuves de son existence chez Descartes*[17] de Alexandre Koyré[18]. A tradução a quatro mãos desse texto marcou, para as duas fenomenólogas, o início de um primeiro contato, ainda

15 Sacra Congregatio Pro Causis Sanctorum, *Canonizationis servae Dei Teresiae Benedictae*, p. 437. Em agosto de 1965, será chamada a depor, no Processo Rogatorial de Namur, a irmã Pauline Reinach, que declarará o seguinte: "Au cours de l'été 1921, alors que la Servante de Dieu allant nous quitter, ma bellesoeur et moi-même l'avons invitée à choisir un ouvrage dans notre bibliothèque. Son choix se porta sur une biographie de Ste Thérèse d'Avila, écrite par elle-même. De ce détail, je suis absolument certaine. J'ai lu dans des biographies de la Servante de Dieu que celle-ci s'était aussi procurée une vie de Ste Thérèse chez Mme Conrad-Martius. Personnellement, je n'ai jamais eu connaissance de ce dernier fait, de science directe. J'ai lu que c'est dans la vie de Ste Thérèse que la Servante de Dieu aurait [*trouvé la vérité*]." Esse depoimento não está de acordo com o que lemos na primeira biografia de Edith Stein, escrita pela Madre Teresia Renata de Spiritu Sancto (T.R. Posselt) nos primeiros anos pós-guerra; texto que, no decorrer do tempo, foi reeditado muitas vezes e traduzido para diversas línguas: T.R. Posselt, *Das Lebensbild einer Karmelitin und Philosophin*, p. 28. A biógrafa escreverá: "Um dia, durante a nossa estada, ambos os cônjuges tinham que sair para um compromisso. Antes de sair, a Sra. Conrad-Martius convidou a amiga a escolher um livro da estante, colocando-a inteiramente à sua disposição. A própria Edith conta: tomei um livro 'ao acaso'. Era a vida de Santa Teresa d'Ávila escrita por ela mesma. Comecei a ler e fui rapidamente tomada pela leitura de modo que não consegui parar até terminá-la. Quando fechei o livro pensei: 'eis a verdade'." Muito provavelmente, Edith Stein levou consigo o livro presenteado pelos Reinach e terminou de lê-lo no período em que estava hospedada na residência do casal Conrad.
16 Cf. E. Stein, *Selbstbildnis in Briefen*, v. 3, p. 150-151 (Carta de 30 de set. 1922).
17 A. Koyré, *Essai sur l'idée de Dieu et les preuves de son existence chez Descartes*. A tradução foi publicada em 1923 com o título *Descartes und die Scholastik* pelo editor Cohen de Bonn, sem os nomes dos tradutores (reimpr. Bonn: Bouvier, 1971 e Darmstadt: Wissenschaftliche Buchgesellschaft, 1971). A obra foi incluída na ESGA.
18 A. Koyré (1892-1964) tinha chegado a Gotinga em 1908-09 para estudar matemática e filosofia com Hilbert e Husserl. A leitura das obras *Philosophie der Arithmetik* e *Logische Untersuchungen* levou Koyré a apresentar, em 1912, três pequenos textos sobre a filosofia da matemática, que Husserl, porém, não aceitou como trabalho de doutorado. (Cf. P. Zambelli, Alexandre Koyré alla scuola di Husserl a Gottinga, GCFI, p. 303-354.) Em seguida, Koyré mudou-se para ▶

que de maneira indireta, com uma obra por muito tempo atribuída ao Doutor Sutil, utilizada por Koyré em sua monografia: *Quaestiones disputatae de rerum principio*. As *quaestiones* utilizadas pelo autor na sua monografia são as q. IV n. 18[19] e a q. 11 n. 15[20]. É indiscutível que ele não distinguia as obras autênticas das de dúbia atribuição a Duns Escoto[21]; refiro-me particularmente à distinção entre o *Tractatus de primo rerum omnium principio* e as *Quaestiones disputatae de rerum principio*.

Em seguida, Edith Stein traduzirá algumas partes das *Quaestiones disputatae de rerum principio* – como se deduz pelo epistolário pessoal conservado no Arquivo Stein de Colônia[22] –, às quais ela fará referência, de modo explícito, durante as aulas que ministrou em Münster em 1933 (*Was ist der Mensch? Theologische Anthropologie*)[23] e, por fim, na sua última obra *Endliches und ewiges Sein*[24]. Existe outro fato digno de ser levado em consideração: a q. IV, *Utrum Deus de necessitate producat res?*, constitui a ponte que liga o estudo de Koyré sobre Descartes às duas obras de Edith Stein acima referidas. Por essa razão, a *quaestio* deverá ser reconstruída quando analisarmos

▷ Paris e, em 1929, começou a ensinar na Universidade de Montpellier, mas sem interromper os vínculos com o primeiro círculo de fenomenólogos.

19   A. Koyré, *Essai sur l'idée de Dieu et les preuves de son existence chez Descartes*, p. 79, 192-193: "Voluntas Dei est causa rerum, et nullum habet motivum in causando."

20   Ibidem, p. 71, 183-184: "Substantia animae est idem, quod sua potentia realiter, ita quod anima dicitur forma per comparationem ad corpus quod perficit, cui dat esse substantiale: sortitur vero nomen et rationem potentiae, solo respectu et comparatione ad varia objecta et operationes, ita quod anima et actum suum eliciat, et actum subjective suscipiat, ut patet in actu intelligendi: per suam substantiam est principium eliciens actum et efficienter, et etiam subjective, non per aliquam potentiam re absoluta differentem ab ea."

21   As obras completas de Duns Escoto, publicadas pela primeira vez em 1639, em Lyon, por Luca Wadding, foram republicadas em *Joannes Duns Scotus, Opera omnia*, 1891-1895. Tanto uma como outra edição contêm escritos autênticos e não autênticos ou espúrios de Duns Escoto. Na sua monografia, Koyré utiliza a edição Vivès.

22   Seção *Exzerpte* (folhas soltas). Para a compreensão do gênero literário *quaestio*, recomendo B.C. Bazan et al., *Les questions disputées et les questions quodlibétiques dans les facultés de théologie, de droit et de médecine*, p. 31-40.

23   E. Stein, *Was ist der Mensch?*, p. 61. A autora, realizando um *excursus* sobre a doutrina da liberdade em Agostinho, utiliza a q. IV do *De rerum principio* na tentativa de confrontar a posição de Duns Escoto com a de Agostinho e Tomás de Aquino.

24   A autora utilizará as *quaestiones* VII, VIII e IV. (Cf. E. Stein, *Endliches und ewiges Sein*, p. 346-348 e 355.)

a estrutura das *Quaestiones disputatae de rerum principio* em todas as suas partes.

Somente se não subestimarmos o impacto que Edith Stein sofreu a partir do estudo da obra de Alexandre Koyré, conseguiremos compreender melhor por que, por ocasião de uma de suas visitas ao Carmelo de Colônia em 1935, ela quis entregar-lhes os originais dos primeiros capítulos de *Endliches und ewiges Sein*, para que ali fossem verificadas, principalmente, as passagens referentes à Escolástica[25].

Do mesmo modo, podemos reinterpretar o período da conversão ao catolicismo de Edith Stein e a nova orientação das suas pesquisas a partir do exame das *Quaestiones disputatae de rerum principio* de 1922, que antecipa consideravelmente o interesse pelo estudo mais sistemático sobre Tomás de Aquino. Em 1929, ela publica *Husserls Phänomenologie und die Philosophie des hl. Thomas von Aquino*[26], colocando em confronto a fenomenologia de Husserl com a filosofia de Tomás de Aquino; o encontro com este lhe permite ampliar os horizontes em direção a uma metafísica cristã sem fazê-la abandonar a fenomenologia do seu mestre.

As Fontes Escotistas em "Endliches und ewiges Sein"

Na elaboração de *Endliches und ewiges Sein*, Edith Stein mantém sua orientação voltada para a doutrina de Duns Escoto, à qual se refere de modo implícito e explícito. De modo implícito, isso acontece pela questão dos universais[27] e pela doutrina medieval das ideias, que Edith Stein, fazendo referência a algumas interpretações confiáveis do seu tempo, extrai diretamente de uma obra do dominicano Gallus Manser[28] para destacar o con-

---

25 Cf. E. Stein, *Selbstbildnis in Briefen*, v. 2, p. 158-159 (Carta de 17 de nov. 1935, endereçada à Hedwig Conrad-Martius). Os textos das cartas enviadas por Edith Stein à Hedwig Conrad-Martius foram também publicados em *Briefe an Conrad-Martius mit einem Essay über Edith Stein*. Algumas dessas cartas foram traduzidas por A.M. Pezzella, em A. Ales Bello (org.), *Edith Stein*, p. 118-131.
26 E. Stein, Husserls Phänomenologie und die Philosophie des heiligen Thomas von Aquin, *Festschrift Edmund Husserl zum 70*, p. 315-338.
27 Cf. idem. *Endliches und ewiges Sein*, p. 92-97.
28 G.M. Manser, *Das Wesen des Thomismus*.

traste entre o voluntarismo de Duns Escoto[29] e o intelectualismo de Tomás de Aquino. Porém, são somente três as referências explícitas da pesquisa na qual ela utiliza algumas fontes escotistas – essas fontes serão indicadas a seguir. Essa apresentação preliminar é necessária para a compreensão não apenas das fontes diretas ou indiretas utilizadas por ela, mas sobretudo de como, por meio delas, ela assimilou a doutrina do Doutor Sutil.

No final do terceiro capítulo, "Wesenhaftes und ewiges Sein", Edith Stein faz referência à doutrina da Realeza de Cristo em Duns Escoto, servindo-se de um ensaio de Ephrem Longpré, "Duns Skotus, der Theologe des fleischgewordenen Wortes"[30], texto elaborado a partir de uma apresentação realizada por ele em Colônia aos membros da Associação Acadêmica Católica, em 1933. Edith Stein menciona esse estudo sem a intenção de aprofundar questões puramente teológicas que ultrapassem o seu âmbito de trabalho[31].

No capítulo oitavo, "Sinn und Begründung des Einzelseins", a pensadora examina de maneira sistemática o problema do ser individual e do seu fundamento, questionando a natureza dessa essência individual. Posicionando-se nos debates de um tema essencial para o pensamento medieval, defende que o fundamento da individualidade deve ser encontrado não na *materia signata quantitate*, como é concebido por Tomás de Aquino, mas no resultado da concreção entre forma vazia e preenchimento qualitativo. À Edith Stein parece que sua posição se aproxima mais da de Duns Escoto, uma vez que ele "considera como *principium individuationis* uma qualidade positiva do ente, que separa a forma essencial individual da universal"[32]. A referência textual aqui utilizada é um artigo de Reinhold Meßner intitulado "Das Individuationsprinzip in skotistischer Schau"[33].

---

29 Cf. E. Stein, *Endliches und ewiges Sein*, p. 265: "Für *Duns Scotus* beruht – nach der Darstellung von G. Manser – die Verbindung einfacher Wesenheiten zu den zusammengesetzten Ideen, die als Urbilder der Dinge anzusehen sind, auf Gottes freier Wahl."
30 Cf. E. Longpré, Duns Skotus, der Theologe des fleischgewordenen Wortes, *wiwei*, n. 1, p. 243-272. O original em francês, intitulado *Le B. Duns Scot, docteur du Verbe Incarné*, foi publicado em *stFr*, n. 30, 1933, p. 171-196.
31 Cf. E. Stein, *Endliches und ewiges Sein*, p. 112.
32 Ibidem, p. 408-409.
33 Cf. R. Meßner. Das Individuationsprinzip in skotistischer Schau, *wiwei*, n. 1, p. 8-27.

Somente no capítulo sétimo, "Das Abbild der Dreifaltigkeit in der Schöpfung", ao questionar se os anjos são compostos por forma e matéria, Edith Stein utiliza as *Quaestiones disputatae de rerum principio* e, referindo-se a um artigo de 1934 de Marianus Müller baseado na apresentação do Pe. Longpré na Associação Acadêmica Católica, defende que a autenticidade da obra é dada como certa (*sicher angesehen*) pelo próprio Longpré[34]. Apresento, abaixo, a comparação dos dois textos:

E. STEIN, *Endliches und ewiges Sein*, p. 346, nota 74	M. MÜLLER, *Stand der Skotus-Forschung 1933*, p. 67 [e Pe. E. Longpré]
Em relação ao que se segue, refiro-me às *Quaestiones disputatae de rerum principio*, organizadas por Mariano Fernandez Garcia, O.F.M., Quaracchi, Collegii S. Bonaventurae 1910, q. 7-8.	
A autenticidade dos escritos é dada como certa pelo Pe. E. Longpré (cf. Stand der Skotusforschung 1933, *Wissenschaft und Weisheit*, I/1, 1934, p. 67).	A atribuição do escrito *De primo omnium rerum principio* é confiável.

A partir da comparação das passagens em questão, entende-se que E. Longpré e M. Müller falam da autenticidade do [*Tractatus*] *de primo omnium rerum principio* e não das *Quaestiones disputatae de rerum principio*. Um motivo a mais para defender que Edith Stein confundiu esses dois escritos "escotianos" é mostrado pelo fato de que M. Müller, na publicação da edição crítica do *Tractatus de primo principio*[35], utiliza o estudo do Pe. Longpré[36], quando examina nos *prolegomena* a questão da autenticidade da obra. Além disso, Edith Stein não parece se dar conta de que no artigo de R. Meßner consta uma referência à dúbia autenticidade das [*Quaestiones disputatae*] *de rerum principio*[37] (ver também as Figuras 1 e 2 que apresentam as folhas 828 e 829 do Ms. de *Endliches und ewiges Sein*).

---

34 Cf. M. Müller, Stand der Skotus-Forschung 1933, *wiwei*, p. 63-71. Em *Endliches und ewiges Sein*, p. 346, nota 74, a autora cita Stand der Skotus-Forschung 1933, sem indicar o autor, mas atribui a Longpré a responsabilidade da "certeza" da atribuição a Duns Scoto das *Quaestiones disputatae de rerum principio*.
35 I.D. Scoti, *Tractatus de primo principio*.
36 Ibidem, p. IX.
37 Cf. R. Meßner, *Das Individuationsprinzip in skotistischer Schau*, p. 11, nota 10: "Em particular, a constatação que as três obras, 'De perfectione statuum', 'De rerum principio' e 'Theoremata', não são originais nos leva a rever a descrição do sistema escotista" (grifo nosso).

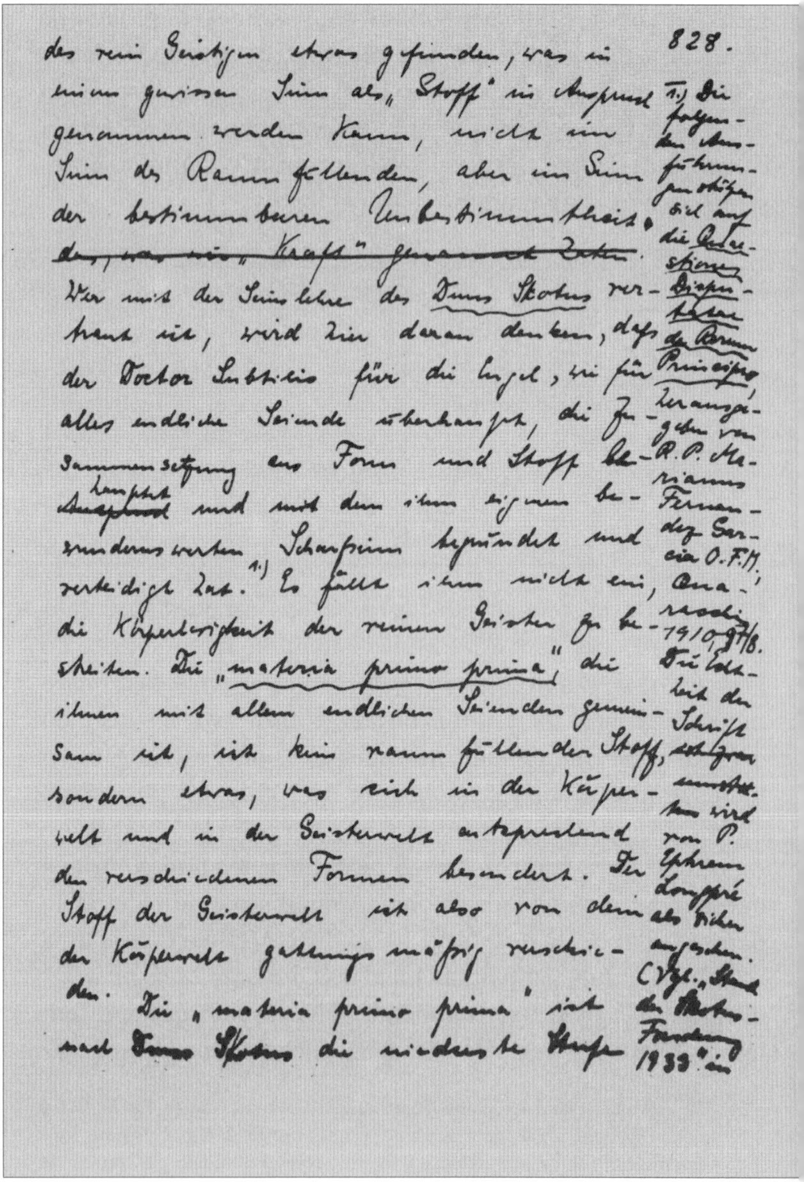
des rein Geistigen etwas gefunden, was in 828.
einem gewissen Sinn als „Stoff" in Anspruch
genommen werden kann, nicht im
Sinn des Raumfüllenden, aber im Sinn
der bestimmbaren Unbestimmtheit.
~~das, was wir „Kraft" genannt hatten.~~
Wer mit der Seinslehre des Duns Skotus ver-
traut ist, wird hier daran denken, daß
der Doctor Subtilis für die Engel, wie für
alles endliche Seiende überhaupt, die Zu-
sammensetzung aus Form und Stoff be-
hauptet ~~Anspruch~~ und mit dem ihm eigenen be-
wundernswerten Scharfsinn begründet und
verteidigt hat.1.) Es fällt ihm nicht ein,
die Körperlichkeit der reinen Geister zu be-
streiten. Die „materia primo prima", die
ihnen mit allen endlichen Seienden gemein-
sam ist, ist kein raumfüllender Stoff,
sondern etwas, was sich in der Körperwelt und in der Geisterwelt entsprechend
den verschiedenen Formen besondert. Der
Stoff der Geisterwelt ist also von dem
der Körperwelt gattungsmäßig verschie-
den. Die „materia primo prima" ist
nach ~~Duns~~ Skotus die niederste Stufe

1.) Die folgenden Ausführungen stützen sich auf die Quaestiones Disputatae de Rerum Principio, herausgegeben von P. P. Marianus Fernandez Garcia O.F.M., Quaracchi 1910, 9/18. Die Echtheit der Schrift ~~[illegible]~~ wird von P. Ephrem Longpré als sicher angesehen. (Vgl. „Stand der Skotus-Forschung 1933" in

Figura 1:
Ms. *Endliches und ewiges Sein* (f. 828).

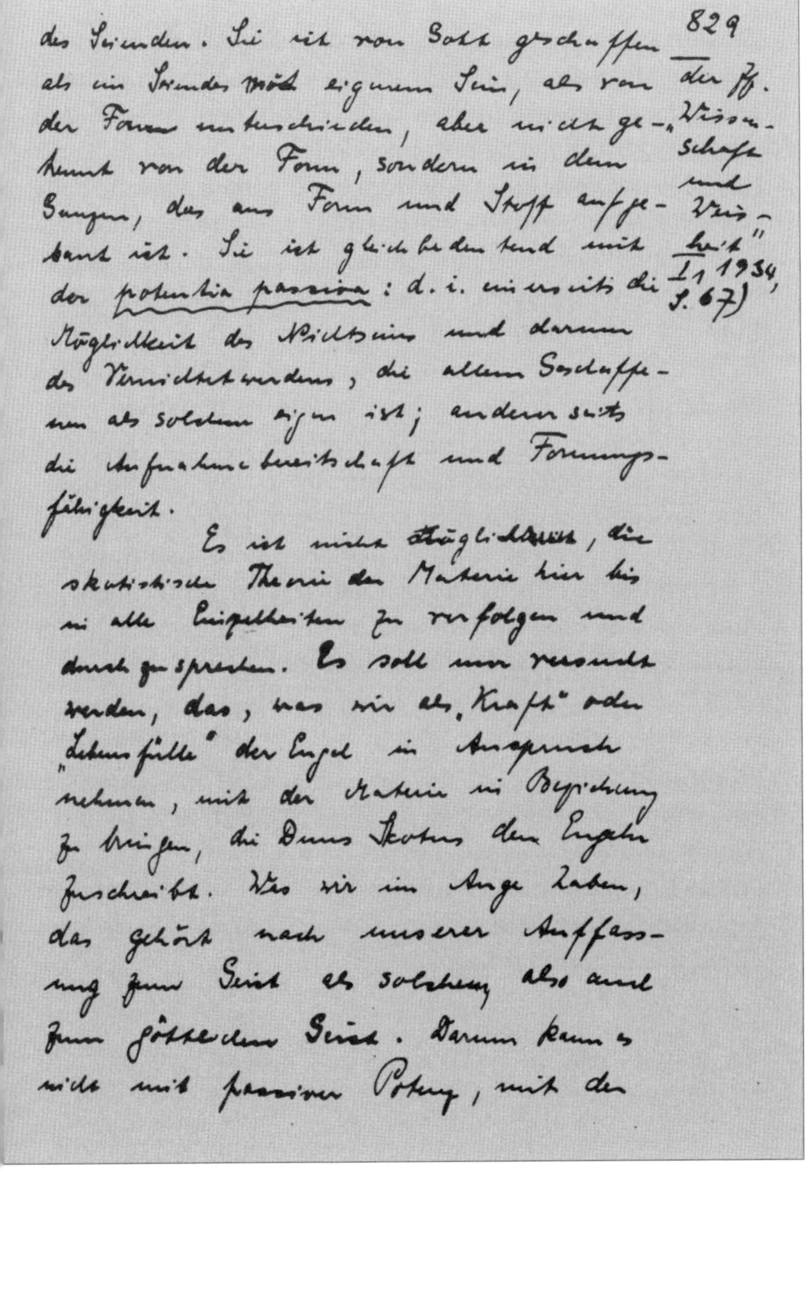

829

des Seienden. Sie ist von Gott geschaffen als ein Seiendes mit eigenem Sein, als von der Form unterschieden, aber nicht getrennt von der Form, sondern in dem Ganzen, das aus Form und Stoff aufgebaut ist. Sie ist gleichbedeutend mit der potentia passiva: d. i. einerseits die Möglichkeit des Nichtseins und darum des Vernichtetwerdens, die allem Geschaffenen als solchem eigen ist; andererseits die Aufnahmebereitschaft und Formungsfähigkeit.

Es ist nicht Möglichkeit, die skotistische Theorie der Materie hier bis in alle Einzelheiten zu verfolgen und durchzusprechen. Es soll nur versucht werden, das, was wir als „Kraft" oder „Lebensfülle" der Engel in Anspruch nehmen, mit der Materie in Beziehung zu bringen, die Duns Skotus den Engeln zuschreibt. Was wir im Auge haben, das gehört nach unserer Auffassung zum Geist als solchem, also auch zum göttlichen Geist. Darum kann es nicht mit passiver Potenz, mit der

der Zs. „Wissenschaft und Weisheit" I 1934, S. 67)

Figura 2:
Ms. *Endliches und ewiges Sein* (f. 829).

"QUAESTIONES DISPUTATAE DE RERUM PRINCIPIO": PROBLEMÁTICAS HISTÓRICO-LITERÁRIAS

Desde o século XVII, as *Quaestiones disputatae de rerum principio*, diferentes do autêntico *Tractatus de primo rerum omnium principio*, foram atribuídas a Duns Escoto com base em um único manuscrito, o cód. 1/15 do Collegio S. Isidoro di Roma (Is)[38]. Os medievalistas colocaram em dúvida a autenticidade das *quaestiones*, quando constataram que a forte influência agostiniana nelas presente contradizia a orientação aristotélica do Doutor Sutil, encontrada nas suas obras da juventude. Inúmeros comentários sobre o pensamento de Duns Escoto foram desvirtuados em razão da hipótese defendida por alguns estudiosos como Landry[39] e Harris[40] que, na tentativa de justificar as incongruências teóricas presentes na obra, chegaram a sugerir uma evolução do pensamento de Duns Escoto que o teria conduzido do agostinismo do *De rerum principio* ao aristotelismo do *Opus oxoniense*. A descoberta dos manuscritos T e V permitiu aos historiadores estabelecer definitivamente o autor das *quaestiones* e demonstrar como algumas delas eram anteriores a Duns Escoto e à sua filosofia.

Tradição Manuscrita

Apresentamos as descrições externa e interna dos três códices (T, Is, V), com a respectiva história de seus detentores, juntando as indicações detalhadas sobre a localização das *Quaestiones disputatae de rerum principio*.

---

38 J. Pits, *Relationum historicarum de rebus Anglicis*, v. 1, p. 392.
39 B. Landry, *Duns Scot*. O autor defende que no início da sua carreira, Duns Escoto sofreu a influência da doutrina agostiniana uma vez que ainda não tinha se desvinculado completamente do ensinamento dos seus primeiros mestres (ibidem, p. 336-338). A tese de Landry não se sustenta porque os primeiros escritos de Duns Escoto, dentre os quais o *Tractatus de primo rerum omnium principio*, não trazem nenhum traço dessas influências agostinianas.
40 C.R.S. Harris, *Duns Scotus*, v. 2, p. 371: "Such a discrepancy of doctrines needs a considerable amount of explanation, but it Is not unintelligible if we assume a development of Scotus' thought from the traditional Augustinianism which was current at Oxford in his early days to the purer Aristotelianism which was fashionable at Paris."

Todi, Biblioteca Comunale, cód. 95 (T)[41]

Ms. em forma de pergaminho; séc. XIV; 280 x 120 mm; f. 110. Texto distribuído em duas colunas; escrita realizada por várias mãos. O códice contém materiais muito diferentes entre si, perfeitamente agrupados: as f. 1-6 contêm um opúsculo sobre as questões e sobre as notas referentes aos problemas da física, escrito em gótico itálico do século XV, na sequência do índice, provavelmente acrescido ao volume no momento da encadernação. A f. 7, escrita em gótico da escola do século XIII, traz os seguintes títulos: *quid sit justum bellum*; *quid possit bellum movere*; *quomodo componere debeat habens justum bellum cum adversario suo* etc. Da f. 8ra até o final, o códice é escrito a uma só mão. Nas folhas 105ra-107va, existe uma *tabula* analítico-alfabética muito articulada que, todavia, confunde algumas questões, sendo frequentemente imprecisa, com omissões. Nas f. 108ra-110va, existe outra *tabula* das matérias. Na parte detrás da f. 110, lê-se claramente: *Conventus Saxiferrati*. Essa escrita parece indicar que, originalmente, o códice se encontrava em Sassoferrato na região de Marche[42] e, dali, poderia ter chegado ao convento de S. Fortunato em Todi, para depois acabar na Biblioteca Municipal da mesma cidade.

INC. (f. 1ra): "Utrum tempus sit in anima…".
EXPL. (f. 110vb): "Expliciunt problemata 91 questionum in isto libro contentarum".

Disposição das *Quaestiones disputatae de rerum principio*. Na *tabula* analítico-alfabética (f. 107va), encontra-se o título comum dado às dezoito *quaestiones*; provavelmente em outro período esse título estava escrito na parte superior da f. 8ra e o encadernador deve ter cortado desajeitadamente: *Memorabilia questionum J(ohannis) de Persona*; elas ocupam sete colunas do cód. (f. 8ra-9va). A coluna da f. 9vd foi deixada em branco. Nas f. 10ra-13vb, existe uma série de onze *quaestiones*, atribuídas

---

41 Para a descrição detalhada do códice, cf. L. Leonij, *Inventario dei codici della Comunale di Todi*, p. 95; F. Delorme, L'Œuvre scolastique du maître Vital du Four d'après le Ms. 95 de Todi, FrFr, n. 9, p. 421-471.
42 Cf. Appendix I (XXX *Marchiae Anconitanae*, V *Aesina*), BullFr, V, p. 599.

a Vital de Furno na *tabula* analítico-alfabética: *Memorabilia questionum fratris Vitalis de F*(urno). Nas f. 12vb-18ra, existem dezoito *quaestiones* do *Quodlibet I* de Vital de Furno, precedidas por um *incipit: Incipit primum Quodlibet Vitalis*. Nas f. 18ra-22ra, são apresentadas sete *quaestiones*, breves, intituladas na *tabula* (f. 108ra) como *Alie questiones Vitalis*, que correspondem exatamente às *quaestiones* I-VI do *De rerum principio*, com exceção da quinta. Logo em seguida, vemos outras quatro *quaestiones* com o título *Memorabilia quarumdam questionum* na *tabula* (f. 108ra). Da f. 24rb à f. 51rb, são dispostas sete *quaestiones disputatae de anima*: com exceção da primeira (f. 24rb-27va), as outras seis são a reprodução literal das *quaestiones* VII-XII do *De rerum principio*. À margem da coluna da f. 51rb é anunciado o *Secundum Quodlibet, in quo sunt XIIII questiones*; o *Quodlibet* termina na f. 58rb. Nas f. 58rb-89ra, são dadas outras oito *quaestiones disputatae de cognitione* das quais a primeira, a segunda e a quarta correspondem *ad litteram* às *quaestiones* XII, XIV e XV do *De rerum principio*. Nas folhas 89rb-104vb, estão as quinze *quaestiones* do *Tertium Quodlibet* cujo autor é Vital de Furno.

Roma, Collegio S. Isidoro, cód. 1/15 (Is)[43]

Ms. em forma de pergaminho; séc. XIV med.; 220 x 165 mm; f. 103. A numeração das folhas é da Idade Moderna, com exceção das últimas duas que não aparecem numeradas (f. 102-103). As f. 16, 45, 52, 55 e 84 estão mutiladas em várias partes; a folha 101v foi deixada em branco. O texto é distribuído em duas colunas. O códice é composto por quatro maços de cinco folhas e oito maços de quatro folhas, dos quais o último está mutilado; encadernação moderna. O códice foi feito a uma única mão, com exceção de um *colophon* final (f. 103vb) acrescido posteriormente por outra mão, certamente não antes da metade do séc. XV: *Iste Quæstiones fuerunt disputatæ Oxoniæ per Magistrum*

---

43 Para a descrição do códice, cf. V. de Furno, *Quodlibeta tria*, p. X-XII. Depois de ter sido depositado temporariamente no Archivio della Curia Generale O.F.M., em Roma, o códice atualmente está conservado na Biblioteca Wadding do Collegio S. Isidoro em Roma. Agradeço ao Pe. Mícheál Mac Craith, O.F.M., superior do Collegio S. Isidoro, por ter gentilmente colocado à minha disposição o códice Is.

Joannem Scotum de Ordine Fratrum Minorum; et sunt Quæstiones generales super Philosophiam[44]. Na f. 101r, entre as colunas, abaixo, encontra-se uma subscrição do copista. Na última página, na margem superior direita, encontra-se outra escritura antiga que indica o detentor da obra: *Iste quæstiones sunt ad usum mei (?) Fernandi de Ylliescas*[45]. O códice pertence a Fernandus de Ylliescas e foi doado para Wadding. Contém as *quaestiones* atribuídas a Duns Escoto.

INC. (f. 1ra): "Quaeritur utrum sit dare unum primum principium omnium simpliciter et absolute. Circa istam quaestionem...".
EXPL. (f. 103vb): "...in qua esse eius cognitum formaliter continetur ab aeterno et eius esse reale".

Disposição das *Quaestiones disputatae de rerum principio*. O códice contém as vinte e seis *quaestiones*[46]: [6] *De rerum principio* (f. 1ra-18ra); [6] *De anima et eius potentiis* (f. 24va-48rb); [3] *De cognitione* (f. 48rb-63rb); [9] *De numeris, tempore et instanti* (f. 63va-101rb); e as [2] *quaestiones finales* (f. 102ra-103vb).

Wadding, na sua edição das obras de Duns Escoto de 1639, servindo-se justamente desse único códice, considerou que as vinte e seis *quaestiones* formavam um conjunto referente ao problema do *De rerum principio* – enquanto somente as primeiras seis lhe pertencem –, mas as incluiu entre as obras do Doutor Sutil[47], em razão do *colophon* final.

---

44 Cf. infra, p. 18, figura 3: Cód. Is. *Colophon* (f. 103vb).
45 Ibidem.
46 Entre colchetes, número de *quaestiones* para cada grupo.
47 Para um aprofundamento sobre os motivos adotados por Wadding a respeito das provas da autenticidade do *De rerum principio*, indico D. Scaramuzzi, *La prima edizione dell' "Opera Omnia" di G. Duns Scoto* (1639), stF, n. 27, p. 392-393.

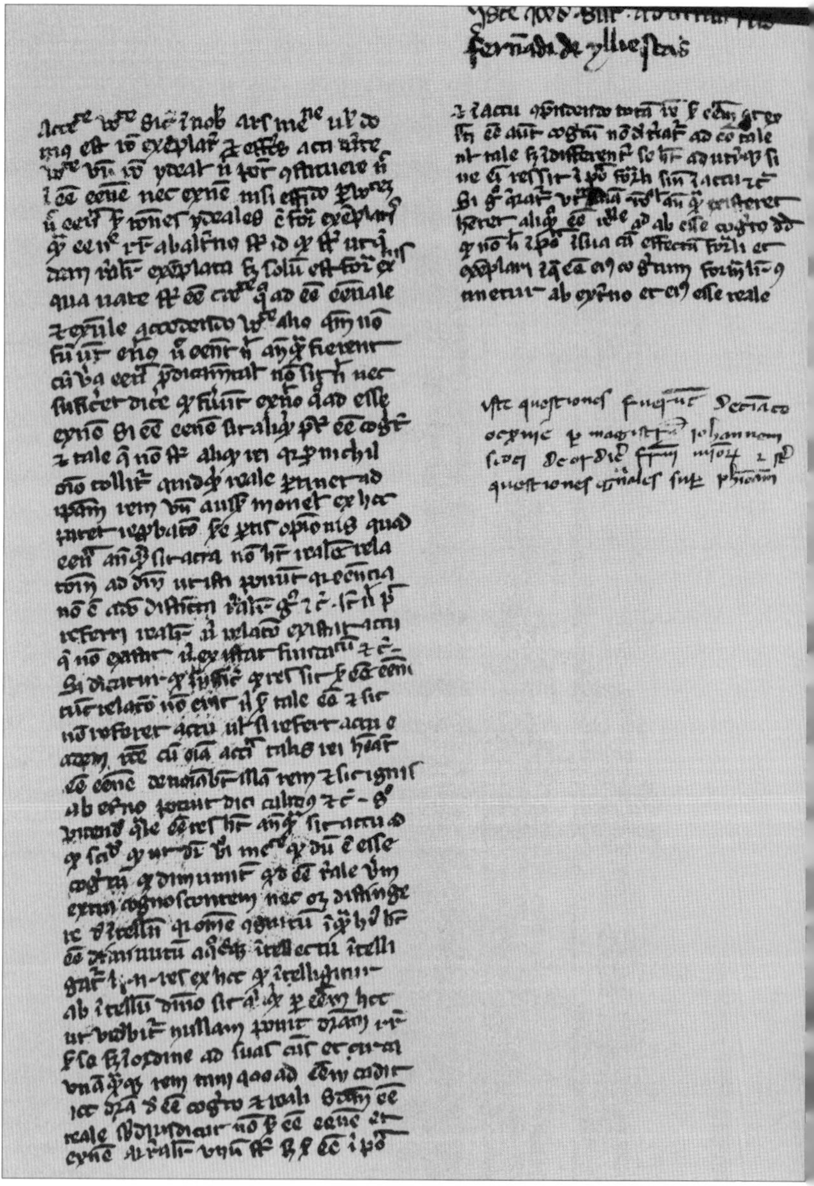

Figura 3: Cód. Is. *Colophon* (f. 103vb).

Cidade do Vaticano, Biblioteca Vaticana,
cód. lat. Borghesiano 192 (v)[48]

Ms. em forma de pergaminho; séc. XIV med.; 250 x 175 mm.; f.
I + 145 (+124 bis). O códice contém materiais diversos entre si.
O texto é distribuído em duas colunas; escritura feita a várias
mãos. As f. 1r-v, 40v-44v, 84v, 129v, 146r-v são deixadas em
branco; apenas nas f. 41v, 42v-44v são encontrados traços de
uma escrita com ponta de chumbo.

INC. (f. 1r): "Christiane religionis propositum in hoc precipue dicitur consistere ut a terrenis homines prouocet...".
EXPL. (f. 145v): "...cum predictis laboribus et expenssis annexis et quod illis penssatis ad r(aci)onale precium et cetera".

Disposição das *Quaestiones disputatae de rerum principio*. O códice contém as opiniões a respeito das relações entre estado clerical e estado religioso (f. 1r-84r). Estão representados: Tomás de Aquino (f. 1ra-40rb), Guilherme de Saint-Amour (f. 45ra-60vb) e Nicolas di Lisieux (f. 61ra-84rb). Nas demais folhas do códice (f. 85ra-145vb) são encontradas *quaestiones* anônimas: [6] *De Deo et productione rerum, de essentia et existentia* (f. 85ra-92vb) escritas pela mesma mão e [9] *De numeris, tempore et instanti* (f. 93ra-129rb), executadas por outra mão, as quais correspondem literalmente ao cód. Is (f. 63va-101rb). O códice termina com vinte e oito *quaestiones* (f. 130ra-145vb), das quais as duas primeiras (130ra-132rb) correspondem às duas *quaestiones finales* (f. 102ra-103vb) do cód. Is (para detalhamento, cf. tabela a seguir).

---

48 Para a descrição do códice, cf. M. Bierbaum, *Bettelorden und Weltgeistlichkeit an der Universität Paris*, FS, n. 2, p. 397; O. Lottin (org.), *Le Quodlibet XV et trois Questions ordinaires de Godofredo de Fontaines*, em J. Hoffmans; A. Pelzer (orgs.), *Étude sur les manuscrits des Quodlibet*, p. 262-266; V. de Furno, *Quodlibeta tria*, p. XII-XIII; A. Maier, *Codices Burghesiani Bibliothecae Vaticanae*, p. 245-248.

QUAESTIONES DISPUTATAE DE RERUM PRINCIPIO		CÓDICES		
		T	Is	V
De rerum principio	q1. Utrum sit dare unum primum rerum omnium simpliciter et absolute?	f. 18ra-19va	f. 1ra-3rb	–
	q2. Utrum a primo principio pluralitas, scilicet multitudo creaturarum, per se et immediate procedat?	f. 18va-19ra	f. 3rb-6ra	–
	q3. Utrum primum principium absque sui mutatione possit novum effectum producere?	f. 19ra-19va	f. 6ra-8vb	–
	q4. Utrum Deus de necessitate producat res?	f. 19va-20va	f. 9ra-13vb	–
	q5. Utrum Deus possit aliquid educere de nihilo?	f. 21ra-21va	f. 13vb-15va	–
	q6. Utrum creatura possit aliquid creare?	f. 21va-22ra	f. 15va-18ra	–
De anima et eius potentiis	q7. Utrum substantia spiritualis per se subsistens, vel apta nata subsistere, innitatur fundamento materiae?	f. 27va-30vb	f. 24va-28va	–
	q8. Utrum, supposito quod in omnibus substantiis, tam spiritualibus quam corporalibus, sit materia, an sit in omnibus eadem secundum eamdem rationem univocam?	f. 30vb-35ra	f. 18ra-24va	–
	q9. Supposito quod anima rationalis sit composita ex materia et forma, utrum vere et essentialiter faciat unum cum corpore?	f. 35ra-42va	f. 28va-38ra	–
	q10. Utrum sensitiva hominis sit a generante vel a creante?	f. 42va-42vb	f. 38ra-42ra	–
	q11. Utrum anima sit sua potentia?	f. 45vb-49vb	f. 42ra-46va	–
	q12. Utrum sensitiva hominis sit in qualibet parte corporis?	f. 49vb-51rb	f. 46va-48rb	–
De cognitione	q13. Supposito quod anima intellectiva inquantum intellectiva sit forma corporis, quaeritur utrum intellectus coniunctus intelligat singulare?	f. 58rb-63ra	f. 48rb-53vb	–
	q14. Supposito quod intellectus coniunctus directe intelligat singulare, utrum talis intellectus intelligat universale vel particulare per speciem aliquam in intellectu impressam?	f. 63ra-67rb	f. 53vb-59ra	–
	q15. Utrum intellectus cognoscat se et habitus suos per essentiam, vel per actus, vel per speciem, et hoc est quaerere: utrum essentia animae et suorum habituum sit ei ratio cognoscendi sicut actus, vel requiratur species aliqua genita cognoscentis sui intellectus, quae sit ratio et medium cognoscendi eam?	f. 70vb-74rb	f. 59ra-63rb	–

QUAESTIONES DISPUTATAE DE RERUM PRINCIPIO		CÓDICES	
		T / Is	V
q16. Utrum numerus differat re absoluta a rebus numeratis, ut ternarius quo numeramus tres lapides ab ipsis tribus lapidibus.	–	f. 63va-69va	f. 93ra-98vb
q17. Utrum unum accidens numero possit esse in diversis subiectis?	–	f. 69va-74vb	f. 99ra-104rb
q18. Utrum tempus et motus sint idem re, vel utrum tempus sit aliquid extra animam?	–	f. 74vb-80ra	f. 104ra-109vb
q19. Utrum sint solum duae mensurae durationis creaturarum?	–	f. 80ra-84va	f. 109va-117rb
q20. Utrum tempus sit idem numero.	–	f. 84va-88rb	
q21. Utrum sit dare tempus discretum.	–	f. 88rb-94vb	f. 117ra-123rb
q22. Utrum sit idem instans aevi, temporis et aeternitatis?	–	f. 94vb-98rb	f. 123ra-125vb
q23. Quid sit instans, quomodo ad tempus comparetur?	–	f. 98rb-100rb	f. 125va-128rb
q24. Utrum instans possit dividi secundum rationem mensurae, et per diversos respectus possit opposita mensurare?	–	f. 100rb-101rb	f. 128ra-129rb
q25. Utrum Christus sit unum, vel plura?	–	f. 102ra-103ra	f. 130ra-131rb
q26. Utrum creatura rationalis sit capax gratiae vel alicuius accidentis, antequam sit in effectu.	–	f. 103ra-103vb	f. 131ra-132rb

(De numeris, tempore et instanti)

Autenticidade e Datação das "Quaestiones disputatae de rerum principio"

O estudo dos códices T e V, examinados em todas as suas partes, permitiu aos medievalistas identificar definitivamente o autor da pseudoepígrafe atribuída por Wadding ao Doutor Sutil, com o título de *Quaestiones disputatae de rerum principio*, e de fixar, por meio do exame minucioso dos conteúdos de cada *quaestio*, o *terminus a quo* e *ad quem*. Proponho aqui analisar o *status quaestionis* das vinte e seis *quaestiones disputatae*. Essa análise é realizada por seções, visto que as *quaestiones* podem ser perfeitamente reagrupadas por unidades temáticas.

"De rerum principio": q. I-VI

A análise do cód. T, conduzida por Ferdinand Delorme, permitiu-lhe estabelecer que as sete *quaestiones* (f. 18ra-22ra) apresentadas na *tabula* intitulada *Alie questiones Vitalis*

(f. 108ra)[49] correspondem, com exceção da quinta, às primeiras seis do *De rerum principio* publicadas pela primeira vez por Wadding, em 1639, como sendo de autoria de Duns Escoto. Depois dele, outros editores, como Vivès e Fernandez Garcia[50], republicaram essa obra com o título de *De rerum principio* e consideraram que sua autoria fosse atribuída ao Doutor Sutil, com base no cód. Is que Wadding tinha à disposição.

Ferdinand Delorme resolveu, portanto, o problema da paternidade literária das primeiras seis questões do *De rerum principio*, que devem ser atribuídas a Vital de Furno, pondo fim à discussão que tinha suscitado tanto interesse entre medievalistas como Parthenius Minges[51], Ephrem Longpré[52] e, logo depois, Joaquin Carreras y Artau[53] sobre quem era o autor

49 Cf. F. Delorme, L'œuvre scolastique du maître Vital du Four d'après le Ms. 95 de Todi, *FrFr*, n. 9, p. 428-429. As sete *quaestiones* no cód. T são precedidas pelo *Quodlibet I* de Vital de Furno (f. 12vb-18ra) e, antes ainda, pelo *Memorabilia quaestionum fratris Vitalis de Furno*, f. 10ra-13vb. O cód. T conserva em ordem cronológica as *quaestiones disputatae* e os *Quodlibet* de Vital de Furno.

50 Cf. Ioannis Duns Scoti, *Quaestiones disputatae de rerum principio*. No nosso trabalho, faremos referência a essa edição, dado que é a utilizada por Edith Stein em suas obras.

51 Já em 1905, P. Minges, no prefácio da sua tese de doutorado, afirmou que algumas das obras contidas na edição de Wadding – como por exemplo o *De rerum principio* – não podem ser atribuídas a Duns Escoto uma vez que existem muitas incoerências. Cf. P. Minges, *Ist Duns Scotus Indeterminist?*; Idem, *Die skotistische Literatur des XX*, p. 185: "Gewiß ist der Traktat De rerum principio, in welchem die Franziskanerlehre ausdrücklich und ausführlich bewiesen wird, zweifelhaft". Cf. H. Spettmann, *Neuere Forschungen zur Franziskanerschule*, p. 100. Um elemento a não ser subestimado é que no legado de Hedwig Conrad-Martius, na Bayerische Staatsbibliothek de Munique, estão conservados na seção *Exzerpte zur Philosophie Seit 1930* os apontamentos pessoais da fenomenóloga sobre a tese de doutorado de Minges (B III 7; 4 f.) e também sobre um trabalho de H. Klug, *Die Lehre des Johannes Duns Scotus über Materie und Form* (B III 8; 3 f.): cf. *Catalogus codicum manu scriptorum Bibliothecae Monacensis*, p. 231. A referência aos *Exzerpte* de Hedwig Conrad-Martius indica que, como Edith Stein, a fenomenóloga se concentrava fortemente em alguns temas muito discutidos no âmbito medieval, como no caso da doutrina sobre a matéria.

52 E. Longpré constatou, inicialmente, que o *De rerum principio* se distanciava visivelmente dos escritos autênticos do Doutor Sutil no que se refere à interpretação tradicional da Escola Franciscana, mas não chegou ao ponto de declará-lo não autêntico. Cf. E. Longpré, Le Cursus Philosophicus scotisticus du Zacharie Van de Woestyne, *FrFr*, n. 5, p. 349-356. Até o final de 1922, o autor teve de concluir que a obra em questão não era autêntica. Idem, *La philosophie du B. Duns Scot*. Para conhecer o autor, recomendo E. Parent, Necrologia Ephrem Longpré, *AOFM*, p. 589-591.

53 Cf. J. Carreras y Artau, *Ensayo sobre el voluntarismo de J. Duns Scot*. O exame das doutrinas realizado pelo autor se concentra em alguns pontos essenciais, como por exemplo, a distinção entre essência e existência e o princípio de

desse tratado, cuja crítica levava à conclusão da incompatibilidade doutrinal do *De rerum principio* com os escritos autênticos – *Opus oxoniense* – do Doutor Sutil.

O *De rerum principio* é diametralmente oposto ao pensamento de Duns Escoto por tantos aspectos, que foram necessárias algumas medidas por parte dos comentadores para inseri-lo logicamente no conjunto das obras escotistas. Não poderíamos analisar a recepção das influências escotistas nas investigações de Edith Stein se não levássemos devidamente em conta o verdadeiro autor dessa obra[54]. Podemos antecipar – como o leitor poderá constatar mais adiante – que, não obstante Edith Stein utilize essa pseudoepígrafe, em relação ao princípio de individuação, a pensadora não adota a doutrina de Vital de Furno, mas a de Duns Escoto.

Em seguida, listamos as primeiras sete questões constantes no cód. T e as comparamos com as primeiras seis constantes no *De rerum principio*:

CÓDICE T	*DE RERUM PRINCIPIO* (ED. GARCIA) CÓDICE IS
1. *Queritur utrum sit tantum unum principium primun omnium rerum: et arguitur quod sic...* (f. 18ra-19va).	I. *Utrum sit dare unum primum principium rerum omnium simpliciter et absolute* (f. 1ra-3rb).
2. *Queritur utrum ab uno principio possunt plura procedere immediate: arguitur quod sic...* (f. 18va-19ra).	II. *Utrum a primo principio pluralitas, scilicet multitudo creaturarum, per se et immediate procedat, respondeo: circa istam quaestionem sic potest procedi...* (f. 3rb-6ra).
3. *Queritur utrum a primo principio, quod est Deus, potest produci effectus nouus sine aliqua permutatione in eo facta: et arguitur quod sic...* (f. 19ra-19va).	III. *Utrum primum principium absque sui mutatione possit nouum effectum producere. Cum queritur...* (f. 6ra-8vb).
4. *Queritur utrum a primo principio procedant res per modum libertatis uel necessitatis: et arguitur quod...* (f. 19va-20va).	IV. *Utrum Deus de necessitate producat res. Circa istam questionem sic est procedendum...* (f. 9ra-13vb).
5. *Cum queritur utrum mundus quoad omnia que in eo sunt, subdatur divine prouidentie, dicendum...* (f. 20va-21ra).	

    individuação. Ao término do seu trabalho, ele escreve um longo apêndice, *Sobre la autenticidad del tratado De rerum principio* (p. 74-84), e chega à mesma conclusão de Longpré: o *Opus Oxoniense* e o *De rerum principio* pertencem a dois autores diferentes.

54 Na sua pesquisa, Massimo Epis não leva em conta o fato de que o *De rerum principio*, com base na nova edição crítica das obras de Duns Escoto, é colocado entre as obras não autênticas, cujo autor é Vital de Furno. Cf. M. Epis, *Fenomenologia della soggettività*, p. 148.

CÓDICE T	DE RERUM PRINCIPIO (ED. GARCIA) CÓDICE Is
6. Queritur utrum Deus possit aliquid de nichilo educere... (f. 21ra-21va).	v. Utrum Deus possit aliquid educere de nichilo. Circa hanc questionem est sic... (f. 13vb-15va).
7. Queritur utrum creatura possit aliquid de nichilo educere: et arguitur quod non... (f. 21va-22ra).	vi. Utrum creatura possit aliquid creare? Circa istam questionem tria sunt ostendenda... (f. 15va-18ra).

No que se refere ao corpo das *quaestiones*, verifica-se nos dois códices uma semelhança tanto na forma, quanto no conteúdo. Além disso, eles constituem um grupo orgânico em razão de algumas referências textuais que ligam uma *quaestio* à outra: *secundum quod ostensum est in praecedenti quaestione* (q. II, a. 2, n. 52); *ut ostensum fuit in praecedenti quaestione* (q. II, a. 2, n. 57); *ostendi autem in praecedenti quaestione* (q. III, a. 2, n. 82); *ut ostensum fuit in alia quaestione* (q. V, a. 2, n. 155); *sicut visum est in quaestione de unitate principii* (q. V, a. 2, n. 160); *ut in praecedenti patuit quaestione* (q. VI, a. 1, n. 164); *ut ostensum fuerat supra in quadam quaestione de primitate* (q. VI, a. 1, n. 171).

Ferdinand Delorme observa que as primeiras quatro questões contidas no códice T dão continuidade às disputas escolásticas com argumentos *pró* e *contra*. Todos esses argumentos são completamente omitidos no códice Is. No mais, a estrutura das questões é idêntica em muitas partes nos dois códices e as questões 6 e 7 são perfeitamente condizentes com as q. V e VI do *De rerum principio*. Com base nesses primeiros elementos, Ferdinand Delorme distingue duas redações paralelas: uma breve (cód. T), outra longa (cód. Is). As questões contidas no cód. T são posteriores e menores que as seis questões contidas no cód. Is e constituem a sua síntese fiel[55].

As primeiras seis questões do *De rerum principio* contêm um estudo verdadeiramente pessoal e original de Vital de Furno? Um exame ulterior conduzido por Stephen D. Dumont[56] mostra que Vital deve às *Quaestiones disputatae de esse et essentia* de Egídio Romano (1243-1316) a maior parte do material apresentado nas *quaestiones* I, II, V e VI do seu *De rerum principio*, como se presume com base nos quesitos e no conteúdo:

---

55 Cf. F. Delorme, Les Questions brèves "De rerum principio" du cardinal Vital du Four, *Sophia*, n. 10, p. 290-327.
56 Cf. S.D. Dumont, Giles of Rome and the "De rerum principio" attributed to Vital du Four, *AFH*, n. 77, p. 81-109.

DE RERUM PRINCIPIO (ED. GARCIA) CÓDICE Is	EGÍDIO ROMANO, QUAESTIONES DISPUTATAE DE ESSE ET ESSENTIA[57]
I. *Utrum sit dare unum primum principium rerum omnium simpliciter et absolute.*	1. *Utrum sit dare plura principia simpliciter prima?*
II. *Utrum a primo principio pluralitas, scilicet multitudo creaturarum, per se et inmediate procedat.*	2. *Utrum ab uno principio simplici possint procedere plura inmediate?*
III. *Utrum primum principium absque sui mutatione possit novum effectum producere.*	
IV. *Utrum Deus de necessitate producat res.*	
V. *Utrum Deus possit aliquid educere de nichilo.*	3. *Utrum a primo principio, quod Deus est, possit aliquid produci ex nichilo?*
VI. *Utrum creatura possit aliquid creare? Circa istam questionem tria sunt ostendenda: primo, quod creatura creare non potest;*	
secundo, quod nec communicari ei potest hoc;	5. *Utrum creatura aliqua possit esse causa alicuius effectus ut sit ens et ut habet esse?*
tertio, quod nec cooperari Deo potest.	Quodlibet v, 1[58]: *Utrum [Deus] potuerit creature communicare potentiam creandi?*

As questões I, II e V do *De rerum principio* correspondem às questões 1, 2 e 3 do *De esse et essentia* de Egídio Romano. Dumont, subdividindo a *quaestio* VI do *De rerum principio* observa que Vital de Furno, em linhas gerais, utiliza no seu primeiro artigo a *quaestio* 5 do *De esse et essentia*, enquanto para o segundo artigo, faz referência ao *Quodlibet v, 1* de Egídio[59]. Este último dado permite determinar o *terminus a quo* das primeiras seis questões de Vital de Furno. O *Quodlibet v* de Egídio Romano é datado de 1290; consequentemente, as seis questões de Vital de Furno não podem ser anteriores a essa data[60].

Não se pode negar que, já nesse primeiro grupo de *quaestiones*, são encontradas diferenças significativas entre os ensinamentos do *De rerum principio* e do *Opus oxoniense*: algumas doutrinas aqui contidas são, de fato, completamente refutadas por Duns Escoto, principalmente a convicção de que não existe uma noção única do ser, predicado de Deus e das criaturas e,

---

57 Egidius Romanus, *De esse et essentia*, Venetiis 1503 (reimpressão Frankfurt: Minerva, 1968), f. 2r-35v.
58 Idem, *Quodlibet v*, Bononie 1481.
59 Cf. S.D. Dumont, Giles of Rome and the "De rerum principio" attributed to Vital du Four, p. 85.
60 Ibidem, p. 108.

além disso, a tese da distinção real da essência e da existência e a teoria tomista que vê na matéria quantificada o princípio de individuação nas coisas corpóreas[61].

Nas argumentações, Vital de Furno repete as posições de Egídio Romano que o Doutor Sutil refuta explicitamente. Serão justamente essas divergências teóricas que levarão o editor Garcia a adequar o pensamento de Duns Escoto ao de Egídio Romano[62], na tentativa de conciliar o *De rerum principio* com os ensinamentos do Doutor Sutil.

Além da influência da doutrina de Egídio Romano, o autor do *De rerum principio* volta sua atenção para as doutrinas dos árabes, especialmente a de Avicena, com o objetivo de contestá-las. Essa abordagem é interessante, pois revela que Vital de Furno, quando redigiu o seu texto, tinha diante dos olhos o documento da condenação de Étienne Tempier de 1277, que em grande parte se contrapõe às especulações árabes[63]. Esse documento representa a posição dos intelectuais da época e Vital de Furno pretende valer-se das suas *quaestiones* para estabelecer a solidez das condenações nele contidas[64]. A *quaestio* IV inteira, *Utrum Deus de necessitate producat res?*, é voltada contra a doutrina do filósofo árabe, defensor de que a criação seria um efeito necessário da atividade divina. Vital de Furno aqui se depara com o exame dos difíceis problemas do acordo entre a liberdade humana e a certeza da presciência divina. O *articulus* II: *Ponitur et confirmatur opinio doctorum Catholicorum* é composto por seis objeções: *primo, quod Deus vult bonitatem suam et de necessitate, non necessitate coactionis quae tollit libertatem, sed necessitate immutabilitatis quae eam non excludit; secundo, quod vult alia a se et haec volendo se; tertio, quod voluntas Dei est causa rerum et nullum habet motivum in causando; quarto, quod Deus agendo res per voluntatem, nullo genere necessitatis*

---

61 Para um aprofundamento dessas divergências teóricas, cf. E. Longpré, *La Philosophie du B. Duns Scot*, p. 22-29; idem, Pour la défense de Duns Scot, RFNS, n. 18, p. 32-42.

62 Cf. Ioannis Duns Scoti, *Quaestiones disputatae de rerum principio. Tractatus de primo rerum omnium principio*, p. 8, nota 1.

63 Cf. G. Théry, Le "De rerum principio" et la condamnation de 1277, RSPhTh, n. 13, p. 173-181.

64 Ioannis Duns Scoti, *Quaestiones disputatae de rerum principio*, q. 4 a. 2, n. 108, p. 62: "Sequitur secundo, videre quae sit positio Catholicorum, et eam confirmare."

eas agit, sed potuit non producere quidquid produxit, et ante vel post; quinto, oportet ostendere qualiter contingentia possit simul stare cum immutabilitate voluntatis et infallibilitate scientiae Dei de rebus; sexto, quomodo est certitudo in Scripturis et Prophetis et divinis promissis. Dessas objeções, a terceira é utilizada por Alexandre Koyré em sua monografia sobre Descartes[65]. Edith Stein, por sua vez, refere-se a todas as seis objeções quando faz a análise da vontade divina em Agostinho e em Duns Escoto[66]; a sexta objeção integrará também a sua última obra *Endliches und ewiges Sein*[67].

"De anima et eius potentiis": q. VII-XII

Depois de ter analisado a proveniência das primeiras seis *quaestiones* do *De rerum principio*, Ferdinand Delorme observa que nas f. 27va-51rb do cód. T é relacionado outro grupo de *quaestiones* sobre a alma e as suas faculdades que são "da primeira à última palavra, a reprodução literal das questões VII-XII do *De rerum principio*"[68]. Comparando os dois códices, limitar-me-ei a transcrever o *incipit* e o *explicit* de cada *quaestio*:

CÓDICE T	DE RERUM PRINCIPIO (ED. GARCIA) CÓDICE Is
1. Questio est, utrum substantia spiritualis per se subsistens uel apta nata subsistere innatur fundamento materie. Ad evidentiam huius questionis... | sic nec sua compositio est terminata. Ad alia patet solutio ex dictis (f. 27va-30vb).	VII. Utrum substantia spiritualis per se subsistens vel apta nata subsistere, innatur fundamento materiae. Ad evidentiam huius quaestionis... | sic nec sua compositio est terminata. Ad alia patet solutio ex dictis (f. 24va-28va).
2. Questio est, supposito quod in omnibus tam spiritualibus quam materialibus sit materia, utrum in omnibus sit eadem secundum eamdem rationem uniuocam quemadmodum in omni ligno ratio ligni est uniuoce. Respondeo: circa istam questionem... | sed ut sunt sub hoc situ uel illo. Per hoc patet responsio ad omnia (f. 30vb-35ra).	VIII. Utrum, supposito quod in omnibus substantiis, tam spiritualibus quam corporalibus, sit materia, an sit in omnibus eadem secundum eamdem rationem univocam. Respondeo: circa istam quaestionem... | sed ut sunt sub hoc situ vel illo. Per hoc patet ratio ad omnia (f. 18ra-24va).

65 Cf. E. Stein; H. Conrad-Martius, *Übersetzung von Alexandre Koyré*, p. 193.
66 Cf. E. Stein, *Was ist der Mensch?*, p. 61.
67 Idem, *Endliches und ewiges Sein*, p. 355.
68 F. Delorme, L'Œuvre scolastique du maître Vital du Four d'après le Ms. 95 de Todi, AHDL, p. 434: "du premier au dernier mot la reproduction littérale des questions VII-XII du même *De rerum principio*".

CÓDICE T	DE RERUM PRINCIPIO (ED. GARCIA) CÓDICE Is
3. *Questio est, supposito quod anima rationalis sit composita ex materia et forma, utrum uere et essentialiter faciat unum cum corpore. Respondeo: quedam hic de unitate...* | *hoc autem quantum ad omne genus operationis totaliter complebitur in statu glorie* (f. 35ra-42va).	IX. *Supposto quod anima rationalis sit composita ex materia et forma, utrum vere et essentialiter faciat unum cum corpore. Respondeo: quedam hic de unitate...* | *hoc autem quantum ad omne genus operationis totaliter completur in statu glorie. Deo gratias, qui nos ad illum statum perducat* (f. 28va-38ra).
4. *Queritur utrum sensitiua hominis sit a generante uel a creante: et arguitur quod sit a generante sic...* | *et in isto consistit finis nature. Ex hiis patet solutio ad argumenta in oppositum satis de se* (f. 42va-42vb).	X. *Utrum sensitiva hominis sit a generante vel a creante. Arguitur quod sit a generante sic...* | *et in isto consistit finis naturae. Ex his satis patet solutio ad argumenta in oppositum* (f. 38ra-42ra).
5. *Questio disputata fuit utrum anima sit sua potentia. Circa istam questionem oportet uidere primo ...* | *et oportet, ut dictum est, quod illi respectus secundum rationes obiectorum determinentur organice et non organice modo supra dicto* (f. 45b-49b).	XI. *Utrum anima sit sua potentia. Circa istam quaestionem primo oportet videre...* | *et oportet, ut dictum est, quod illi respectus secundum relationes obiectorum determinentur, et sint organicae et non organicae, modo supra dicto* (f. 42ra-46va).
6. *Questio nostra fuit utrum sensitiua hominis sit in qualibet parte corporis. Respondeo: tria sunt hic uidenda circa aspectum quem habet anima...* | *teneatis quod vultis; primus modus uideretur michi ad presens esse probabilior* (f. 49vb-51rb).	XII. *Utrum sensitiva hominis sit in qualibet parte corporis. Respondeo: quatuor sunt hic videnda circa aspectum quem habet anima...* | *Teneatis quod vultis: primus modus videtur michi ad presens probabilior* (f. 46va-48rb).

Torna-se evidente como esse grupo de *quaestiones* é do mesmo autor, assim como as seis primeiras examinadas acima, uma vez que o seu gênero e as referências textuais que ligam uma *quaestio* à outra desvelam claramente a sua origem comum[69].

69 Ioannis Duns Scoti, *Quaestiones disputatae de rerum principio*, p. 119-323: "sicut ostensum fuit in primo articulo praecedentis quaestionis. [...] Nec tamen ut ibi complete ostensum fuit [...] ut ibi dixi [...] ut ostendi [...] ut ibi patet" (q. VIII, a. 1, n. 230); "Et quia, ut dictum est in praecedenti quaestione" (q. VIII, a. 1, n. 233); "Item, ostensum fuit in praecedenti quaestione" (q. VIII, a. 2, n. 241); "ostensum est enim in praecedenti quaestione" (q. VIII, a. 2, n. 243); "ut patuit in praecedenti quaestione" (q. VIII, a. 2, n. 245); "ut ostensum est in praecedenti quaestione" (q. VIII, a. 6, n. 281); "quia satis declaratum est in praecedentibus quaestionibus, in distinctis articulis" (q. IX, a 1, n. 287); "ut visum est in praecedenti quaestione" (q. IX, a. 1, n. 288); "Huius positionis falsitas quoad hoc quod dicit sensitivum ab extra fieri, supra patuit in praecedenti quaestione valde clare" (q. XI, a. 2, n. 397); "ut patuit supra in quaestione de unione animae" (q. XI, a. 2, n. 401); "Item, omnis forma communicat actum suae materiae, vel saltem composito, ut patuit in quaestione de unione animae" (q. XI, a. 2, n. 402); "ut ostensum fuit in quaestione de compositione animae" (q. XI, a. 3, n. 409); "Ostensum est autem supra, quod sensitiva et intellectiva vere habent rationem formae respectu corporis humani" (q. XII, a. 1, n. 426); "ut dictum est in praecedenti quaestione de potentiis animae" (q. XII, a. 3, n. 433).

A cuidadosa análise das q. 3 e 5 do cód. T (correspondentes às q. IX e XI do *De rerum principio*) permitiu a Ferdinand Delorme estabelecer, sem a menor possibilidade de dúvida, que essa obra não pode ser de Duns Escoto. O autor do *De rerum principio* mostra estar particularmente interessado nos debates teológicos que se acirravam em torno das doutrinas de Pedro de João Olivi (1248-1298): nas q. 3 e 5, Vital de Furno "atacou a teoria de Pedro Olivi sobre o modo da união da parte intelectiva da alma humana com o corpo. Contra essa teoria, Pedro Olivi acreditou ter de responder ponto por ponto em um *Appendice* à sua *Quaestio* LI (*i.e.* nas suas *Quaestiones II libri Sententiarum*)"[70]. A referência textual à q. LI de Olivi permite estabelecer que o *terminus ad quem* das q. I-XII do *De rerum principio* não pode ser anterior a 1298.

Na q. VIII do *De rerum principio* de Vital de Furno, encontramos a tripla distinção, ou melhor, gradação, da matéria formulada pelos árabes em *materia primo prima*, *secundo prima* e *tertio prima*.

Para esclarecer os diversos graus da "matéria" é necessário tomar como ponto de partida um "corpo" inteiramente constituído, assim como nos aparece na realidade das coisas, tentando atravessar, por meio do fenômeno perceptivo, o complexo já constituído com um movimento que se dirige do exterior para o interior, de modo que nesse "complexo" – última gradação da matéria – seja encontrado o "simples" ou o "elemento comum" do primeiro grau da matéria, sob o qual se encontra o nada.

Partamos, então, da *materia tertio prima* que designa o corpo do qual uma causa se serve para produzir um novo ser: ela é concreta, uma vez que constitui um corpo bem determinado[71]. Por exemplo, consideremos o caso no qual um artista, como Michelangelo, esculpe no mármore a figura de Davi. O que se

---

70 F. Delorme, L'Œuvre scolastique du maître Vital du Four d'après le Ms. 95 de Todi, FFFr, n. 9, p. 449: "attaqua la théorie de Pierre Olivi sur le mode d'union de la partie intellective de l'âme humaine avec le corps et contre lequel Pierre Olivi se crut en devoir de répondre point par point dans *Appendix* à sa *Quaestio li* (*i.e.* nas suas *Quaestiones II libri Sententiarum*)".

71 Cf. Ioannis Duns Scoti, *Quaestiones disputatae de rerum principio. Tractatus*, q. VIII, a. 3, n. 254: "Dicitur autem materia tertio prima materia cuiuslibet artis, et materia cuiuslibet agentis naturalis particularis; quia omne tale agit veluti de aliquo semine, quod quamvis materia prima sit respectu omnium quae per artem producuntur, supponit tamen materiam quae est subiectum generationis, et ulterius aliquam forman per naturam productam."

manifesta ao olhar do artista e isso que agora, enquanto realizado, está "diante" dele é um corpo inteiramente constituído que pode ser percebido por meio da visão e do tato. O mármore é a matéria da estátua uma vez que ele fez com que a ideia do artista se realizasse. É claro que algo cooperou, algo sem o qual a realização não seria pensável: uma "causa agente" se serviu da matéria do mármore, sem o que a estátua de David não se faria presente e não poderia ser um "quê de concreto". A matéria do mármore constitui, portanto, o primeiro grau do "complexo concreto" que permitiu a inserção no real de um "isto aqui" de concreto.

Num nível posterior de gradação da matéria, encontramos a *materia secundo prima*. Passado o grau do corpo bem determinado pela *materia tertio prima*, ela representa o grau da matéria a ser entedido como "corporalidade" e nada mais é que a realização da nossa ideia abstrata de corpo. Não pertecendo mais ao real concreto, com ela não designamos mais a matéria comum, como por exemplo o mármore para a relização de David, mas apenas o que pertence à essência de todos os corpos materiais. Em todos os corpos materiais existe um "algo" que não pode identificar-se com a matéria comum. Nesse segundo grau, combina-se com a matéria um elemento formal que funciona como componente determinante para a constituição do *concretum* material. A *materia secundo prima* representa, portanto, o substrato para a mudança substancial, a geração e a corrupção: ela não é simples, mas é composta por uma matéria e por um elemento formal que a determina. Além disso, ela é quantitativamente determinada e é comum a todas as coisas corpóreas; mas não é matéria *pura*, uma vez que já é comprometida por uma espécie de forma substancial[72] e possui uma "certa" quantidade. Obviamente a "quantidade" atribuível à *materia secundo prima* não deve ser entendida como acabada em si; é uma quantidade indeterminada pelos contornos não definidos, que necessita de um agente natural capaz de determiná-la, imprimindo-lhe a forma específica como no caso do Davi de Michelangelo.

---

72 Ibidem, q' VIII, a. 3, n. 253: "Dicitur autem materia secundo prima quae est subiectum generationis et corruptionis, quam mutant et transmutant agentia creata, seu Angeli, seu agentia corruptibilia; quae, ut dixi, addit ad materiam primo primam; quia esse subiectum generationis non potest sine aliqua forma substantiali, aut sine quantitate, quae sunt extra rationem materiae primo primae."

Num nível mais profundo, existe a *materia primo prima*, comum a todos os seres criados, tanto corpóreos como espirituais, e é homogênea nos anjos, nos homens e nos corpos físicos corruptíveis e incorruptíveis. A sua característica é a passividade, o poder de se tornar qualquer coisa[73].

Essa breve exposição da doutrina contida no *De rerum principio* serve apenas para indicar que as obras autênticas de Duns Escoto não conhecem a divisão tripartida da matéria, mas apenas uma única matéria: a *materia primo prima*[74].

"De cognitione": q. XIII-XV

O cód. T nas f. 58rb-89ra contém um grupo de oito *quaestiones disputatae* sobre o conhecimento, das quais a primeira, a segunda e a quarta correspondem às *quaestiones* XIII-XV do *De rerum principio*[75].

CÓDICE T	*DE RERUM PRINCIPIO* (ED. GARCIA) CÓDICE Is
1. *Supposito quod anima intellectiva in quantum intellectiva sit forma corporis, est questio nostra utrum intellectus coniunctus intelligat singulare. Respondeo: circa istam questionem tria ostendo…	prior est notitia singularis et a sensu et ab intellectu quam notitia universalis* (f. 58rb-63ra).	XIII. *Supposito quod anima intellectiva in quantum intellectiva sit forma corporis, quaeritur utrum intellectus coniunctus intelligat singulare. Respondeo: circa hanc quaestionem tria ostendo…	prior est notitia singularis, et a sensu et ab intellectu, quam notitia universalis* (f. 48rb-53vb).

73 Ibidem, q. VIII, a. 2, n. 235: "Materia enim de ratione sua nominat substantiam quamdam actu in composito existentem cuius actualitas est imperfecta, et actualitati omnis formae opposita. Unde nominat illam substantiam modo absoluto, absque respectu positivo ad aliud. Potentia vero passiva materiae nominat ipsam eamdem substantiam sub respectu ad formam, sub indifferentia tamen ad omnes, et hoc in quantum nec est in motu, nec in quantum est in transmutatione ad aliquam istarum; […] nec ad unam potius quam ad aliam; et sic potentia passiva nominat materiam sub respectu ad formas. Unde aliud quam respectus fundatus in materia: […] Et hoc est potentia pure passiva, ad quam habet reduci omnis ratio potentiae passivae."
74 Cf. Ioannes Duns Scotus, *Lectura in Librum Secundum Sententiarum*, p. 69-101. Com o termo *lectura* (forma literária) indica-se o texto do ensinamento de um *magister* sobre um tema específico, anotado por seus estudantes no curso de várias aulas. Geralmente, é uma simples *reportatio* à diferença do curso formulado pelo próprio *magister* que era designado como *expositio* ou também como *apparatus*. Cf. O. Weijers, *Terminologie des universités au XIIIe siècle*, p. 299-301; M. Teeuwen, *The Vocabulary of Intellectual Life in the Middle Ages*, p. 292-297.
75 Cf. F. Delorme, L'Œuvre scolastique du maître Vital du Four d'après le Ms. 95 de Todi, FrFr, n. 9, p. 440-442.

CÓDICE T	*DE RERUM PRINCIPIO* (ED. GARCIA) CÓDICE Is
2. *Questio nostra est, supposito quod intellectus conjunctus directe intelligat singulare secundum modum in precedenti questione expositum, utrum talis intellectus intelligat uniuersale uel particulare per speciem aliquam in intellectu impressam. Circa istam questionem tria sunt declaranda…	a specie que est in sensu sicut a specie que est in imaginatiua* (f. 63ra-67rb).	XIV. *Supposito quod intellectus coniunctus directe intelligat singulare, utrum talis intellectus intelligat universale vel particulare per speciem aliquam in intellectu impressam? Circa istam quaestionem tria sunt declaranda…	a specie quae est in sensu, sicut a specie quae est in imaginativa* (f. 53vb-59ra).
3. *Questio nostra fuit, supposito quod intellectus humanus conjunctus intelligat per speciem informantem, utrum illam speciem recipiat ab obiecto uel formatam de seipso. Circa istam questionem sic procedo…	et sic semper ut mouet se est in actu, ut est motum, est in potentia* (f. 67rb-70vb).	
4. *Questio nostra fuit utrum intellectus cognoscat se et habitus suos per essentiam suam uel per actus uel per speciem, et hoc est querere utrum essentia anime et quorum habituum sit ei ratio cognoscendi se <et> eos uel ratio cognoscendi sit actu vel requiratur species aliqua genita in actu cognoscentis seu intellectus, que est ratio et medium cognoscendi ea. Ad hujus questionis euidentiam est sciendum…	per speciem expressam in actu cogitantis se et intelligentis* (f. 70vb-74rb).	XV. *Utrum intellectus cognoscat se et habitus suos per essentiam, vel per actus, vel per speciem, et hoc est querere: utrum essentia animae et quorum habituum sit ei ratio cognoscendi sicut actus, vel requiratur species aliqua cognoscendi sui intellectus, quae sit ratio et medium cognoscendi eam. Ad huius quaestionis evidentiam est sciendum…	dum abstracta est ab imaginatione rerum corporalium arguitivam* (f. 59ra-63rb).
5. *Questio nostra est utrum intellectus conjunctus cognoscat substantiam rei materialis per propriam speciem substantie uel solum per accidentia. Circa hanc questionem uarii sunt modi…	propter certitudinem quorum actuum. Ad argumenta* (f. 74rb-77vb).	
6. *Questio nostra est utrum intellectus conjunctus, ad hoc quod intelligat rem, indigeat actuali existentia rei. Circa quod est sciendum quod non est hic intentio…	Ex hiis satis patet solutio ad argumenta* (f. 77vb-81vb).	
7. *Questio nostra est utrum intellectus conjunctus lumine naturali cognoscat futura. Respondeo: Ut modus notitie et cognitionis humane…	fuit satis tactum. Per hoc patet solutio ad argumenta in oppositum* (f. 81vb-84va).	
8. *Questio nostra est utrum intellectus conjunctus ad certitudinem ueritatis indigeat irradiatione luminis increati uel lumen naturale sibi sufficiat ut saltem de rebus inferioribus ueritatem apprehendat. Ad hujusmodi questionis euidentiam…	objective cognoscitur in uia* (f. 84vb-89ra).	

O cód. Is reproduz apenas as *quaestiones* 1, 2 e 4 e omite ou ignora as cinco restantes. As oito *quaestiones* contidas no cód. T constituem, por sua vez, um grupo homogêneo e coerente, cujas partes estão intimamente interligadas, como se deduz das contínuas referências textuais que unem uma *quaestio* à outra[76]. Do título da primeira *quaestio*, *Supposito quod anima intellectiva in quantum intellectiva sit forma corporis* (cód. T, f. 58rb), é fácil supor que as oito *quaestiones* acima dão sequência ao grupo analisado precedentemente sobre a natureza da alma nas q. VII-XII, *De anima et eius potentiis*[77]. Além disso, a alusão à f. 84ra, *Sicut declaravi in quadam questione quam disputavi, utrum scilicet Deus de necessitate producat*, revela como o autor desse grupo de *quaestiones* faz referência explícita à *quaestio* IV, *Utrum Deus de necessitate producat res?*, do *De rerum principio*. Para Ferdinand Delorme, não existem mais dúvidas: Vital de Furno é indiscutivelmente o autor das primeiras quinze *quaestiones* do *De rerum principio*.

"De numeris, tempore et instanti": q. XVI-XXIV

Somente o cód. V (f. 93ra-129rb) traz o texto das *quaestiones* XVI-XXIV do *De rerum principio*[78]. Comparo agora os dois textos, limitando-me exclusivamente a transcrever o *incipit* e o *explicit* de cada uma das *quaestiones*:

---

76 Ibidem.
77 Refiro-me aqui ao estudo de Ferdinand Delorme, no qual o autor destaca as fortes ligações textuais dessas oito *quaestiones* com as precedentes *quaestiones disputatae* sobre a alma e as suas faculdades, especialmente com as VII e XII do *De rerum principio*. Mais uma razão para defender que o autor seja Vital de Furno são também as contínuas referências explícitas das *quaestiones* aos seus *Quodlibeta* I (f. 12vb-18ra) e II (f. 51rb-58rb). Cf. F. Delorme, Le Cardinal Vital du Four, AHDL, n. 2, p. 151-337. Para uma bibliografia essencial sobre a doutrina contida nas *quaestiones De cognitione*, ver os estudos de L. von Untervintl, Die Intuitionslehre bei Vitalis de Furno, CFr, n. 25, p. 53-113 e 225-258; G. Bonafede, Antologia del pensiero francescano, p. 232-237; F.-X. Putallaz, La Connaissance de soi au Moyen Âge, *Études de philosophie et théologie médievales offertes à Camille Bérubé pour son 80e Aniiversaire*, p. 285-317.
78 Cf. P. Glorieux, Pour en finir avec le "De rerum principio", AFH, n. 31, p. 225-234.

CÓDICE V	DE RERUM PRINCIPIO (ED. GARCIA) CÓDICE IS
1. *Questio nostra fuit utrum numerus differat re absoluta a rebus numeratis, ut ternarius quo numerantur tres lapides, ab ipsis tribus lapidibus. Respondeo. Tria sunt hic intelligenda...* ׀ *inconueniens quod prius. Et ideo dicitur aliter* (f. 93ra-98vb).	XVI. *Utrum numerus differat re absoluta a rebus numeratis, ut ternarius quo numeramus tres lapides ab ipsis tribus lapidibus. Respondeo: tria sunt hic tractanda...*׀ *inconveniens quod prius. Et ideo dicitur aliter* (f. 63va-69va).
2. *Queritur utrum unum accidens numero possit esse in diuersis substantiis. Respondeo. Duo sunt hic dicenda...* ׀ *non interrumpitur* (f. 99ra-104rb).	XVII. *Utrum unum accidens numero possit esse in diversis subiectis. Respondeo: duo sunt hic videnda...* ׀ *non interruptum* (f. 69va-74vb).
3. *Queritur utrum tempus et motus sint idem re uel utrum tempus sit aliquid extra animam. Respondeo. Cum tempus sit accidens quoddam...* ׀ *causa corruptionis. Ad aliud patet solucio* (f. 104ra-109vb).	XVIII. *Utrum tempus et motus sint idem re, vel utrum tempus sit aliquid extra animam. Respondeo: Cum tempus sit accidens quoddam...* ׀ *causa corruptionis. Ad aliud patet solutio* (f. 74vb-80ra).
4. *Queritur utrum sint solum due mensure duracionis creaturarum. Respondeo quod innata est nobis uia...*׀ *magis quam in alio motu locali* (f. 109va-117rb).	XIX-XX. *Utrum sint solum duae mensurae durationis creaturarum. Respondeo, quod innata est nobis via...*׀ *magis quam in alio motu locali* (f. 80ra-84va; 84va-88rb)[79].
5. *Queritur utrum sit dare tempus discretum. Respondeo. Cum discretum ex unitatibus indiuisibilibus componatur...* ׀ *acciones angeli, potest responderi et cetera* (f. 117ra-123rb).	XXI. *Utrum sit dare tempus discretum. Respondeo: Cum discretum ex unitatibus indivisibilibus componatur...* ׀ *mensurans actiones Angeli, potest responderi etc.* (f. 88rb-94vb).
6. *Queritur utrum sit idem instans eui, temporis et eternitatis. In questione ista duo sunt uidenda...* ׀ *tacta est in primo articulo et cetera* (f. 123ra-125vb).	XXII. *Utrum sit idem instans aevi, temporis et aeternitatis. In quaestione ista duo sunt videnda...* ׀ *tacta est in primo articulo* (f. 94vb-98rb).
7. *Queritur utrum sit idem instans in toto tempore secundum rem, diuerssum tamen secundum esse. Respondeo. Sicut dicit Commentator...* ׀ *nec est pars temporis* (f. 125va-128rb).	XXIII. *Quid sit instans, quomodo ad tempus comparetur. Respondeo: sicut dicit Commentator...* ׀ *et non continuatum ad ipsum, omnino est non ens* (f. 98rb-100rb).
8. *Queritur utrum instans quod secundum se est indiuisibile possit diuidi secundum rationem mensure per diuerssos respectus possit opposita mensurare sic et quodam modo naturam plurium signorum habere. Respondeo. Ad huius questionis euidenciam... Quamuis non faciant plus quam unum instans///* (f. 128ra-129rb)[80].	XXIV. *Utrum instans possit dividi secundum rationem mensurae, et per diversos respectus possit opposita mensurare. Respondeo: ad huius quaestionis evidentiam... quamvis non faciant plus quam unum instans///* (f. 100rb-101rb).

79 As q. xix-xx, *Utrum sint solum duae mensurae durationis creaturarum?* e *Utrum tempus sit idem numero*, no cód. v, foram reagrupadas em uma única quaestio, com o título *Queritur utrum sint solum due mensure duracionis creaturarum* (f. 109va-117rb).

80 A questão no cód. v está interrompida (na metade da primeira coluna da f. 129ra) no mesmo ponto do cód. Is: "quamvis non faciant plus quam unum instans///".

As q. xvi-xxiv constituem um grupo suficientemente homogêneo para a unidade temática: são examinados os problemas do número, da unidade numérica, do tempo, da duração e do instante. Da comparação dos dois códices (Is + v), Palémon Glorieux constata que "as imperfeições e as lacunas contidas no *De rerum <principio>* são idênticas às do Ms. romano"[81]; isso faria supor que o copista do cód. Is tinha como modelo o cód. v ou possuía a fonte comum aos escribas do cód. v e do cód. Is.

Para Ferdinand Delorme, esse grupo de *quaestiones* também tem por autor Vital de Furno, não obstante sejam apenas dois os indícios a revelá-los na q. xvii, *Utrum unum accidens numero possit esse in diversis subiectis?*[82] O primeiro evidencia o parentesco com a q. v do *Quodlibet* vi de Godofredo de Fontana[83], *Utrum aliquod accidens unum numero possit esse in duobus subiectis* – o paralelismo com os *Quodlibeta* de Godofredo de Fontana será ainda mais evidente nas q. xxv-xxvi que analisarei – e o segundo é extraído das semelhanças ou identidades de pensamento que ocorrem entre a q. xvii e a q. viii, sem nenhuma dúvida de Vital de Furno, referentes à doutrina sobre a matéria-prima[84].

A constatação de que Vital de Furno utiliza o *Quodlibet* vi de Godofredo de Fontana permite a Palémon Glorieux estabelecer o *terminus a quo* das q. xvi-xxiv do *De rerum principio* por volta de 1289, data na qual foi defendida a disputa de Godofredo de Fontana. Cronologicamente, o estudioso supõe que também as q. i-xv do *De rerum principio* datem por volta de 1289, uma vez que Vital de Furno na q. i e na q. xxi conhece e utiliza o *Quodlibet XIII* de Henrique de Gand, que remonta ao mesmo ano do *Quodlibet* vi de Godofredo de Fontana[85]. Essa datação de Palémon Glorieux não é confiável porque o uso que Vital de Furno faz do *Quodlibet* v de Egídio Romano

---

81 P. Glorieux, Pour en finir avec le "De rerum principio", op. cit., p. 229: "les incorrections et les lacunes que présente le *De rerum principio*, se trouvent trait pour dans le Ms. romain".
82 Cf. F. Delorme, Autour d'un apocryphe scotiste, FrFr, n. 8, p. 279-295.
83 Cf. J. Hoffmans; M. de Wulf (orgs.), *Les Quodlibet cinq, six et sept de Godefroid de Fontaines*, p. 122-132.
84 Cf. P. Glorieux, Pour en finir avec le "De rerum principio", AFH, n. 31, p. 230.
85 Ibidem, p. 231.

nas q. I-VI, datado de 1290, estabelece que o primeiro grupo de *quaestiones* I-XV não pode ser anterior a 1290. Segue-se que o *terminus a quo* das q. XVI-XXIV não pode ser estendido às q. I-XV do *De rerum principio*, ao mesmo tempo que é fácil admitir que os dois grupos de *quaestiones* foram redigidos em períodos diferentes, dada a diversidade das doutrinas tratadas. Mais uma razão para defender essa hipótese é que apenas o cód. Is contém juntos os blocos das *quaestiones* (I-XV, XVI-XXIV), enquanto o cód. T contém somente as q. I-XV e o cód. V as q. XVI-XXIV restantes.

"Quaestiones selectae": q. XXV-XXVI

O cód. V contém nas f. 130r-145v vinte e oito *quaestiones*, das quais apenas as duas primeiras – contidas no cód. Is (f. 102ra-103vb) – correspondem às q. XXV-XXVI que concluem o nosso *De rerum principio*.

CÓDICE V	DE RERUM PRINCIPIO (ED. GARCIA) CÓDICE Is
1. *Queritur utrum Christus sit unum uel plura. Respondeo. Primo declarandum quod est unum secundum subpositum et plura secundum naturam. Unde Damascenus, tertio libro, capitulo xv: unus quidem est christus...	Sed sibi hoc competit per unionis gratiam et cetera* (f. 130ra-131rb).	XXV. *Utrum Christus sit unum, vel plura. Respondeo: primo declarando, quod est unum secundum suppositum, et plura secundum naturam. Unde Damascenus, iii. lib. Orthod. fidei, ca. 15: Unus idemque est Christus...	sed sibi hoc competit per unionis gratiam, etc.* (f. 102ra-103ra).
2. *Queritur utrum creatura rationalis sit capax gratie uel alicuius accidentis an(te)quam sit in effectu. Respondeo. Primo est tacendo (sic) quedam opinio que potest (sic) esse existencie (?) ab eterno et cetera. Sed hoc uidetur inconueniens...	non diferat natura potentia et cetera* (f. 131ra-132rb).	XXVI. *Utrum creatura rationalis sit capax gratiae vel alicuius accidentis, antequam sit in effectu. Respondeo: primo est ponenda quaedam opinio, quae ponit esse essentias ab aeterno, etc...	et eius esse reale///* (f. 103ra-103vb)[86].

Em um estudo sobre as q. XXV-XXVI, Ferdinand Delorme constatou que "o autor do *De rerum principio* utilizou três *Quaestiones* de Godofredo de Fontana – a primeira do seu

---

[86] No cód. Is, a q. XXVI está mutilada e logo depois é posto por um escriba o *colophon* final: "Iste Quastiones fuerunt disputata Oxonia per Magistrum Joannem Scotum de Ordine Fratrum Minorum; et sunt Quastiones generales super Philosophiam" (cf. supra, p. 18).

Quodlibet VI, a primeira e a terceira do seu *Quodlibet* VIII – e as incorporou à sua obra, algumas vezes em pequenos trechos, outras vezes integralmente. A bem dizer, cometeu um verdadeiro plágio"[87]. A composição desse último grupo de *quaestiones*, que nada mais são que simples excertos dos *Quodlibeta* VI e VIII de Godofredo de Fontana, foi feita entre 1291 e 1295[88]. Com base em meu estudo sobre o cód. Is, conclui-se que as q. XXV-XXVI foram adicionadas posteriormente e que a sua presença na coletânea não é levada em consideração: na f. 101r, é colocada no final da página a assinatura do copista, e o local das q. de Ferdinand Delorme é precedido pelo verso da f. 101 deixada em branco. Poderíamos supor que as q. de Ferdinand Delorme possam não pertencer às *quaestiones disputatae* de Vital de Furno. Com base em suas análises, Ferdinand Delorme considera que essas *quaestiones* têm as mesmas características da q. XVII: o conteúdo, as contínuas correspondências com a q. 5 do *Quodlibet* VI de Godofredo de Fontana[89] e o estilo adotado mostram o modo habitual de proceder de Vital de Furno.

VITAL DE FURNO: SCRIPTOR, COMPILATOR, COMMENTATOR, AUCTOR?[90]

O franciscano Vital de Furno (c. 1260-1327), autor indiscutível das *Quaestiones disputatae de rerum principio*, atraiu a atenção dos historiadores pela modalidade com que redigiu as suas *quaestiones*. Em seu primeiro perfil biobibliográfico, constam algumas avaliações conclusivas sobre a obra analisada. Não seria aconselhável um juízo sumário sobre toda a sua obra: para alguns, Vital de Furno é apenas um compilador que por

---

87 F. Delorme, Autour d'un apocryphe scotiste, FrFr, n. 8, p. 293.
88 Ibidem, p. 295.
89 Ibidem, p. 288-292.
90 Sancti Bonaventurae *Commentaria in Primum Librum Sententiarum*, 14a-15a: "Ad intelligentiam dictorum notandum, quod quadruplex est modus faciendi librum. Aliquis enim scribit aliena, nihil addendo vel mutando; et iste mere dicitur *scriptor*. Aliquis scribit aliena, addendo, sed non de suo; et iste *compilator* dicitur. Aliquis scribit et aliena et sua, sed aliena tamquam principalia, et sua tamquam annexa ad evidentiam; et iste dicitur *commentator*, non auctor. Aliquis scribit et sua et aliena, sed sua tamquam principalia, aliena tamquam annexa ad confirmationem; et talis debet dici *auctor*".

necessidade se serve dos escritos de seus predecessores imediatos; no entanto, ele desenvolve um pensamento muito original.

Perfil Biobibliográfico do Autor

Vital de Furno[91] nasce em Bazas, uma cidadezinha da província de Auch, na Aquitânia, cerca de 60km a sudeste de Bordeaux. Sua data de nascimento é desconhecida, mas os estudiosos concordam em estabelecê-la por volta de 1260[92]. Muito jovem, ingressou na Ordem dos Franciscanos da província de Aquitânia[93] e foi enviado em 1285 para o *Studium generale* de Paris, onde, entre 1291 e 1292, comentou o *Liber Sententiarum* de Pedro Lombardo, sob a direção do *magister* Tiago de Carceto[94]. Parece que ele foi um colega de Duns Escoto, que também se encontrava em Paris no mesmo período (1292); é muito provável, segundo André Callebaut, que Duns Escoto fosse à

---

91 Vital de Furno menciona o apelido "du Four" no seu *Quodlibet* II, q. 3: "Quaerebantur tertio de Deo ut unitur naturae humanae duo, et primo: Utrum corpus Christi possit esse simul in diversis locis?", editado por Ferdinand Delorme, em Vitalis de Furno, *Quodlibeta tria*, p. 63: "Item, ponatur quod idem corpus sit Romae et Parisius, Parisius in *furno*, Romae in Tiberi; ergo simul erit calidum et frigidum, et sic calidum et non calidum, et per consequens contradictio. [...] et in uno loco occiditur et in alio nutritur, et sic vivit et non vivit" (grifo nosso). O apelido provém ou do nome do lugar ou de uma padaria construída anteriormente pela sua família.

92 Para uma bibliografia essencial sobre a vida de Vital de Furno, veja-se, em ordem cronológica, Geremia da Bologna, Necrologio francescano, MFS, n. 5, p. 60; C.-V. Langlois, Vital du Four Frère Mineur, HLF, n. 36, p. 295-305; Vitalis de Furno, *Quodlibeta tria*, p. V-IX; Godofredo de Paris, *Vital du Four*, coll. 3102-3115; L. von Untervintl, Die Intuitionslehre bei Vitalis de Furno, CFr, n. 25, p. 53-57; J.E. Lynch, The Theory of Knowledge of Vital du Four, FIP.P, n. 16, p. 1-10; G. D'Onofrio (org.), *Storia della teologia nel Medioevo*, v. 3, p. 53-55.

93 Cf. Godofredo de Paris, *Vital du Four*, coll. 3111-3112; Vitalis de Furno, *Quodlibeta tria*, p. VI: "Matris nostrae religionis sanctissimae quae ab infantia suo lacte dulcissimo nos nutrivit et tenere educavit." Carta de 8 de maio de 1313 endereçada por Vital de Furno, já cardeal, por ocasião do capítulo geral da sua Ordem reunida em Barcelona.

94 O nome do seu *magister* é extraído de uma inscrição do séc. XV (Cód. Vat. lat. 1095) colocada no início de um comentário sobre o quarto livro das *Sentenze*: C.-V. Langlois, Vital du Four Frère Mineur, HLF, n. 36, p. 295: "Iste quartus Sententiarum fuit recollectus Parisius per magistrum fratrem Vitalem de Furno, quia postea fuit cardinalis, sub magistro fratre Jacobo de Carceto. Et postea per eundem fratrem Vitalem fuit lectus in Montepessulano tempore quo frater Jacobus de Fabr. ibi erat studens."

universidade de Paris durante os quatro anos acadêmicos que vão de 1293 a 1296[95].

As opiniões diferem sobre o *curriculum vitae* de Vital de Furno no que concerne ao período em que se pode situar o seu ensino em Paris como *magister*. Com base nos trabalhos de Palémon Glorieux[96], consideramos que Vital de Furno era *magister regens* em Paris durante o período de 1292 a 1294, antes de ser nomeado *lector* no *Studium generale* de Montpellier de 1295 a 1296. Durante a sua permanência nessa cidade, Vital de Furno republicou a *lectura* que tinha reunido do seu *magister* Tiago de Carceto em Paris e retomou o comentário ao *IVum Librum Sententiarum*[97].

Em 1297, transferiu-se para a universidade de Toulouse, onde lecionou por dez anos[98] e participou ativamente na refutação da teoria de Pedro de João Olivi sobre o modo de união da parte intelectiva da alma humana com o corpo, nas q. IX e XI das *Quaestiones disputatae de rerum principio*. Por ocasião da morte de Pedro de João Olivi (1298), Vital de Furno participou dos debates teológicos e das medidas de coerção que preludiavam a condenação definitiva do olivismo. Nos últimos anos do seu período de docência em Toulouse, antes da nomeação como Ministro da Província de Aquitânia (1307), publica em 1305 o *Speculum morale totius Sacrae Scripturae*.

Em 1309, o pontífice Clemente V encarregou-o de examinar a suspeita ortodoxa doutrinal de Pedro de João Olivi e de responder às quatro questões apresentadas à Ordem dos Franciscanos referentes à controvérsia criada entre Espirituais (liderados por Pedro de João Olivi) e Comunidade sobre como deveria ser entendido o voto de pobreza: *abdicatio dominii* ou *usus pauper*. Em seguida, foi escolhido pelo mesmo pontífice

---

95 Cf. A. Callebaut, Le B. Duns Scot étudiant à Paris vers 1293-1296, AFH, n. 17, p. 3-12.
96 Cf. P. Glorieux, D'Alexandre de Hales à Pierre Auriol, AFH, n. 26, p. 257-281. Na série dos mestres franciscanos de Paris, o ensino de Vital de Furno (1292-94) colocar-se-ia entre o período de Tiago de Carceto (1291-92) e Simone di Lens (1294-95).
97 Uma segunda lição sobre o *IV^{um} Librum Sententiarum* encontra-se no cód. Vat. lat. 1095 (f. 11ra-67vb), sob a forma de *Reportatio*: cf. F. Delorme, L'Œuvre scolastique du maître Vital du Four d'après le Ms. 95 de Todi, FrFr, n. 9, p. 449-450.
98 Cf. V. de Furno, *Quodlibeta tria*, p. VI.

para fazer parte do Concílio de Viena (16 de outubro de 1311) e, pouco depois, foi eleito cardeal-sacerdote de San Martino *in Montibus* (23 de setembro de 1312). Como cardeal, Vital de Furno continuou a se ocupar das questões internas da Ordem dos Franciscanos e, depois da morte de Clemente em 20 de abril de 1314, apoiou a candidatura para pontífice de João XXII, eleito em 7 de agosto de 1316, do qual recebeu muitos privilégios.

Em pouco tempo, a colaboração com o pontífice ficou comprometida por ocasição de um consistório (1323) realizado para dirimir as controvérsias sobre o modo de interpretar a regra dos Frades Menores referente à pobreza: quando João XXII apresentou a questão se era uma heresia defender que Jesus Cristo e os seus apóstolos nunca tinham possuído nada, nem individual, nem coletivamente[99], Vital de Furno se declarou com força a favor da tese franciscana da pobreza absoluta, colocando-se assim em desacordo com a linha adotada pelo pontífice. Quatro anos mais tarde, o cardeal Vital de Furno morreu em Avignon, em 16 de agosto de 1327, e foi sepultado na igreja dos Frades Menores do local.

A atividade literária de Vital de Furno foi muito diversificada: escreveu obras filosóficas, teológicas, exegéticas e homiléticas. A maior parte delas foi editada por Ferdinand Delorme[100].

*Considerações Conclusivas Sobre
as "Quaestiones disputatae de rerum principio"*

A fama de Vital de Furno é devida à obra *De rerum principio*, por muito tempo atribuída ao Doutor Sutil. As opiniões sobre as *Quaestiones disputatae de rerum principio* de Vital de

---

99 João XXII propôs a questão na sua bula *Quia nonnumquam* (26 de março de 1322): "Suspendit prohibitiones et poenas a Nicolao III latas et comminatas in eos, qui super regula fratrum Min. glossas facere audent" (1322 martirii 26, Avinione), BullFr, v, n. 434, p. 224: "Utrum asserere Christum et apostolos non habuisse aliquid in communi sit haereticum?".

100 As obras de Vital de Furno são encontradas em: C.-V. Langlois, Vital du Four Frère Mineur, HLF, n. 36, p. 300-305; Vitalis De Furno, *Quodlibeta tria*, p. IX-X-VII; Godofredo De Paris, *Vital du Four*, coll. 3105-3113; L. von Untervintl, Die Intuitionslehre bei Vitalis de Furno, CFr, n. 25, p. 55-57.

Furno são muito diferentes entre os historiadores da filosofia medieval.

Étienne Gilson diz: "Vital de Furno parece ter redigido as suas questões extraindo o que precisava dos escritos de seus antecessores imediatos (Mateus de Aquasparta, John Peckham, Roger Marston, Henrique de Gand e Egídio Romano) [...]. Não se pode esperar dele o desenvolvimento de um pensamento original"[101]. A influência deles é tão marcante que ele os imita ao ponto de plagiá-los. Ferdinand Delorme, ao contrário da posição assumida por Maurice de Wulf[102], o qual defendia que Vital de Furno se baseava fortemente sobre Mateus de Aquasparta, considera que apenas as *Quaestiones de cognitione*, apresentadas em Toulouse no período de 1297 a 1300, continham um tratamento pessoal do autor e que eram superiores às dez *Quaestiones disputatae selectae de fide et cognitione* (1278-1279) de Mateus de Aquasparta[103]; consistem, porém, em exceções as q. XVII, XXV e XXVI de Vital de Furno que nada mais são que um resumo mal feito dos *Quodlibeta* de Godofredo de Fontana. A análise realizada por Stephen D. Dumont sobre as primeiras seis *quaestiones* do *De rerum principio* revelou que Vital de Furno deve à obra *De esse et essentia*, de Egídio Romano, grande parte dos conteúdos, bem como sua estrutura e sua organização: "Essas primeiras questões do *De rerum principio* são obra de Vital de Furno no sentido de as ter compilado, mas o verdadeiro autor da doutrina ali contida e das argumentações é Egídio Romano."[104]

Subdividindo a obra em grupos de *quaestiones*, podemos considerar que Vital de Furno tenha sido *compilator*, *commentator* e *auctor* das *Quaestiones disputatae de rerum principio*.

---

101 É. Gilson, *La Philosophie au Moyen-Âge*, p. 456.
102 Cf. M. de Wulf, *Histoire de la philosophie médiévale*, v. 2, p. 230-231.
103 Mateus de Aquasparta, *Quaestiones disputatae de fide et de cognitione*.
104 "Thus these first questions of the *De rerum principio* are the work of Vital du Four in the sense that he compiled them, but the author of their doctrine and arguments Is Giles of Rom." (S.D. Dumont, Giles of Rome an the "De rerum principio" attributed to Vital du Four, AFH, n. 77, p. 109.)

A Questão do "principium individuationis" nos Escritos de Duns Escoto

"Ordinatio"/ "Lectura" e "Quaestiones super Libros Metaphysicorum" (q. 13)

Uma análise detalhada da questão sobre o *principium individuationis* (princípio de individuação) nos levará a examinar de modo sistemático a *Ordinatio* e as *Quaestiones super Libros Metaphysicorum* (q. 13) de Duns Escoto. Paralelamente a esses dois escritos, quando for necessário, faremos uma comparação entre a *Ordinatio* e a *Lectura*, considerando o contexto no qual Duns Escoto se confronta com outros expoentes ou escolas de pensamento, a fim de fazer sobressair a originalidade da solução por ele adotada.

O "PRINCIPIUM INDIVIDUATIONIS": UMA CONTROVERSA DISPUTA MEDIEVAL

A análise do indivíduo em sua plena realidade constitutiva, objeto de investigação no século XIII, levou muitos mestres a diferentes soluções. Portanto, é necessário, antes de analisar a solução escotista sobre o *principium individuationis*, mostrar o contexto e os diversos fatores que influenciaram a abordagem à questão. Nas obras de Duns Escoto, é possível também encontrar diversas soluções para o problema, dada a diversidade terminológica utilizada pelo autor, que leva a pensar numa contínua reconsideração hermenêutica da questão.

Fatores Que Contribuíram Para o Desenvolvimento Sistemático da Disputa

A investigação sobre o elemento constitutivo e fundador da realidade individual nas substâncias, tanto materiais quanto espirituais, constitui uma questão metafísica longamente debatida pelos filósofos medievais no século XIII. A difícil solução dessa controvérsia escolástica está ligada a uma intrincada articulação de razões[1]. Os mestres medievais propuseram diversas soluções[2] por causa da dificuldade em definir a natureza íntima do princípio de individuação, a qual determina um grande número de disciplinas: principalmente, a metafísica, que pesquisa a natureza dos entes, e a gnosiologia, pois o modo de conhecer a realidade individual de uma *res* depende do modo de concebê-la. Aliás, a solução para o problema do princípio de individuação está intimamente ligada à metafísica de Aristóteles, pressuposto necessário para situar cada uma das chaves interpretativas assumidas pelos mestres medievais em suas investigações.

Apresentar o contexto no qual essa disputa medieval está inserida é uma tarefa que ultrapassa o escopo da nossa investigação, pois exigiria um tratamento autônomo. Queremos apenas identificar, em primeiro lugar, os fatores que contribuíram para o surgimento da necessidade de um estudo sistemático sobre o individual real-concreto. A problemática tem início na relação entre generalidade e especificidade, e a tarefa do filósofo consiste em encontrar o princípio sobre o qual a generalidade se concretiza no real. Identificar a passagem do geral ao singular constitui o objeto da nossa pesquisa.

Pelo modo de conceber a relação entre o universal e o singular, aparentemente antitética, podemos encontrar, inicialmente, três

[1] Para uma visão completa dos debates medievais sobre a individuação, ver a introdução de J.J.E. Gracia (org.), *Individuation in Scholasticism*, p. 1-20 e J. Hüllen, Individuation, HWP, n. 4, coll. 295-299.

[2] Cf. I. Tonna, The Problem of Individuation in Scotus and Other Franciscan Thinkers of Oxford in the 13th Century, em Commissionis Scotisticae (org.), *De doctrina Ioannis Duns Scoti*, p. 257-270.

abordagens diferentes que constituem o contexto hermenêutico no qual se colocam as diversas soluções do problema em questão.

A abordagem com base na interpretação platônica considerava a existência de dois "reinos" separados: um composto por imagens originais universais (ideias), acessíveis unicamente por meio da razão, e outro, o mundo das aparências, contendo as cópias dessas imagens. Por conseguinte, ambos os "reinos" são incomunicáveis e o ente geral nunca se torna individual. O que constitui a realidade é o reino dos universais e os indivíduos constituem uma simples ilusão. O universal encontra-se acima do individual e é o seu princípio e a sua origem.

Outra posição radical (o nominalismo) afirmava o primado do singular na realidade; portanto, o universal pertence ao pensamento abstrato. Isso explica a razão pela qual, no final do século XIII, alguns pensadores não consideravam necessário procurar o *principium individuationis*, uma vez que cada ente é individual em si pela sua própria natureza.

A posição intermediária, fortemente desenvolvida pelo Doutor Sutil, vê o universal e o singular não como opostos, mas como correlatos. Louis Mackey a sintetiza da seguinte maneira: "Desse ponto de vista, o universal alcança realidade plena – a concretude – somente no singular; e o singular somente é totalmente individualizado – completamente determinado – se é pleno de universal"[3]. O universal e o singular são igualmente originais e determinam a realidade do mundo do mesmo modo. Apenas uma correlação entre eles leva à dimensão ontológica da individualidade: cada indivíduo concreto, mesmo sendo distinto do ser universal, encontra o seu fundamento último na correlação singular-universal. O universal e o singular, este último perfeitamente constituído em si mesmo como unidade individual, colaboram juntos para a determinação do objeto real de uma experiência comum.

Outra questão referente à solução do problema da individuação é estreitamente ligada às características essenciais da individualidade e aos seus vários modos de compreensão: os dois modos mais difundidos de interpretação consideravam a

---

3   L. Mackey, Singular and Universal, *FrSA*, n. 39, p. 130. Sobre o problema dos universais de 1240 a 1300, recomendo T. Barth, Individualität und Allgemeinheit bei Duns Skotus, *wiwei*, n. 16, p. 106-119.

individualidade como indivisibilidade ou como distinção entre os entes. Inevitavelmente, essas duas concepções de interpretação do individual não buscam o mesmo *principium individuationis*. Ao conceber a individualidade como indivisibilidade não se apreende primordialmente a possibilidade de multiplicação dos indivíduos dentro de uma espécie – nesse caso, o *principium individuationis* deve consistir em tudo o que torna os entes individuais distintos entre si. Volta-se, então, a atenção para a pesquisa do princípio unitário e intrínseco do indivíduo como tal, na sua unicidade plenamente determinada e fundadora, responsável pela impossibilidade de ser dividida em partes subjetivas.

Um último aspecto ligado à questão da individualidade refere-se à sua característica ontológica: a individualidade dos acidentes e de outras características das substâncias. Estabeleceu-se a ideia de que o fundamento da individuação é "essencial" e "intrínseco", mas as opiniões divergiam tão logo surgia a questão sobre o que produziria a individuação dos entes: se seriam as características essenciais como a matéria ou a forma, ou o *sínolon* de matéria e forma (problema do hilemorfismo[4]). A análise do tipo de distinção que ocorre entre individualidade e natureza comum depende da visão ontológica da individualidade. Dado que a natureza comum está intimamente ligada à teoria dos universais, devemos também definir e distinguir como as duas realidades podem subsistir conjuntamente em um ente individual.

Estabelecidos os parâmetros essenciais dentro dos quais se institui a disputa sobre o *principium individuationis*, pode-se delimitar o *terminus a quo* da investigação de 7 de março de 1277, quando Étienne Tempier, bispo de Paris, condenou duzentas e dezenove teses dos professores da faculdade das artes[5]. Os artigos 81, 96 e 191 censuraram explicitamente as implicações teológicas da doutrina da individuação das formas, segundo a qual a matéria e/ou a matéria com a quantidade seriam as responsáveis pela individuação. Se não existe matéria, como no caso das substâncias angélicas, não é possível nenhuma

---

4 Sobre esse assunto, cf. P.T. Stella, La teoria ilemorfica nel sistema scotista, em Commissionis Scotisticae (org.), *De doctrina Ioannis Duns Scoti*, p. 241-295.

5 Cf. H. Denifle, *Chartularium universitatis Parisiensis*, t. 1, p. 543-558. Sobre a história da condenação universitária de 1277, veja-se A. De Libera, *Storia della filosofia medievale*, p. 388-390.

individuação; a multiplicação das formas ocorre apenas se existe matéria suficiente – pressuposto para a pluralidade dos indivíduos de uma espécie[6]. Os censores estavam preocupados com a possibilidade de considerar a matéria como princípio individuante exclusivo da multiplicação das formas.

A influência da condenação das teses sobre esses debates consiste em inserir o problema da individuação das substâncias materiais dentro da angelologia. Isso não significa que a individuação dependa da angelologia; na verdade, as divergentes posições hermenêuticas sobre a individuação das substâncias materiais podem ajudar a compreender melhor a personalidade dos anjos e o seu fator individuante. No final do século XIII, percebe-se a necessidade de uma análise sistemática da questão para escapar da *"infinita silva opinionum"* (selva sem fim das opiniões)[7] sobre o *principium individuationis*.

A Estratificação Terminológica nas Obras do Doutor Sutil

Para avaliar a solução escotista do problema da individuação[8], é preciso fazer um exame rigoroso das duas versões da *distinctio*

---

6   Cf. H. Denifle, *Chartularium universitatis Parisiensis*, art. 81, p. 548: "Quod, quia intelligentie non habent materiam, Deus non posset facere plures ejusdem speciei"; art. 96, p. 549: "Quod Deus non potest multiplicare individua sub una specie sine materia"; art. 191, p. 554: "Quod forme non recipiunt divisionem, nisi per materiam. Error, nisi intelligatur de formis eductis de potentia materie".
7   P. de João Olivi, *Quaestiones in secundum librum Sententiarum*, t. 1, q. 12, p. 213.
8   Cf. em ordem cronológica, T. Barth, Individualität und Allgemeinheit bei Duns Skotus: Eine ontologische Untersuchung, *WiWei*, n. 16, p. 122-141 e 191-213; n. 17, p. 112-136; n. 18, p. 192-216; n. 19, p. 117-136; n. 20, p. 106-119 e 198-220; K.C. Clatterbaugh, Individuation in the Ontology of Duns Scotus, *FrSA*, n. 32, p. 65-73; T. Rudavsky, The Doctrine of Individuation in Duns Scotus, *FS*, n. 59, p. 320-377; e n. 62, p. 62-83; A. Squittieri, La definizione del principio di individuazione in Duns Scoto, *StPat*, n. 34, p. 5-28; W. Park, The Problem of Individuation for Scotus, *FrSA*, n. 48, p. 105-123; Idem, Common Nature and Haecceitas, *FS*, n. 71, p. 188-192; Idem, Haecceitas and the Bare Particular, *RMet*, n. 44, p. 375-397; M. Donà, Haecceitas e materia signata: Sul senso di una radicale questione metafisica, em R. Masiero; R. Codello (orgs.), *Materia signata-haeoceitas tra restauro e conservazione*, p. 167-194; A. Manno, *Introduzione al pensiero di Giovanni Duns Scoto*, p. 43-59; P. King, Duns Scotus on the Common Nature and the Individual Differentia, *Philosophical Topics*, n. 20-2, p. 51-76; S.D. Dumont, The Question on Individuation in Scotus'"Quaestiones super Metaphysicam", em L. Siteo (org.), *Via Scoti*, p. 193-227; T.B. Noone, Scotus's Critique of the Thomistic Theory of ▶

tertia: *De principio individuationis*, do II livro das *Sententiae* (*Lectura* e *Ordinatio*[9]) e a *quaestio* 13, *Utrum natura lapidis de se sit haec vel per aliquid extrinsecum*, comentário de Duns Escoto ao livro VII da *Metafísica* de Aristóteles[10]. Existe também uma disputa de Duns Escoto com o teólogo dominicano Guilherme Pedro Godino, *Utrum materia sit principium individuationis*, desenvolvida nos anos 1305/6[11], na qual ele apresenta objeções contra a teoria tomista sobre a individuação – essa disputa não será analisada neste trabalho, pois não se enquadra nos objetivos de nossa pesquisa e exigiria um estudo à parte[12]. Também não serão levados em conta em nossa análise os *Reportata Parisiensia* – transcrições das aulas de Duns Escoto realizadas em Paris e datadas do início do século XIV –, uma vez que ainda não se encontram disponíveis em edição crítica.

A *Lectura* constitui a *reportatio* das aulas que Duns Escoto ministrou em Oxford por volta de 1290, enquanto a *Ordinatio* é a versão revisada pelo autor nos últimos anos de sua vida (1301). As *Quaestiones super Libros Metaphysicorum* são difíceis de datar no seu conjunto[13]. Não existindo um consenso

▷ Individuation and the Dating of the "Quaestiones in Libros Metaphysicorum", VII q. 13, em L. Sileo (org.), *Via Scoti*, p. 391-406; Idem, Universals and Individuation, em T. Williams (org.), *The Cambridge Companion to Duns Scotus*, p. 100-128; A.D. Conti, Alcune note su individuazione e struttura metafisica della sostanza prima in Duns Scoto, *Anton*, n. 76, p. 111-144; L. Iammarrone, *Giovanni Duns Scoto metafisico e teologo*, p. 223-235; P. King, Duns Scotus on Singular Essences, *Medioevo*, n. 30, p. 111-137; G. Pini, Scotus on Individuation, *Proccedings of the Society for Medieval Logic and Metaphysics* 5, p. 50-69; Idem, Univocity in Scotus'"Quaestiones super Metaphysicam", *Medioevo*, n. 30, p. 69-110; K. Shibuya, Duns Scotus on "ultima realitas formae", em M. Carbajo Núñez (org.), *Giovanni Duns Scoto*, p. 379-394.

9   Respectivamente Ioannes Duns Scotus, *Lectura in Librum Secundum Sententiarum, Distinctiones 1-6, Lectura 2*, dist. 3, p. 1, q. 1-7, n. 1-229, p. 229-301 e Idem, *Ordinatio, Liber Secundus, Distinctiones 1-3, Distinctio 3*, p. 1, q. 1-7, n. 1-254, p. 391-516.

10 Idem, *Quaestiones super Libros Metaphysicorum Aristotelis*, liber VII, q. 13, n. 1-181, p. 215-280.

11 Quem dá conhecimento dessa disputa é F. Pelster, Handschriftliches zu Skotus mit neuen Angaben über sein Leben, *FS*, n. 10, p. 15-16. O texto dessa disputa foi editado por C. Stroick, Eine Pariser Disputation vom Jahre 1306, em W.P. Eckert (org.), *Thomas von Aquino*, p. 559-608.

12 Para um aprofundamento da disputa, cf. T.B. Noone, Scotus's Critique of the Thomistic Theory of Individuation and the Dating of the "Quaestiones in Libros Metaphysicorum", VII, q. 13, em L. Sileo (org.), *Via Scoti*, p. 391-406.

13 A Comissão Escotista de Roma subscreve a tese tradicional segundo a qual Duns Escoto havia composto primeiro as *Quaestiones super Libros* ▶

entre a *Ordinatio* e a *Quaestio* 13 (QM VII) quanto à terminologia referente ao *principium individuationis*, a nossa investigação procura identificar o último estágio possível de uma longa estratificação teórica da solução escotista sobre tal princípio. Levarei em consideração a *Lectura* somente para evidenciar as pequenas nuances linguísticas em relação à *Ordinatio*[14].

Em ambas as obras (*Ordinatio* e *Q.* 13), chega-se a algumas soluções comuns: o princípio individuante é algo de positivo presente na ordem substancial, mas não está nem dentro da forma ou das formas acidentais, nem no ato da existência, nem na matéria. O problema a ser examinado consiste nas variações terminológicas correspondentes a uma evolução teórica, usadas para indicar o *principium individuationis*: na *Ordinatio* ele é definido como *entitas* (entidade), *realitas* (realidade), *ultima realitas formae* (última realidade da forma), *ultima realitas entis* (última realidade do ente)[15]; enquanto na *Quaestio* 13 (QM VII) encontra-

▷ *Metaphysicorum*, que representariam uma obra da juventude do autor, e depois a *Lectura*. A esse respeito, veja-se a *De Ordinatione Ioannis Duns Scoti disquisitio historico-critica*, p. 155, nota 1 e a L. Modrić, Raporto tra la "Lectura" II e la "Metaphysica" di G. Duns Scoto, *Anton*, n. 62, p. 504-509. Ultimamente, os editores da edição crítica das obras filosóficas de Duns Escoto do Franciscan Institute da St. Bonaventure University questionam essa posição, uma vez que as *Quaestiones super Libros Metaphysicorum*, e especialmente a *Quaestio* 13, representam um estágio mais avançado da visão de Duns Escoto sobre o princípio de individuação em relação à *Lectura/Ordinatio*. Segue-se que essa obra não pode simplesmente ser considerada um escrito da juventude, pois teve ao longo do tempo várias fases redacionais que tornam impossível uma datação única no seu conjunto. Para um aprofundamento da questão, ver a introdução da nova edição crítica das *Quaestiones super Libros Metaphysicorum Aristotelis*, p. XLIII.

14 Duns Escoto, na preparação do segundo livro da sua *Ordinatio*, serviu-se principalmente da *Lectura*, como é afirmado por Barnaba Hechich na recensão ao v. 7 da *Ordinatio*, in *Anton*, n. 49, 1974, p. 128.

15 Cf. *Ordinatio* II, d. 3, p. 1, q. 6, n. 180 (ed. Vat. VII, 479): "Quoad hoc ista realitas individui est similis realitati specificae, quia est quasi actus, determinans illam realitatem speciei quasi possibilem et potentialem, – sed quoad hoc dissimilis, quia ista numquam sumitur a forma addita, sed praecise ab *ultima realitate formae*"; ibidem, n. 188 (ed. Vat. VII, 483): "Non est igitur 'ista entitas' materiae vel forma vel compositum, in quantum quodlibet istorum est 'natura', – sed est *ultima realitas entis* quod est materia vel quod est forma vel quod est compositum"; ibidem, n. 190 (ed. Vat. VII, 485): "Quaecumque natura non est de se haec, sed determinabilis ad essendum haec (sive ut determinetur per aliam rem, quod est impossibile in quocumque, – sive ut determinetur per *aliam realitatem*), non est simpliciter simplex"; ibidem, n. 197 (ed. Vat. VII, 498-499): "Et quia illa *entitas* quam addit super speciem" (grifos nossos). Para outras referências aos termos *entitas/realitas*, ver as seguintes passagens: q. 6, n. 147 ▶

mos *forma individualis* (forma individual), *gradus individualis* (grau individual), *continentia unitiva* (contenção unitiva) e *haecceitas* (istidade)[16]. Inicialmente, analisaremos as q. 1-6 constantes na *Ordinatio*, levando em consideração a *Lectura* e, em última análise, compararemos os resultados alcançados com a *Quaestio* 13 (QM VII) para apreender, além das semelhanças, as divergências subjacentes às variações terminológicas acima indicadas.

Gênero Literário das "quaestiones"

A questão que Duns Escoto pretende aprofundar é formulada no início. Sua solução é indicada somente depois da análise dos argumentos principais *pro* ou *contra*; seu papel é o de tornar preciso o significado da própria questão.

A *opinio propria* de Duns Escoto sobre cada questão é sempre precedida por uma ou mais teses contrárias à sua (*opiniones aliorum*) e por uma crítica a elas (*opinionis improbatio*). Muitas vezes, não são mencionados os *aliqui* (aqueles) cujas doutrinas são refutadas por Duns Escoto; pode-se facilmente supor que a refutação se voltava para o caráter teórico das *opiniones aliorum* e não para a indicação de sua paternidade literária.

▷ (ed. Vat. VII, 465); n. 169 (ed. Vat. VII, 475); n. 170 (ed. Vat. VII, 475); n. 176 (ed. Vat. VII, 478); n. 177 (ed. Vat. VII, 478); n. 181 (ed. Vat. VII, 480); n. 182 (ed. Vat. VII, 481); n. 183 (ed. Vat. VII, 481); n. 186 (ed. Vat. VII, 483); n. 187 (ed. Vat. VII, 483); n. 189 (ed. Vat. VII, 484-485); n. 192 (ed. Vat. VII, 486); n. 201 (ed. Vat. VII, 490); n. 206 (ed. Vat. VII, 492); n. 207 (ed. Vat. VII, 493).

16 Cf. QM VII, q. 13, n. 84 (IV, 246): "Natura est haec per substantiam aliquam quae est *forma*; et prior hic lapis, et per *formam individualem* distinguitur ab alio individuo"; ibidem, n. 109 (IV, 255): "Sed natura, quam ego pono, determinatur ad unitatem numeralem per *formam individualem*". Para outras referências aos termos *forma individualis*, ver as seguintes passagens: n. 86 (IV, 247); n. 87 (IV, 247); n. 96 (IV, 250); n. 97 (IV, 251); n. 101 (IV, 253); n. 112 (IV, 256); n. 113 (IV, 256). Para os termos *continentia unitiva*, ver as seguintes passagens: n. 131 (IV, 263); n. 132 (IV, 264); n. 135 (IV, 265); n. 137 (IV, 265); n. 138 (IV, 265); n. 144 (IV, 267); n. 147 (IV, 268); n. 179 (IV, 279). Para os termos *gradus individualis*, ver: n. 131 (IV, 263); n. 133 (IV, 264); n. 135 (IV, 265); n. 136 (IV, 265); n. 138 (IV, 265); n. 146 (IV, 268); n. 147 (IV, 268); n. 177 (IV, 278). O termo *haecceitas* tem somente duas ocorrências: n. 61 (IV, 239-240): "Probatio minoris: quia si nulla unitas realis naturae est minor *haecitate* (!)"; n. 176 (IV, 278): "Si in quantum ad actum cognoscendi, sic in sensu, quia *haecitas* (!) non sentitur" (grifos nossos).

A "ULTIMA REALITAS ENTIS": ACABAMENTO DA PERFEIÇÃO ONTOLÓGICA

O problema da determinação da individuação da *substantia materialis* (substância material) nasce da análise da natureza comum (espécie) para depois, dentro da ordem substancial, chegar à natureza do *principium individuationis*: princípio intrínseco e positivo, capaz de contrair a natureza comum à singularidade. Inicialmente, serão analisadas as diversas soluções dadas por alguns mestres franciscanos, percurso necessário para poder apreender a originalidade da proposta de Duns Escoto.

Necessidade de Individuação da "substantia materialis"

A *Quaestio* I da *Ordinatio* nasce em torno do problema da singularidade da *substantia materialis*[17]. Com base nas concepções divergentes sobre a causa da individuação das substâncias materiais, alguns autores interpretavam de modo diferente a personalidade dos anjos ou a unidade em uma espécie[18]. É preciso, primeiramente, examinar o problema do *principium individuationis* das substâncias materiais antes de resolver a questão da angelologia, analisada por Duns Escoto somente na sétima e última questão: *Utrum sit possibile plures angelos esse in eadem specie* (É possível que anjos diferentes sejam da mesma espécie?)[19].

A questão inicial colocada por Duns Escoto em sua discussão é saber se a *substantia materialis* ou o ser de um ente é individual *ex se*, isto é, por sua natureza. A solução da questão ligada à disputa dos universais é fundamental, uma vez que, se é considerado que a *substantia materialis* é singular ou individual por si, não é mais preciso encontrar a razão última da sua individualidade.

---

17 Cf. *Ordinatio* II, d. 3, p. 1, q. 1, n. 1- 42 (ed. Vat. VII, 391-410); *Lectura* II, d. 3, p. 1, q. 1, n. 1-38 (ed. Vat. XVIII, 229-239).
18 Cf. *Lectura* II, d. 3, p. 1, q. 1, n. 1 (ed. Vat. XVIII, 229): "Quia secundum quod diversimode dicitur de causa individuationis in substantiis materialibus, secundum hoc sentiunt diversimode diversi de personalitate angelorum, de personalitate eorum in una specie vel unitate."
19 *Ordinatio* II, d. 3, p. 1, q. 7, n. 213-254 (ed. Vat. VII, 495-516).

Devemos levar em conta que os termos *substantia materialis* podem ser entendidos ou como "substância primeira", isto é, o indivíduo de uma certa espécie ou natureza, ou como "substância segunda", ou seja, a espécie à qual pertence o indivíduo[20]. Somente a "substância primeira" é individual por si; a *substantia materialis* entendida como "substância segunda" não pode ser individual por si, uma vez que a espécie, comum a muitos indivíduos, não pode pertencer a alguns deles singularmente, necessitando ser individuada. Em Duns Escoto, para definir o indivíduo, que não existe separadamente da espécie, é preciso partir da "substância segunda", uma vez que a espécie (ou natureza comum) inclui mais indivíduos numericamente diferentes. Nas criaturas, a individualidade e a natureza não coincidem e, dado que a natureza criada não é individual por si, necessita de uma específica *causa singularitatis* (causa da singularidade)[21].

A partir dessa premissa, podemos determinar a posição dos nominalistas (*opinionis expositio*), cujo representante é Godofredo de Fontana (falecimento em 1306 ou 1309)[22]. Duns Escoto os apresenta de modo detalhado: segundo o filósofo, eles defendem que as substâncias materiais, sendo individuadas *ex se* (por si mesmas), não necessitam de uma *causa singularitatis* ulterior que seja diferente da causa da natureza do ente[23]. As "causas" que conferem a existência a uma natureza são também consideradas responsáveis pela sua singularidade: dentro da estrutura metafísica de Aristóteles, elas eram identificadas com as quatro causas físicas responsáveis pela mudança (eficiente, formal, material e final). Segue-se que a pesquisa de um *principium individuationis* para as substâncias materiais é ardilosa: tudo o que existe no mundo real é singular e o que se busca é a causa por meio da qual uma natureza é universal[24].

20 Cf. E. Berti, *Introduzione alla Metafisica*, p. 68.
21 *Ordinatio* II, d. 3, p. 1, q. 1, n. 42 (ed. Vat. VII, 410): "Et posita communitate in ipsa natura secundum propriam entitatem et unitatem, necessario oportet quaerere causam singularitatis, quae superaddit aliquid illi naturae cuius est."
22 Cf. L. Sileo; F. Zanatta, I maestri di teologia della seconda metà del Duecento, em G. D'Onofrio (org.), *Storria della teologia nel Medioevo*, p. 77-84.
23 Cf. *Ordinatio* II, d. 3, p. 1, q. 1, n. 5-6 (ed. Vat. VII, 393-394).
24 Cf. A. Squittieri, Considerazioni sulla "natura indifferens" di Scoto, stFr, n. 90, p. 355-384. Segundo o autor, parafraseando uma passagem da *Ordinatio* II (q. 1, n. 6), a individualidade, examinada por Duns Escoto, representa uma questão ▶

Assim, qualquer ente que exista fora da mente inclui necessariamente uma singularidade.

Duns Escoto, na *opinionis improbatio* (refutação das opiniões contrárias à sua), afirma que, se o real fosse individual pela sua própria essência, conhecê-lo apenas em termos daquilo que não é individual, mas universal, não constituiria um verdadeiro conhecimento. Atribuir a singularidade a uma natureza significaria destruir o seu ser no sentido objetivo por meio do intelecto. Assim, considerar que na realidade existam apenas entes singulares compreendidos de modo universal faria com que necessariamente nos deparássemos com afirmações contraditórias. No caso do indivíduo, não podemos pensar que a sua *humanitas* (natureza comum) seja considerada singular ou individual por si, uma vez que ela, pertencendo a mais indivíduos, necessita de uma operação que a torne capaz de passar da sua característica comum e universal a ser individual em sentido objetivo. A partir disso, toda primeira forma de conhecimento sensível apreende sempre o singular que está "diante" de quem conhece; e o faz por meio de uma experiência imediata, capaz de abstrair desse singular-objetivo o seu caráter universal. Somente a análise da natureza comum constitui o ponto de mudança na economia da *quaestio* I: "Praeterea, cuiuscumque unitas realis, illud non est de se unum unitate numerali (sive non est de se hoc); sed naturae exsistentis in isto lapide, est unitas propria, realis sive sufficiens, minor unitate numerali" (A unidade real do que quer que seja não é algo uno por si ou por uma unidade numérica, quer dizer, não é por si que é 'isto'; a unidade da natureza existente nesta pedra é uma

▷ secundária: "Devemos efetivamente procurar a causa pela qual as substâncias nos parecem ter uma natureza universal, mas não é necessário buscar uma causa pela qual a natureza seja singular" (ibidem, p. 384). A questão da individuação das substâncias materiais, mesmo ligada à disputa dos universais, a nosso ver, não pode prescindir da necessidade de estabelecer como é possível o universal tornar-se visível no singular. Duns Escoto na *Ordinatio* volta-se para a pesquisa do princípio intrínseco e originário que torna possível a contração da natureza comum (universal) em individual, isto é, singular. O universal (natureza comum) constitui o início da investigação (q. 1), mas a atenção deve ser direcionada para a virada realista de Duns Escoto, que atribui um valor maior à personalidade e à perfeição do individual, investigado o princípio fundador que o torna único e irrepetível. Segue-se que o problema da individuação deve levar em consideração a natureza comum, a qual não pode conter em si a *causa singularitatis* (ibidem, nota 22).

unidade própria, real ou suficiente, porém menor do que a unidade numérica)[25]. Essa unidade da natureza comum, dita *minor* (menor) em relação à *unitas numeralis* (unidade numeral) do indivíduo (cf. esquema na p. 56), não é em si individual e, portanto, não contribui para determinar a singularidade dos entes. Reelaborar os pré-requisitos realistas para o conhecimento intelectual do singular implica considerar que a unidade própria do indivíduo (unidade numérica) detém o primado sobre a espécie (unidade específica).

Com base na autoridade de Aristóteles, que afirma o primado da substância primeira em relação à substância segunda, Duns Escoto defende que a singularidade possui uma unidade maior em relação à unidade específica ou genérica (q. II, n. 53). Se a espécie não detém uma unidade própria ou suficiente, é impossível compreender como os indivíduos da mesma espécie sejam distintos ou diferentes. Para Duns Escoto, trata-se de demonstrar que existe nos indivíduos da mesma espécie uma unidade que não é numérica, mas real; se não fosse assim, as operações intelectuais mais simples, sobre as quais se baseiam todos os nossos conhecimentos, não seriam possíveis. Se é negada a validade desse argumento, deveríamos admitir que não existe nenhuma unidade real entre os entes (*res*) diferente da unidade numérica (*individuum*).

Examinemos alguns dos argumentos relacionados à discussão, apresentados por Duns Escoto a favor da *unitas realis* da natureza comum.

Um dos argumentos baseia-se na diferença entre "gênero" e "espécie"[26]: dentro de um gênero ou de uma espécie, é necessário que exista uma certa unidade real que seja a medida dos seus elementos[27]. Na espécie, os indivíduos não são essencialmente ordenados, ou seja, iguais uns aos outros na perfeição. Portanto, a unidade que serve de medida para os indivíduos e que permite conhecê-los não é a *unitas numeralis*, mas a unidade específica da natureza comum.

---

25 *Ordinatio* II, d. 3, p. 1, q. 1, n. 8 (ed. Vat. VII, 395).
26 Ibidem, n. 11-15 (ed. Vat. VII, 396-397).
27 Cf. Aristoteles Latinus, *Metaphysica. Libri I-X, XII-XIV*, lib. x c. 1, 1052b 18: "Maxime vero metrum esse primum cuiuslibet generis."

Além disso, o fundamento de uma certa unidade que seja real, dos indivíduos da mesma espécie, pode ser encontrado também na "semelhança"[28] que ocorre entre esses indivíduos, a qual não é uma relação apenas conceitual, necessitando de uma "base real" no objeto. Essa unidade não pode ser a *unitas numeralis*, uma vez que nenhuma coisa pode ser similar, nem igual a si mesma: apenas a unidade específica da espécie pode sê-lo. Considerar que duas *res* sejam similares entre si equivale a admitir uma *realitas* comum que subjaz às próprias *res*. Desse gênero é o exemplo da *humanitas*, a qual permite que cada indivíduo seja similar a outro dentro da mesma espécie porque o fundamento comum e relacional entre indivíduos é o seu elemento constitutivo.

Para concluir, Duns Escoto defende que, se a *unitas realis* (unidade real) fosse a *unitas numeralis* (unidade numérica), então toda diferença seria numérica[29]: nesse caso, toda *res* seria diferente da mesma maneira que todas as outras, e o intelecto não poderia abstrair nada em comum entre Platão e Sócrates e entre Sócrates e uma linha. Segue-se (*opinio propria*)[30] que toda natureza é por si indiferente à singularidade ou à universalidade e, portanto, não encerra em si a causa da individuação ou da singularidade.

A teoria dos nominalistas é assim refutada por Duns Escoto, uma vez que toda natureza, para se tornar singular, deve ser contraída e, para se tornar universal, o intelecto deve conferir-lhe essa característica. Por si mesma, a natureza comum, tendo um tipo de unidade menor que a unidade numérica (*minor unitate numerali*), não pode encerrar em si a *causa singularitatis*. Em razão da sua *minor unitate numerali*, a natureza comum tem seu ser próprio diferente do ser individual, do mesmo modo como a unidade específica difere da unidade numérica. Além disso, a natureza é dita comum uma

---

28 Cf. *Ordinatio* II, d. 3, p. 1, q. 1, n. 18 (ed. Vat. VII, 398).
29 Ibidem, n. 23-27 (ed. Vat. VII, 399-401).
30 Ibidem, n. 30 (ed. Vat. VII, 402): "Sicut etiam deducit secunda ratio (cum suis probationibus omnibus), aliqua est unitas in re realis absque omni operatione intellectus, minor unitate numerali sive unitate propria singularis, quae 'unitas' est naturae secundum se, – et secundum istam 'unitatem propriam' naturae ut natura est, natura est indifferens ad unitatem singularitatis; non igitur est de se sic illa una, scilicet unitate singularitatis."

vez que a sua propriedade é ser comunicável em si – o que comporta que ela pode ser comunicada de um indivíduo ao outro, enquanto a individualidade é incomunicável. O que pode ser comunicado não é a individualidade, mas as características da espécie à qual cada indivíduo comunitariamente pertence.

A comunicabilidade é, portanto, uma *proprietas* (propriedade) que permite considerar a espécie como uma entidade distinta do indivíduo, o qual é provido de uma unidade mais perfeita em relação à unidade específica da espécie (natureza comum). Sendo "indiferente", a natureza comum existe com a singularidade, mas não é por si limitada à singularidade, uma vez que é naturalmente precedente a esta última característica.

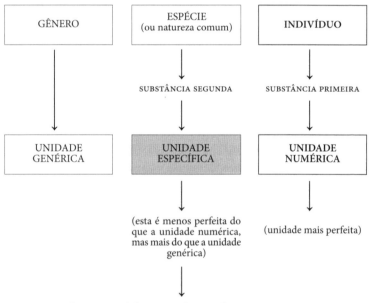

A Característica Inerente ao Fundamento Intrínseco e Positivo[31]

Dado que a *substantia materialis* não é individual por si, é necessário estabelecer a *causa singularitatis* que contrai a natureza comum, conferindo-lhe a singularidade.

Duns Escoto examina a doutrina de Henrique de Gand (1217-c. 1293)[32], segundo a qual uma *negatio duplex* (dupla negação) é a causa última da individuação "scilicet *indivisio in se* et *divisio ab omni alio*" (por exemplo: a indivisibilidade em si e a divisibilidade por outro)[33], e se empenha em refutá-lo apresentando uma série de provas. Para tanto, baseia-se na discussão de Henrique de Gand apresentada no seu *Quodlibet* v (q. 8), disputado em 1280/81[34].

A dupla negação, que não implica em nenhum incremento ontológico, é direcionada para o interior e para o exterior: em direção ao interior, priva a individualidade de qualquer possibilidade de se multiplicar e de se diferenciar ulteriormente (*indivisio*); em direção ao exterior, a individualidade perde qualquer possibilidade de se identificar com outra individualidade (*incommunicabilitas*). Segundo essa teoria, as substâncias materiais não são individuadas por um princípio positivo e intrínseco, e a negação se refere à privação do ente em si e à privação da identidade com qualquer outra coisa.

Duns Escoto refuta essa doutrina porque a considera insuficiente para demonstrar a origem da individuação. Em primeira análise, defende que a "matéria-prima" não pode ser

---

31 *Ordinatio* II, d. 3, p. 1, q. 2, n. 43-58 (ed. Vat. VII, 410-417); *Lectura* II, d. 3, p. 1, q. 2, n. 39-53 (ed. Vat. XVIII, 240-244).
32 Cf. L. Sileo; F. Zanatta, I maestri di teologia della seconda metà del Duecento, em G. D'Onofrio (org.), *Storia della teologia nel Medioevo*, p. 59-77.
33 *Ordinatio* II, d. 3, p. 1, q. 2, n. 47 (ed. Vat. VII, 412); *Lectura* II, d. 3, p. 1, q. 2, n. 40 (ed. Vat. XVIII, 240). Veja-se também Henrique De Gand, *Quodlibeta Magistri Henrici Goethals a Gandavo doctoris Solemnis*, Parisiis 1518, Quodlibet quintum, q. 8 (f. 166M): "Quae quidem 'negatio' non est simplex, sed duplex, quia est removens 'ab intra' omnem plurificabilitatem et diversitatem, et 'ab extra' omnem identitatem."
34 Para uma visão geral dos debates quodlibetais do século XIII, especialmente dos *Quodlibeta* de Henrique de Gand, ver um importante estudo de M. Pickavé, The Controversy over the Principle of Individuation in Quodlibeta (1277-c. 1320), em C. Schabel (org.), *Theological Quodlibeta in the Middle Ages*, p. 17-79, em part. p. 23-32.

individuada por um princípio extrínseco a ela, uma vez que isso não explica de onde se originaria a impossibilidade interior de subdivisão ulterior do ser. O motivo último da indivisibilidade da substância reside em algo de natureza positiva, isto é, na própria substância[35]. Uma simples negação não basta para identificar o momento singular de um indivíduo concreto; é preciso que a individualidade se funde sobre um ser positivo: "cum ille ponat naturam 'ex se esse unam et individuam', numquam tamen per aliquam negationem '*positam in natura*' repugnabit sibi formaliter dividi, et ita numquam erit aliquod *ens positivum* in rebus quod erit complete individuum"[36]. As negações propostas por Henrique de Gand descrevem simplesmente os aspectos da individualidade, mas não revelam o que faz com que os indivíduos tenham tais características. A indivisibilidade de uma substância em partes subjetivas é uma perfeição desta última e uma perfeição é evidentemente algo de positivo.

Em última instância, a negação não participa positivamente da entidade e não pode ser considerada uma perfeição do ente. Por essa razão, ela não pode tornar mais perfeita a substância primeira em relação às substâncias segundas, a negação não pode ser considerada um princípio de individuação da substância primeira[37]. As negações devem ser entendidas como princípios ontológicos positivos, uma vez que a unidade numérica que devem indicar é em si uma característica positiva do indivíduo.

A dúvida de Duns Escoto é que Henrique de Gand não explica o que coloca a dupla negação em condição de diferenciar um indivíduo do outro: que um indivíduo não seja idêntico a outro, ou distinto, não pode ser a razão da individualidade de um ser. A dupla negação não contém o momento individuante, mas é igual em todos os indivíduos, que para serem

---

35 Cf. *Ordinatio* II, d. 3, p. 1, q. 2, n. 49 (ed. Vat. VII, 413): "Primo, quia nihil simpliciter repugnat alicui enti per solam privationem in eo, sed per aliquid positivum in eo."
36 Ibidem, n. 51 (ed. Vat. VII, 414-415).
37 Ibidem, n. 53 (ed. Vat. VII, 415): "Item, negatione non constituitur aliquid formaliter in entitate perfectiore quam sit illa entitas praesuposita negationi (alioquin negatio esset formaliter entitas quaedam positiva); sed prima substantia est maxime substantia, et etiam est magis substantia quam secunda substantia; igitur non formaliter constituitur in entitate primae substantiae per negationem, in quantum distinguitur a secunda."

assim, devem possuir uma unidade maior (unidade numérica) em relação à espécie (unidade específica). É preciso explicar a origem da dupla negação.

Uma vez refutada a doutrina de Henrique de Gand, Duns Escoto formula, na *solutio propria*[38], a necessidade de que algo de positivo e intrínseco (*positivum intrinsecum*), inerente ao ser substancial do ente, seja o fundamento da *negatio duplex*. Deve existir algo de positivo, intrínseco ao ente em si, por meio do qual ele não seja divisível em partes subjetivas, mas seja distinto dos outros objetos individuais. Apenas em função de um princípio positivo e intrínseco, o indivíduo pode receber as diferenças necessárias pelas quais se distingue extrinsecamente dos seus semelhantes. A novidade é que essa entidade positiva no ser individual exalta o valor da unicidade do indivíduo acima da espécie apenas pelo fato de que a sua própria perfeição evita a divisão e lhe confere assim uma unidade acabada.

Na q. 6 (n. 187-188), depois de ter analisado as possíveis soluções do princípio de individuação, Duns Escoto define a natureza desse princípio como positivo.

Neste ponto, algumas observações se fazem necessárias: o *positivum intrinsecum* (positivo intrínseco) deve ter em si a capacidade de contrair a natureza comum, impedindo a divisão última em partes subjetivas (*indivisibilitas* – indivisibilidade)[39].

38 Ibidem, n. 57 (ed. Vat. VII, 416-417): "Quod necesse est per aliquid *positivum intrinsecum* huic lapidi, tamquam per rationem propriam, *repugnare sibi dividi in partes subiectivas*; et illud positivum erit illud quod dicetur esse per se causa individuationis, quia per individuationem intelligo illam *indivisibilitatem sive repugnantiam ad divisibilitatem*."

39 Sobre o fato de que Duns Escoto entenda a indivisão como *indivisibilitas* em partes subjetivas, cito algumas passagens nas quais se evidencia a posição assumida na *Lectura* II, d. 3, p. 1: "Intelligitur an sustantia materialis habeat *indivisibilitatem* ita quod repugnat sibi" (q. 2, n. 42; ed. Vat. XVIII, 241); "Ergo individuum in genere substantiae non habebit esse *indivisibile* a quantitate primo" (q. 4, n. 81; ed. Vat. XVIII, 254); "Igitur ista responsio est magis impossibilis quam prior, quae ponit substantiam habere aliquod esse, scilicet *indivisibile* a quantitate" (ibidem, n. 85; ed. Vat. XVIII, 256); "Et ideo natura specifica substantiae materialis *non potest dividi* nisi per quantitatem" (ibidem, n. 102; ed. Vat. XVIII, 261); "Nam substantia non habet de se quod sit divisibilis, sed quantum est de se est *indivisibilis*, et tamen per quantitatem dividitur. [...] Unde si substantia materialis esset de se *indivisibilis*" (q. 6, n. 162; ed. Vat. XVIII, 279-280); "Igitur unitas singularitatis, *cui repugnat dividi*, habebit entitatem sibi proportionalem" (ibidem, n. 166; ed. Vat. XVIII, 280); "Quae [differentia specifica] *non potest dividi* in plures naturas specificas" (ibidem, n. 170; ed. Vat. XVIII, 282; grifos nossos).

Afirmar isso implica, como defende Tamar Rudavsky, inverter a posição tradicional de alguns filósofos que sustentavam que o *principium individuationis* deveria explicar apenas a diferença (ou distinção) numérica entre os membros de uma mesma espécie[40]. É nessa perspectiva que são colocadas as análises de Louis Mackey sobre a teoria de Duns Escoto, que estabelece a questão da individuação considerando a indivisibilidade, prioridade ontológica do indivíduo como ser unitário[41].

Uma vez encontrado esse princípio *indivisibilitatis*, Duns Escoto compara diversas posições – a serem analisadas nas próximas *quaestiones* – sobre o possível fator indicado para ser o princípio individuante de um ente. Entende-se que qualquer solução para o problema do princípio de individuação deve satisfazer à indivisibilidade, ou melhor, à repugnância de um ser a ser subdividido em partes subjetivas.

Prioridade Ontológica do "esse essentiae" Sobre o "esse existentiae"

Uma vez esclarecida a necessidade de um fundamento intrínseco e positivo do ser individual, Duns Escoto analisa quais são os "momentos" ou modos do ser (*esse existentiae*[42] ou *esse essentiae*) concernentes à causa da individuação.

Aristóteles defendia que, sendo o "ser da existência" o ato último recebido pelos indivíduos, a existência seria a determinação última dos indivíduos[43]. A determinação última deve seguir o ato último – que é a existência – capaz de determinar

40 T. Rudavsky, The Doctrine of Individuation in Duns Scotus, FS, n. 59, p. 320: "Philosophers generally view the problem of individuation as the problem of how to account for the numerical difference of any two members of the same species."
41 Cf. L. Mackey, Singular and Universal, FrsA, n. 39, p. 150: "When Scotus raises the question of individuation, he is not asking primarily about the possibility of the multiplication of individuals within a species. He is concerned in the first place with the unity of the individual as such; that is, with its indivision."
42 *Ordinatio* II, d. 3, p. 1, q. 3, n. 59-65 (ed. Vat. VII, 418-421); *Lectura* II, d. 3, p. 1, q. 3, n. 54-60 (ed. Vat. XVIII, 244-246).
43 Cf. Aristoteles Latinus, *Metaphysica. Libri I-X, XII-XIV*, lib. VII c. 13, 1039a 3-8: "Impossibile autem substantiam ex substantiis esse que insunt sicut perfectiones; duo namque sic perfectione numquam sunt unum perfectione, sed si potestate duo sunt, erunt unum (ut duplum ex duobus dimidiis potestate; nam entelechia separat)."

e distinguir e, dado que envolve algo de positivo, pode ser a razão formal para contrair a natureza comum no ser individual. Essa posição, ao longo do tempo, foi assumida no *Quodlibet* II (q. 8) de 1277[44] por Henrique de Gand, para o qual a individualidade é um modo da existência, e apenas esta deveria explicar a individualidade de um ser real.

Para Duns Escoto, a existência não pode individuar a *substantia materialis*, não apenas por ser comum a todos os entes existentes, mas também porque a distinção entre duas *res* deriva de uma diferença entre as essências e não de uma diferença no sentido do existir. A existência, não tendo diferenças próprias, é por si indiferenciada e pode pertencer a qualquer existente; um existente é o que é[45], não em virtude da sua existência, mas da sua natureza. Segundo Duns Escoto, para afirmar a existência atual de um indivíduo, este último já deve ser plenamente determinado à individualidade como existente possível.

O fato de existir não é o que individua: o fundamento da distinção entre os indivíduos existentes deve residir na sua essência. Dois indivíduos não se distinguem pela sua existência, uma vez que, se ambos existem, têm em comum o fato de existir; a existência parece ser tão comum quanto a própria natureza que deveria diferenciá-los. A existência, não sendo por si um "isto" (*haec*), não pode conferir individualidade às substâncias materiais. Todo indivíduo, na sua unicidade, deve ter o seu *principium individuationis*, não idêntico, mas primordialmente diverso e distinto de outro indivíduo qualquer. Naturalmente, o objeto da nossa investigação é o indivíduo existente, mas a existência é de uma ordem diferente em relação ao princípio individuante capaz de determinar a existência e não o contrário[46].

---

44 Cf. L. Sileo; F. Zanatta, I maestri di teologia della seconda metà del Duecento, em G. D'Onofrio (org.), *Storia della teologia nel Medioevo*, p. 71-74.
45 Cf. *Ordinatio* II, d. 3, p. 1, q. 3, n. 61 (ed. Vat. VII, 418-419): "Quia quod non est ex se distinctum nec determinatum, non potest esse primum distinguens vel determinans aliud; sed esse existentiae, eo modo quo distinguitur ab esse essentiae, non est ex se distinctum nec determinatum."
46 Parafraseando a tentativa de Heidegger de esboçar uma ontologia em sua obra *Sein und Zeit*, podemos constatar que o desafio metafísico de tal projeto deve ser fundado dentro da ordem essencial (*Sein*) e não no ser-aí como momento existencial (*Dasein*).

A *entitas individualis* (entidade individual) pertence ao *actus essentialis* (ato essencial) de modo a fundar o ser essencial e não ao *actus existentialis* (ato existencial) que realiza a existência de um ser: como última realidade da existência, não pertence essencialmente à ordem do ser, mas se acrescenta a ela e é, portanto, posterior[47] dentro da ordem essencial.

Duns Escoto procura preservar, assim, a prioridade ontológica da essência e encontrar uma base para a individuação em uma entidade que seja individual em si mesma.

Impossibilidade de Individuação da "substantia materialis" Pela Quantidade

Estabelecido que, como ser positivo, a individualidade é buscada no *esse essentiae*, Duns Escoto refuta na q. IV as posições que consideram o *principium individuationis* em termos acidentais e não substanciais, procurado na "quantidade", responsável pela individuação da *substantia materialis*[48]. Duns Escoto dedica especial atenção a essa *quaestio*; na verdade, muitos escolásticos se serviram da autoridade de Aristóteles para fundar as suas posições.

Godofredo de Fontana[49] e Tomás de Aquino[50], servindo-se da definição aristotélica da "quantidade" – segundo a qual "uma substância tem *quantidade* quando é divisível em partes […], e cada uma delas é por natureza algo de *uno* e de particular

---

47 Cf. *Ordinatio* II, d. 3, p. 1, q. 3, n. 65 (ed. Vat. VII, 420) "Existentia autem actualis est ultimus actus, sed posterior tota coordinatione predicamentali." Com relação à individuação, a existência atual é subordinada à essência e não acrescenta nada de essencial à essência individuada.

48 Ibidem, q. 4, n. 67-128 (ed. Vat. VII, 421-457); *Lectura* II, d. 3, p. 1, q. 4, n. 61-124 (ed. Vat. XVIII, 246-268).

49 Godofredo De Fontana, *Quodlibet VII*, q. 5 (referência indicada nas fontes da *Ordinatio* II, n. 71; ed. Vat. VII, 423).

50 Thomas De Aquino, *Summa contra gentiles* II, c. 49 arg. 3: "Principium diversitatis individuorum eiusdem speciei est divisio materiae secundum quantitatem: forma enim huius ignis a forma illius ignis non differt nisi per hoc quod est in diversis partibus in quas materia dividitur, – nec aliter quam divisione quantitatis, sine qua substantia est indivisibilis; quod autem recipitur in corpore, recipitur in eo secundum quantitatis divisionem; ergo forma non recipitur in corpore nisi ut individuata" (referência indicada nas fontes da *Ordinatio* II, n. 73; ed. Vat. VII, 425).

determinado"⁵¹ –, afirmavam que, sendo os indivíduos da mesma espécie distinguidos primeiramente por meio da quantidade, consequentemente esta última seria determinante para a individuação da *substantia materialis*. Nesse caso, a quantidade seria responsável não apenas pela divisão da mesma espécie em partes, cada qual representando um "isto" individual, mas também pelo traço distintivo dos indivíduos entre eles. A função de dividir as coisas em partes do mesmo tipo pertenceria à quantidade. Além disso, os indivíduos, tendo em comum a espécie (natureza comum), seriam distintos e diferentes por uma propriedade acidental, peculiar a cada um deles. Se supuséssemos que o *locus* é o fator individuante para determinar a essência de um ente, diversos lugares determinariam essências numericamente diferentes. O absurdo dessa formulação está em querer atribuir ao que vem depois da substância, isto é, ao acidente, a capacidade de individuar o que vem primeiro (substância).

Para Duns Escoto, coloca-se assim a necessidade de estabelecer que o ser acidental não seria suficiente para explicar a individualidade dos entes. Devemos, de todo modo, levar em consideração que Duns Escoto, no problema da individuação, não questiona a possibilidade de multiplicação dos indivíduos dentro de uma espécie, mas direciona a sua análise para a investigação do núcleo da "*unidade* individual" como tal: "individuum incompossibile est dividi in partes subiectivas"⁵².

A não ser que não sofra nenhuma mutação substancial, a *substantia materialis* não pode ser "esta substância aqui", com sua singularidade determinada, e equivaler a "esta substância que está do lado de cá". Se fosse a quantidade o que individua a substância, fazendo que haja "esta substância aqui" e "esta substância que está do lado de cá", então a mesma substância singular consistiria em duas substâncias diferentes, o que é contraditório⁵³. A tese na qual a individuação depende dos acidentes quantitativos faria com que uma mudança nos acidentes

---

51 Aristoteles Latinus, *Metaphysica. Libri I-X, XII-XIV*, lib. v c. 13, 1020a 7-9, 101: "Quantum dicitur quod est divisibile in eis que insunt, quorum utrumque aut singulum unum quid et hoc aptum natum esse."
52 *Ordinatio* II, d. 3, p. 1, q. 4, n. 76 (ed. Vat. VII, 427).
53 Ibidem, n. 79 (ed. Vat. VII, 428): "Sed contradictio est eandem substantiam manentem esse duas substantias, sine mutatione substantiali, et hoc tam successive quam simul, – quod tamen sequitur si per aliquod accidens esset ▶

levasse, consequentemente, a uma mudança da individualidade. Isso, no entanto, não se verifica, pois, em uma substância, os acidentes podem mudar sem, porém, alterar a essência e a individualidade do ente. Segue-se que a individuação não deriva do âmbito acidental de um fator exterior qualquer, mas encontra-se na profundidade do ser substancial; caso contrário, para toda modificação acidental, a individualidade também deveria modificar-se. No ser substancial, é inscrita a individualidade que pertence de modo único a cada indivíduo e esta é visivelmente manifestada nas suas determinações acidentais. Mas o que é manifestado remete a um estrato mais profundo, intrínseco à própria natureza do ser substancial; com isso, podemos considerar, como Étienne Gilson, que "a individuação é inscrita no coração do ser, na própria substância pela qual é o que é"[54].

Duns Escoto, retomando a opinião de Aristóteles[55] que considera a prioridade ontológica da substância sobre os acidentes[56], elimina toda possibilidade de supor que os fatores individuantes sejam os acidentes. A substância primeira é um *ens prius* (ente anterior) que pode existir por si porque é individual; tem uma prioridade ontológica sobre as substâncias segundas (ou genéricas) e ainda mais sobre os acidentes, que são *entia posteriora* (entes posteriores) – "substantia est *prior* naturaliter omni accidente" (a substância é naturalmente anterior a todo acidente)[57]. A substância precede o acidente por uma prioridade de natureza. Mesmo que os acidentes confiram uma individualidade qualitativa ao ente, eles não podem determinar uma unidade numérica à substância, uma vez que a individualidade pertence a esta. Com base nisso, Duns Escoto pode afirmar: "ergo

▷ formaliter 'haec substantia': tunc enim succedente accidente accidenti, eadem substantia non mutata esset successive duae substantiae."
54 É. Gilson, *Giovanni Duns Scoto*, p. 476.
55 Cf. Aristoteles Latinus, *Metaphysica. Libri I-X, XII-XIV*, lib. VII c. 1, 1028a 37–1028b 2, 124: "Et scire tunc singula maxime putamus, quando quid est homo cognoscimus aut ignis, magis quam aut quale aut quantum aut ubi, quoniam et horum eorundem tunc singula scimus, quando quid est ipsum quale aut quantum scimus."
56 *Ordinatio* II, d. 3, p. 1, q. 4, n. 87 (ed. Vat. VII, 432): "Eo modo substantia est prior naturaliter omni accidente, quo est subiectum omni accidenti".
57 Ibidem, n. 82 (ed. Vat. VII, 429). Aristóteles defende que os acidentes não existem por si; podem ser afirmados apenas a partir da substância individual. Aristoteles Latinus, *Metaphysica. Libri I-X, XII-XIV*, lib. V c. 9, 1018a 1, 96.

convenit substantiae primae, ex ratione sua, quod sit 'haec' prius naturaliter quam determinetur aliquo accidente"[58]. A essência precede os acidentes, os quais podem ser individuados apenas por meio das substâncias às quais pertencem. Tudo isso que é substancial é por natureza anterior àquilo que uma coisa é e, portanto, a quantidade como acidente não pode ser responsável pela divisão de uma espécie em indivíduos[59]. O acidente pode apenas determinar a substância, mas não pode individuá-la porque ele mesmo ainda não é individual.

A quantidade, além disso, não é inerente à espécie, uma vez que ela é divisível em partes subjetivas[60]. A quantidade não pode ser considerada responsável pela divisão na espécie em partes subjetivas, porque uma parte integrante qualquer nunca é a quantidade inteira, ao passo que uma "parte subjetiva" é sempre um inteiro ou uma natureza inteira. Da divisão quantitativa não se segue que a "parte" seja a expressão do "todo"; a "parte" dividida permanece, de fato, sempre uma "parte" do "todo". Se, absurdamente, fosse possível dividir um indivíduo, as partes obtidas dele nunca seriam a expressão do "todo", mas apenas de uma "parte" dele. Posto isso, torna-se evidente que o princípio que buscamos deve ter em si a possibilidade de dividir a espécie em "partes subjetivas" (indivíduos), cada uma delas sendo a expressão do "todo". A divisão da espécie em "partes subjetivas" faz com que cada parte seja uma "unidade acabada em si" e numericamente "una". Essa divisão deve ser, por natureza, substancial e, portanto, deve fazer parte da mesma hierarquia como as outras divisões da substância. Seguindo tal argumentação, é fácil constatar que essa função não pode ser atribuída à quantidade de um ente. Existe uma natureza diferente entre as partes quantitativas e as subjetivas: as primeiras são indeterminadas, enquanto as segundas são, por natureza, determinadas e acabadas em si. Dado que a quantidade é indeterminada, não pode determinar ou individuar nada.

---

58   Ibidem (ed. Vat. VII, 431).
59   Ibidem (n. 83).
60   Ibidem, n. 105 (ed. Vat. VII, 443): "Sed quantitas non inest formaliter speciei in quantum est divisibilis in partes subiectivas; igitur ipsa non est 'ratio formalis' divisibilitatis talis totius in partes tales."

A quantidade, tendo a sua própria "quididade", é indiferente aos indivíduos e não pode atuar como princípio de individuação, e com isso "impossibile est per aliquod accidens substantiam esse individuam" (é impossível que a substância seja individual por causa de algum acidente)[61]. A individualidade é algo mais "originário" que não pode ser extraído de um acidente como a quantidade.

Impossibilidade de a "Matéria" Individuar o Composto[62]

Admitir que o *principium individuationis* se encontre na profundidade do ser substancial poderia levar à ideia de que a individualidade depende da matéria, que é um dos princípios constitutivos da *substantia*.

Duns Escoto observa que, a partir de uma passagem da *Metafísica* de Aristóteles segundo a qual ele diz que "constituem *unidade* segundo o número, aqueles entes que têm uma única matéria"[63], foi erroneamente considerado por vários pensadores que o Estagirita afirma que a *substantia materialis* é individuada por meio da matéria[64]. A oposição de Duns Escoto visa refutar essa interpretação, mostrando que a tese da individuação apenas pela matéria não provém dos textos aristotélicos[65].

---

61 Ibidem, n. 111 (ed. Vat. VII, 446).
62 Ibidem, q. 5, n. 129-141 (ed. Vat. VII, 458-463); *Lectura* II, d. 3, p. 1, q. 5, n. 125-138 (ed. Vat. XVIII, 268-273).
63 Aristoteles Latinus, *Metaphysica. Libri I-X, XII-XIV*, lib. V c. 6, 1016b 32-33. Essa passagem se encontra no capítulo em que Aristóteles discute os motivos pelos quais as coisas podem ser definidas como "UNO". Segue-se que Aristóteles está afirmando que as coisas são "uno" em número se a matéria é una. Não podemos interpretar essa passagem afirmando que Aristóteles fale da individuação apenas pela matéria, uma vez que ele não fala da individuação, mas da "unidade" de um conjunto contínuo individual.
64 Reforçando essa opinião, Duns Escoto se refere também a outros textos extraídos da *Metafísica* nos quais pode-se interpretar que Aristóteles defende que a matéria é o princípio de individuação. (Aristoteles Latinus, *Metaphysica. Libri I-X, XII-XIV*, lib. VII c. 8, 1035b 27-31, 141; lib. XII c. 8 1074a 31-34, 218.) Egídio Romano é um daqueles que consideram que a individuação é causada pela matéria ou pela quantidade. (Cf. M. Pickavé, *The Controversy over the Principle of Individuation in Quodlibeta*, p. 35-43.)
65 Cf. W. Charlton, Aristotle and the Principle of Individuation, *Phron*, n. 17, p. 239-249. O autor faz algumas ressalvas sobre quantos entenderiam o princípio de individuação de Aristóteles apenas pela matéria.

Se o fundamento da *unidade* do qual fala Aristóteles é encontrado na "matéria", é preciso, primeiramente, analisar o significado dessa palavra. A matéria pode ser entendida como "indistinta e indeterminada" ou "distinta e determinada": no primeiro caso, ela não pode constituir um princípio determinante porque não é individual – não é um *haec*[66]; no segundo caso, a matéria *signata* quantitativamente[67] não pode ser motivo último de individuação pelas mesmas razões aplicadas aos acidentes quantitativos. Se o fundamento último está na matéria e se esse fundamento é completamente indeterminado, segue-se que a matéria não pode ser a causa nem da diversidade, nem da individuação.

Cálias e Sócrates[68] são compostos ontológicos que consistem de matéria e forma. Esta última é igual em ambos, fazendo com que Cálias e Sócrates não possam consistir apenas na forma, mas também no seu oposto, a matéria determinada ou corpórea. Por meio da forma, cada indivíduo tem o *eîdos* de homem e, por meio da matéria determinada, o ser humano específico é multiplicado. Aristóteles diz que este homem é diferente daquele porque a sua carne e os seus ossos são diferentes. Poderíamos supor que "essa" quantidade de carne e ossos é diferente "daquela", pois compõe este homem e não aquele. No entanto, a matéria determinada, sozinha, não tem a capacidade de constituir os indivíduos enquanto tais. Como princípio comum, a matéria é a mesma em todo indivíduo e é determinada pela forma; portanto, não pode determinar o composto por si. Na verdade, Aristóteles considera a diferenciação tanto da forma quanto da matéria, bem como a sua unidade sobre o plano comum[69]; diz ele: "as coisas que estão

---

66 Para Duns Escoto, a matéria é categoricamente excluída como causa de individuação, uma vez que "[sed] quod non est *in se* distinctum nec diversum, non potest esse prima ratio diversitatis vel distinctionis alterius" (aquilo que em si não é distinto nem diverso também não pode ser a primeira razão da diversidade ou da distinção de outro). *Ordinatio* II, d. 3, p. 1, q. 5, n. 131 (ed. Vat. VII, 458).

67 Sobre o problema da matéria nos escritos de Aristóteles, ver H. Seidl, Sulla concezione della materia in Aristotele e S. Tommaso D'Aquino, em M.S. Sorondo (org.), *Physica, cosmologia, Naturphilosophie*, p. 15-36. Analisando a diferença que ocorre entre matéria determinada e indeterminada, Seidl confirma a posição de Tomás de Aquino, o qual "sempre considerou a matéria assinalada o princípio de individuação" das coisas materiais (ibidem, p. 33). Do mesmo autor, veja-se também *Metafisica e realismo*, p. 46-47.

68 Aristoteles Latinus, *Metaphysica. Libri I-X, XII-XIV*, lib. VII c. 8, 1034a 5-8.

69 Cf. *Ordinatio* II, d. 3, p. 1, q. 5, n. 138 (ed. Vat. VII, 462).

na mesma espécie não são diferentes pela espécie, mas individualmente, no sentido de que a tua matéria, a tua forma e a tua causa motriz são diversas das minhas, mesmo sendo idênticas do ponto de vista da sua definição universal"[70].

Não seria possível que a matéria de uma substância composta fosse simultaneamente uma parte constitutiva e o que individua todo o composto, uma vez que não pode individuar aquilo da qual é parte. Tanto a forma quanto a matéria constituem a espécie dos seres compostos; todavia, nenhuma das duas pode ser considerada para a individuação. Mesmo sendo um constituinte essencial da *substantia materialis*, o composto não pode ser um "isto" por si, nem pode sê-lo a matéria, uma vez que não pode ser a causa de coisas diferentes[71]. Sendo comum a mais indivíduos, não satisfaz a condição de irrepetibilidade e unicidade que deveria tornar o indivíduo um "isto" acabado em si. Seria de se esperar que Duns Escoto falasse agora da "forma", mas ele não o faz e isso constitui uma das principais diferenças entre a *Ordinatio* e as *Quaestiones super Libros Metaphysicorum*.

A matéria tornar-se-á individual apenas se o composto único ao qual é inerente for contraído na individualidade por um princípio "originário" diferente, que tem a função de contrair a natureza comum na singularidade.

A "ultima realitas entis" e a "distinctio formalis ex parte rei"

Na *Quaestio* 6, Duns Escoto pergunta se a *substantia materialis* é individuada por meio de uma entidade positiva, que tenha a função de contrair a natureza comum (espécie), tornando-a singular e incomunicável (indivíduo)[72]: a unidade dessa entidade positiva deve combinar-se com a unidade específica da natureza comum e de sua combinação seria constituído o indivíduo concreto[73], intrinsecamente "uno" e perfeito em si.

---

70 Aristoteles Latinus, *Metaphysica. Libro* XII c. 5, 1071a 27-29.
71 Ibidem, n. 136-139 (ed. Vat. VII, 461-462).
72 Ibidem, q. 6, n. 142-211 (ed. Vat. VII, 463-494); *Lectura* II, d. 3, p. 1, q. 6, n. 139-195 (ed. Vat. XVIII, 273-293).
73 Ibidem, n. 169 (ed. Vat. VII, 474-475): "Sicut unitas in communi per se consequitur entitatem in communi, ita quaecumque unitas per se consequitur aliquam entitatem; ergo unitas simpliciter (qualis est 'unitas individui' frequenter ▶

A perfeição da unicidade individual faz com que essa entidade assuma uma conotação positiva na ordem substancial, em razão da repugnância à divisibilidade.

Anteriormente, estabelecemos que a *negatio duplex* (q. 2), a *existentia* (q. 3), a *quantitas* (q. 4) e enfim a *materia* (q. 5) não podem atuar como possíveis fatores individuantes, pois a individualidade não pode residir na natureza comum ou no ser acidental de um ente, não sendo por si suficientes para explicar a impossibilidade de um indivíduo de ser dividido em partes subjetivas e, por consequência, distinto de todos os outros. Por isso, Duns Escoto defende a necessidade de que uma entidade positiva torne individual a natureza comum de modo tal que o resultado da contração seja um ente individual único e irrepetível em si mesmo[74].

Resta agora definir a natureza íntima dessa "entidade positiva" capaz de elevar o indivíduo acima da espécie e, portanto, contribuir para a sua realização plena e completa na ordem das coisas criadas. Na verdade, Duns Escoto não define o estatuto metafísico dessa entidade: em outros termos, não lhe confere uma denominação particular dentro da ordem substancial, mas procura definir a relação que ocorre entre esse princípio individuante e a natureza comum; o princípio não é acrescido à natureza comum como algo vindo do exterior, mas deve investir, a partir do interior, todo o seu ser para dar origem à unidade real do indivíduo.

A única passagem na qual Duns Escoto explicita a sua solução e esclarece o que entende por "entidade positiva" é a seguinte:

Et si quaeras a me quae est ista "entitas individualis" a qua sumitur differentia individualis, estne materia vel forma vel compositum, – respondeo: Omnis entitas quiditativa – sive partialis sive totalis – alicuius generis, est de se indifferens "ut entitas quiditativa" ad hanc entitatem et illam, ita quod "ut entitas quiditativa" est naturaliter prior ista entitate

▷ prius descripta, scilicet cui repugnat divisio in plures partes subiectivas et cui repugnat 'non esse hoc, signatum'), si est in entibus (sicut omnis opinio suponit), consequitur per se aliquam per se entitatem; non autem consequitur per se entitatem naturae, quia illius est aliqua unitas propria et per se, realis, sicut probatum est in solutione primae quaestionis; igitur consequitur aliquam entitatem aliam, determinantem istam, et illa faciet unum per se cum entitate naturae, quia 'totum' cuius est haec unitas, perfectum est de se."

74 Ibidem, n. 170 (ed. Vat. VII, 475): "Igitur erunt entitates positivae, per se determinantes naturam."

ut haec est, – et ut prior est naturaliter, sicut non convenit sibi esse hanc, ita non repugnat sibi ex ratione sua suum oppositum; et sicut compositum non includit suam entitatem (qua formaliter est "hoc") in quantum natura, ita nec materia "in quantum natura" includit suam entitatem (qua est "haec materia"), nec forma "in quantum natura" includit suam.

Non est igitur "ista entitas" materia vel forma vel compositum, in quantum quodlibet istorum est "natura", – sed est *ultima realitas entis* quod est materia vel quod est forma vel quod est compositum[75].

Se me perguntares qual é essa "entidade individual" da qual se obtém a diferença individual e se ela é a matéria, a forma ou o composto, responderei: toda entidade quiditativa – seja parcial, seja total – de um gênero qualquer é, de per si e "como entidade quiditativa", indiferente a esta ou àquela outra entidade, de modo que, "como entidade quiditativa", ela é naturalmente anterior a esta ou àquela outra entidade; e, como é naturalmente anterior, assim também tanto não lhe convém ser esta, como não lhe repugna, por seu próprio constitutivo [*ratio*] ser o oposto desta. Ainda, assim como o composto, como natureza, não inclui sua entidade (pela qual é formalmente "isto"), e assim como a matéria, como natureza, não inclui sua entidade (pela qual é "esta matéria"), assim também a forma, como natureza, não inclui a sua. Portanto, "esta entidade" não é nem a matéria nem a forma nem o composto, tomados como natureza, mas é *a última realidade do ente*, a qual é matéria, forma e composto.

A *entitas individualis* não é dedutível nem da matéria, nem da forma, nem do composto de matéria e forma; origina-se a partir da *ultima realitas entis* (última realidade do ente). A individuação encontra assim o seu fundamento ontológico na realidade última do ente, uma vez que o ser individual não pode ser reconduzido ao ser genérico derivante da matéria, da forma ou do seu *sínolon*. Isso implica que a *entitas individualis* (entidade individual) é formalmente distinta, na sua estrutura essencial, da natureza específica da espécie, independentemente do fato de se tratar de uma parte (matéria ou forma) ou de um conjunto concreto feito de matéria e forma. O indivíduo se torna, assim, o resultado da combinação entre a natureza comum (espécie) e a *entitas individualis*, as quais são similares porque indivisíveis, mas diversas uma vez que a entidade específica comum, diferentemente da entidade individual, é divisível em partes quantitativas. Ambas se distinguem formalmente entre

---

75   Ibidem, n. 187-188 (ed. Vat. VII, 483-484; grifo nosso).

si[76] por meio de uma *distinctio formalis ex parte rei* (distinção formal da parte da coisa), de modo que a singularidade do indivíduo e a sua natureza comum sejam indissoluvelmente ligadas entre si e ontologicamente inseparáveis.

Essa *distinctio formalis* não pode ser confundida com a distinção real entre duas "coisas" (*res et res*). A diferença individual não está, em relação à natureza comum, como uma *res* está para outra, mas como um atual está para um potencial em um mesmo ente. Por essa razão, Duns Escoto destaca que a diferença individual não pode ser uma forma acrescida à natureza específica, na qual seria ainda comum, e define o *principium individuationis* da seguinte maneira: a "*ultima* (aquilo que subjaz) *realitas formae*" (última realidade da forma)[77], e não uma "forma individual"; a individualidade não pode ser a "forma" (a partir do momento que todas as formas são compartilháveis), mas sim a realidade final da forma que torna a própria forma perfeita. De outro modo, definir o *principium individuationis* como uma forma individual corresponde a considerar esta última uma *res* que seria acrescida a outra *res* (natureza específica). A natureza comum e a diferença individual devem ser concebidas mediante uma distinção formal presente não entre *res*, mas entre diversas perfeições da mesma forma – definidas por Duns Escoto como *realitates* (aspectos reais) ou *formalitates* (aspectos formais)[78] –, como a composição da realidade atual e potencial numa mesma coisa: *ex realitate et realitate actuali et potentiali in eadem re*[79]. Reconhecer a íntima ligação entre a natureza comum e a diferença individual equivale não apenas a reduzir as suas diferenças, mas concorre também para

---

76 Duas entidades resultam formalmente distintas entre si se são elementos constitutivos de uma única e mesma realidade, mas nenhuma das duas pode existir por si, nem entrar na descrição definida pela outra. Sobre a distinção formal escotista, cf. W. Park, Common Nature and Haecceitas, FS, n. 71, p. 188-192.

77 Ibidem, n. 180 (ed. Vat. VII, 479): "Quoad hoc ista realitas individui est similis realitati specificae, quia est quasi actus, determinans illam realitatem speciei quasi possibilem et potentialem, – sed quoad hoc dissimilis, quia ista numquam sumitur a forma addita, sed praecise ab *ultima realitate formae*."

78 Ibidem, n. 188 (ed. Vat. VII, 484): "Nec possunt istae duae realitates esse res et res, sicut possunt esse realitas unde accipitur genus et realitas unde accipitur differentia (ex quibus realitas specifica accipitur), – sed semper in eodem (sive in parte sive in toto) sunt *realitates eiusdem rei, formaliter distinctae*."

79 Ibidem, n. 189 (ed. Vat. VII, 484).

reabilitar o indivíduo a ser a última e a mais alta perfeição do ser da criatura, não mais subordinado à natureza comum.

A originalidade dessa solução é o fato de que Duns Escoto funda a individuação nas profundidades do ser substancial, em virtude de uma visão "transcendental" cuja base ontológica reside na última realidade da forma: o seu fundamento deve ser encontrado na realidade última do ente. Falar de *distinctio formalis ex parte rei*, além disso, ajuda-nos a compreender como é ardiloso continuar a questionar o que é *principium individuationis* para Duns Escoto. Na realidade, para o filósofo, o princípio de individuação não é uma "coisa" (*res*) que se acrescenta do exterior à natureza comum tornando-a, assim, individual, mas é algo (ou melhor uma *entitas*) interno e fundador para a própria natureza do ser: uma nova modalidade de conceber o ser além da sua ordem categorial. Com relação à originalidade da nova solução escotista do princípio de individuação, Timotheus Barth – o qual foi o primeiro a analisar a nossa problemática de modo sistemático em todas as obras de Duns Escoto – sustenta que "ele, na verdade, vai além da determinação ainda categorial (própria de uma formalidade) e procura definir a individualidade como entidade positiva fazendo um percurso transcendental-ontológico"[80].

Edith Stein identificará esse fundamento interior com a parte "vazia" (termo steiniano) do ser, a qual é predisposta a ser "preenchida" por todas as determinações subjetivas próprias de cada indivíduo, de modo a torná-lo único no seu ser e irrepetível em relação aos seus semelhantes. Essa singularidade é a única que possibilita a inteligibilidade do fundamento da realidade individual.

AS "QUAESTIONES SUPER LIBROS METAPHYSICORUM" (Q. 13): ANÁLISE DAS DIFICULDADES

Mesmo levando em consideração as semelhanças que ocorrem entre as *Quaestiones super Libros Metaphysicorum* (q. 13)[81] e a

---

80 T. Barth, *Individualität und Allgemeinheit bei Duns Skotus*, p. 129: "Er schreitet über die noch Kategoriale Bestimmung (vor einer Formalität her) hinaus und sucht die Individualität transzendentalen-ontologisch als positive Entität zu bestimmen."

81 Para uma apresentação mais abrangente da *quaestio* 13, cita-se o estudo de G.W. Salamon, Una "quaestio" di Scoto intorno alla natura di una cosa, *Religioni et doctrinae*, p. 301-345.

Ordinatio, como, por exemplo, a referência à temática central sobre a natureza comum – a qual, mesmo possuindo uma unidade real que é menor do que a unidade numérica, necessita de um princípio de individuação identificado em algo de positivo que, combinando-se com a natureza específica, torna-a individual –, permanece o fato de que a terminologia utilizada na *quaestio* 13 para definir qual é a natureza do *principium individuationis* se distancia da solução que encontramos na *Ordinatio*. Resta definir qual das duas possíveis soluções, a *ultima realitas entis* (*Ordinatio*) ou a *forma individualis* (QM), consiste no último estágio da reflexão de Duns Escoto sobre o problema, considerando também as posições teóricas que surgem da adoção de uma posição ou de outra.

O "*principium individuationis*": Diversificação Terminológica

No contexto da individuação, q. 13 (QM), Duns Escoto afirma que o indivíduo é determinado pela combinação entre a natureza comum e a *forma individualis* (forma individual). Em acréscimo à q. 13 (n. 115-181), Duns Escoto introduz uma nova terminologia para o *principium individuationis*, desta vez definido não mais como *forma individualis*, mas como *gradus individualis* (grau individual), e estabelece a relação entre a natureza comum e o princípio individuante como *continentia unitiva*. A essa variedade terminológica, acresce-se também a *haecceitas*, termo usualmente atribuído a Duns Escoto, mas recorrente apenas na q. 13 e completamente ausente na *Ordinatio/Lectura* em relação ao contexto da individuação.

A "forma individualis"

Na *quaestio* 13, *Utrum natura lapidis de se sit haec vel per aliquid extrinsecum* (A natureza da pedra é esta de per si ou por algo extrínseco?)[82], depois de uma refutação rigorosa de outras doutrinas sobre a individuação adotadas por seus predecessores,

---

82 Ioannes Duns Scotus, *Quaestiones super Libros Metaphysicorum Aristotelis*, lib. VII, q. 13, n. 1-181 (IV, 215-280).

Duns Escoto enuncia que o *principium individuationis* é constituído pela "forma", única capaz de determinar a natureza comum, tornando individual "isto aqui". Isso se deduz por uma passagem na qual Duns Escoto defende o que se segue: "quod natura est haec per substantiam aliquam quae est *forma*; et prior hic lapis, et per *formam individualem* distinguitur ab alio indivíduo. Intellige hanc conclusionem sicut postea exponitur"[83].

A natureza comum é assim individuada dentro da ordem substancial por meio da forma. Sabemos que o indivíduo é o resultado da combinação entre a natureza específica, não individual por si, e a entidade individual; todavia, a individualidade aqui é obtida mediante uma determinada forma, que é a *forma individualis*[84], pela qual um indivíduo concreto se distingue dos seus semelhantes dentro da mesma espécie. Essa *forma individualis* é "acrescida" à natureza comum: nesse sentido, o acréscimo da forma torna um indivíduo este indivíduo e não outro. Ao determinar o indivíduo ou o concreto *hoc aliquid* (este algo), a *forma individualis* não é a única responsável por esse processo, uma vez que a natureza comum também contribui para determiná-lo. Não obstante isso, o indivíduo, mesmo pertencendo a uma natureza comum, não perfaz um todo com ela, mas possui em si algo de único – Duns Escoto o identifica com a *forma individualis* – que não está contido na natureza comum, mas fora dela: para que haja um indivíduo, é necessário que a natureza comum seja completada pela forma individual. Essa necessidade se origina no fato de que os indivíduos, não tendo a natureza comum de modo completo – caso contrário, não seria possível ter outros indivíduos da mesma espécie –, devem possuir a sua forma individual necessária para distingui-los uns dos outros. A unicidade individual, resultante

---

83 Ibidem, n. 84 (IV, 246; grifo nosso).
84 Com relação ao contexto histórico da expressão *forma individualis* utilizada por Duns Escoto, veja-se S.D. Dumont, The Question on Individuation in Scotus'"Quaestiones super Metaphysicam", em L. Sileo (org.), *Via Scoti*, p. 211-212: "Rather, it seems that Scotus apropriates the term from a somewhat older theory of individuation based on the same text of Averroes, reported and rejected by both Bonaventure and Robert Kilwardby. As reported by Bonaventure, this theory holds that individuation occurs through an individual form added to the ultimate specific form. Als Is clear from a comparison of passages, this position corresponds verbatim to Scotus own resolution in the *Metaphysics*."

desses dois fatores, não pode ser considerada algo ontologicamente simples, mas composto[85]. Duns Escoto explica, assim, o princípio de individuação como o resultado de uma *forma individualis* própria.

Essa solução está em desacordo com o que Duns Escoto defende na *Ordinatio/Lectura*: nas duas versões da *distinctio tertia*, o *principium individuationis* nunca é definido como uma *forma individualis*, mas como a *ultima realitas formae*[86]. Além disso, para dissipar qualquer dúvida acerca da concordância terminológica com as QM (q. 13), na *Ordinatio*, a diferença individual não pode ser considerada uma forma acrescida à natureza específica uma vez que a individuação não é algo que seja acrescido do exterior à natureza comum para individuá-la; apenas dentro do ser, é possível encontrar o último estádio que determina a singularidade de um indivíduo, ultrapassando assim toda determinação categorial.

Da "forma individualis" ao "gradus individualis"

No apêndice da *quaestio* 13 (n. 115-181), encontra-se a primeira mudança terminológica na definição do *principium individuationis*, entendido não mais como uma *forma individualis*, mas sim como *gradus individualis*, grau ou intensidade pertencente ao indivíduo[87].

Essa posição aparece também na *Ordinatio* (*Adnotatio Duns Scoti*)[88], na qual, como mostra Katsumi Shibuya, Duns Escoto

---

85 Cf. Ioannes Duns Scotus, *Quaestiones super Libros Metaphysicorum Aristotelis*, lib. VII, q. 13, n. 113 (IV, 256): "Ad aliud: quod sicut nullum simplex potest esse species alicuius generis, sic nec aliquid omnino est particulare contentum sub specie, quia individuum habet compositionem speciei, et formam individualem ultra."
86 Gostaria de salientar como A. Ghisalberti, falando da *ultima realitas formae* e da *forma individualis*, não se detém sobre essa diferença; no meu entender, ele parece considerar equivalentes essas duas expressões. Sobre essa questão, cf. Individuo ed esistenza nella filosofia di Giovanni Duns Scoto, em C. Bérubé (org.), *Regnum hominis et regnum Dei*, p. 355-365, em part. p. 361.
87 Cf. QM VII, q. 13, n. 131 (IV, 263-264): "Et homini, secundum *gradum* suum proprium, naturaliter priorem *gradu* singularitatis, non repugnat in multis esse [...] numquam separatur ab illa perfectione unitive secum contenta, vel ab illo *gradu* in quo accipitur differentia individualis".
88 *Ordinatio* I, d. 17, n. 214 (ed. Vat. V, 245).

"já abandonou a teoria do grau por considerá-la insuficiente"[89], uma vez que o contexto em que é adotada essa teoria refere-se às formas acidentais e não à ordem substancial na qual é procurado o princípio individuante.

O "grau" por si não tem a capacidade de contrair a natureza, tornando-a um "isto", mas representa uma modalidade progressiva na qual, mesmo sendo evidente a individualidade, não contém em si a função de determinar um ente singular. Fala-se sempre de uma gradação inerente ao nível acidental que torna manifesto algo, cuja individualidade, porém, precede o seu manifestar-se; portanto, a ordem substancial é anterior à manifestação e necessita de uma fundação interna que não pode ser individuada pelo "grau" que é posterior a cada determinação. O que se manifesta, no nosso caso a individualidade, não é razão suficiente para explicar de onde brota a singularidade de um ente. Isso esclarece porque Duns Escoto não utiliza mais a terminologia do *gradus individualis* e opta pela *ultima realitas entis*, que possibilita a determinação do substrato último ou a realidade fundadora da individuação.

A "haecceitas"

O termo *haecceitas* – aliás, nunca utilizado por Duns Escoto na *Ordinatio/Lectura* e raramente nas *Quaestiones super Libros Metaphysicorum* (q. 13)[90] e nos *Reportata Parisiensia* – remonta ao termo utilizado por Aristóteles (*tóde ti*)[91] para caracterizar

---

89 K. Shibuya, Duns Scotus "on ultima realitas formae", em M. Carbajo Núñez (org.), *Giovanni Duns Scoto*, p. 379. O autor não concorda com a solução de Dumont, o qual considera que a diversidade entre a *Ordinatio* e a q. 13 (QM) "can perhaps be dispelled by recognizing that in the *Ordinatio* individual grade refers only to the grades of intension and remission of accidental forms, while in the *Metaphysics* Scotus Is countenancing some sort of individuating grade in the substantial order. (I think this Is in fact the case)" S.D. Dumont, The Question on Individuation in Scotus'"Quaestiones super metaphysicam", em L. Sileo (org.), *Via Scoti*, p. 217. A posição de Dumont é assumida também por G. Pini, Scotus on Individuation, *Proceedings of the Society for Medieval Logic and Metaphysics*, p. 50-69.

90 É preciso destacar que o termo *haecceitas* aparece em vários pontos, mas não em relação ao fator individuante. Duns Escoto o utiliza para se referir principalmente à individualidade e não para indicar o princípio ou a causa da individualidade.

91 Cf. Aristoteles Latinus, *Metaphysica. Libri I-X, XII-XIV*, lib. VII c. 1, 1028a 11-12, 123; c. 3-4, 1029a 28, 126–1030a 4-6, 128. Aristóteles sustenta que a substância é exatamente aquilo que é um *tóde ti* e não precisa estar em relação com qualquer outra coisa para ser identificada ou individuada.

o indivíduo numericamente singular e, enquanto tal, definível quantitativamente um *hoc*. Ao indivíduo concreto (*hoc*) se "acrescenta" a sua singularidade e, consequentemente, a *haecceitas* (o "ser isto"; a "istidade") que torna o homem "este" de modo único e irrepetível, e não um outro. Isso envolve algumas dificuldades de interpretação, uma vez que poderia levar a pensar que "este" indivíduo é produzido pela natureza comum (humanidade) por meio de um acréscimo exterior da *haecceitas*.

O termo tem a desvantagem de fazer crer que o que contrai a natureza comum, além de ser algo externo, é uma qualidade abstrata como a racionalidade. Além disso, a dificuldade surge ao estabelecermos o campo semântico da palavra *haecceitas*: visto que o sufixo que gera a substantivação -*tas* (-*dade*) tem o significado de "isto", pelo qual *haecceitas* significa "isto que é isto" ("isto-idade" ou "istidade"), isso levaria a uma tautologia. O termo torna-se também um neologismo que remonta à *quidditas*, por si posterior à determinação da *ultima realitas entis*.

Por esse motivo, não utilizaremos o termo *haecceitas*, porque ainda não é certo que ele tenha sido empregado por Duns Escoto[92]. Muito provavelmente foi cunhado pelos seus próprios discípulos, os quais procuraram determinar uma terminologia que possibilitasse não somente definir a "entidade positiva" – caso contrário, poderia se tornar abstrata –, mas que também pudesse contestar as opiniões segundo as quais a individuação seria realizada apenas por alguns elementos concretos como a matéria, a quantidade ou a existência.

A "Continentia unitiva": Combinação Entre a Natureza Comum e o "Principium individuationis"

A partir das concepções de natureza comum e de *principium individuationis*, Duns Escoto procura explicar como esses dois componentes podem subsistir simultaneamente no indivíduo;

---

92 Cf. É. Gilson, *Giovanni Duns Scoto: introduzione alle sue posizioni fondamentali*, 483, nota 69: "O uso de *haecceitas*, raro em todo caso no próprio Duns Escoto, se universalizou na sua escola. É um termo apropriado, cujo único inconveniente consiste em sugerir uma 'coisa', no lugar da extrema atualidade que determina cada ser real de modo singular."

para tanto, propõe a noção de *continentia unitiva* (contenção unitiva). Entre a combinação do *principium individuationis* e da natureza comum não existe uma separação real[93], não obstante sejam ontologicamente distintas; elas não podem ser separadas uma da outra: incluem-se reciprocamente "uma na outra" em uma *continentia unitiva*[94]: o princípio individuante e a essência específica encontram-se contidos unitivamente no mesmo indivíduo. A contenção ou o ato de conter e de limitar remete àquele que contém (o indivíduo concreto) e ao seu conteúdo (natureza comum e *principium individuationis*). Com isso, Duns Escoto não afirma que a natureza comum contenha em si o princípio individuante ou que este último contenha a natureza comum; pretende apenas destacar que o indivíduo contém ambos de maneira unitiva e, consequentemente, que eles não podem existir independentemente um do outro: a humanidade (ou natureza comum) não inclui a diferença individual de Sócrates, nem a "socraticidade" (individualidade) inclui essencialmente a humanidade. Sócrates contém unitivamente tanto a natureza comum quanto a "socraticidade", ambas elementos essenciais para a constituição de um indivíduo concreto[95].

A doutrina da *continentia unitiva* (contenção unitiva) não está presente na *Ordinatio*, na qual as entidades formalmente distintas (natureza comum e *principium individuationis*) estão unidas por meio da "real identidade" no composto[96].

93   Cf. QM VII, q. 13, n. 131 (IV, 264): "Sicut tamen in aliis unitive contentis non est separatio realis, nec etiam possibilis, sic natura, cui intellectus tribuit intentionem speciei quae dicta est esse in re et communis – sicut commune est possibile in re –, numquam separatur ab illa perfectione unitive secum contenta vel ab illo gradu in quo accipitur differentia individualis."
94   Ibidem, n. 136-137 (IV, 265): "Naturae in se non repugnat forte separari ab omnibus gradibus individualibus, quia intelligendo naturam sine istis, non intelliguntur contradictoria. Quia tamen in esse repugnat sibi quod separetur ab omnibus, non autem quod separetur ab hac – hoc enim est possibile, ut in illa, et e converso; non ergo potest fieri nisi sub aliquo gradu individuali, quare et 'ille', 'iste' non potest differre re. In hoc conceditur secundum argumentum, et ita stat inseparabilitas propter *continentiam unitivam*."
95   Ibidem.
96   Cf. *Ordinatio* II, d. 3, p. 1, q. 6, n. 189 (ed. Vat. VII, 485): "Secundo modo est necessario compositum, quia illa realitas a qua accipitur differentia specifica, potentialis est respectu illius realitatis a qua accipitur differentia individualis, sicut si essent res et res; non enim realitas specifica ex se habet unde includat per *identitatem realitatem individualem*, sed tantum aliquod tertium includit ista ambo per *identitatem*."

Considerações Conclusivas

Duns Escoto modificou gradualmente o seu modo de se referir ao *principium individuationis*: inicialmente, nos seus primeiros escritos (QM), ele se baseia numa visão da individuação como *forma individualis* que Boaventura tinha rejeitado para chegar ao adendo da *quaestio* 13, em que modifica a sua terminologia e chama esse princípio de *gradus individualis*. A dificuldade interna para a mudança dos termos utilizados por Duns Escoto a fim de definir esse princípio gerou, desse modo, um debate entre os seus próprios estudantes, como Guilherme de Alnwick[97] e Francisco de Meyronnes[98], os quais continuaram a delinear uma possível evolução que justificasse essa mudança.

Com base nisso, encontra-se um novo modo de conceber o problema mediante uma reflexão mais sistemática (*Ordinatio*), que possibilita apreender na *ultima realitas entis* o núcleo originário da individuação[99]. A partir da pergunta crucial sobre o que é o *principium individuationis*, Duns Escoto define o substrato último do qual se funda uma nova ontologia do indivíduo. Desse modo, a evolução da reflexão escotista alcança um estágio final no qual a individuação não é mais um princípio a ser buscado, mas uma nova modalidade para analisar a estrutura própria do ser no seu último estádio.

Deste ponto, podemos começar a compreender a virada transcendental dada por Duns Escoto para a solução do problema da individuação a fim de entender como o indivíduo, enquanto pessoa, pertence a si mesmo a partir do seu momento fundador que representa também o nível constitutivo da sua natureza individual. A *ultima realitas entis* torna-se assim o lugar originário que permite ao indivíduo não ser mais algo geral, mas ter solidez em si mesmo, uma posição própria e única no universo criado: deixa de ser uma realização particular de um conceito genérico para se tornar uma particularidade em si.

---

97 Cf. S.D. Dumont, The Univocity...: John Duns Scotus..., MS, n. 49, p. 1-75.
98 Idem, The Univocity...: The *De Ente*..., MS, n. 50, p. 186-256.
99 Cito algumas considerações de K. Shibuya em sua obra Duns Scotus "on ultima realitas formae", p. 388: "Scotus has already abandoned the older theory of individuation through a *forma individualis* which he adopted in his *Metaphysics* and then developed the more refined explanation found in his mature *Ordinatio*."

A Singularidade "Intangível" do Ser Humano

a originalidade da perspectiva de Edith Stein

Esclarecido anteriormente o recôndito significado do *principium individuationis* do ser humano, presente nos escritos do Doutor Sutil, continua a ser indispensável apreender a originalidade da releitura realizada por Edith Stein, com chave fenomenológica.

Depois de uma primeira análise da *Ordinatio* (q. 1-6) com a q. 13 do tratado de Duns Escoto sobre o livro VII da *Metafísica* de Aristóteles, é possível afirmar que a *Ordinatio* representa a última fase de sua reflexão sobre a individuação. A *entitas individualis*, princípio intrínseco e positivo ao *esse essentiae*, tem a função de contrair a natureza comum, tornando-a singular. Ela não é dedutível nem da matéria, nem da forma, nem do composto de matéria e forma; tem origem na *ultima realitas entis*.

Explanada a solução dada por Duns Escoto à questão, estabelecemos que é possível aproximar as investigações steinianas sobre o ser individual[1] à posição assumida por Duns

---

1 É mérito de Angela Ales Bello a semantização em todas as suas investigações – referentes aos escritos de Edith Stein – do termo "individualidade" de origem medieval permitindo, assim, uma ampliação de seu significado com a utilização do termo "singularidade" para melhor destacar a característica principal do ser humano enquanto pessoa.

Escoto na *Ordinatio* por meio de uma "leitura perseverante" das obras de Edith Stein, como *Zum Problem der Einfühlung, Einführung in die Philosophie, Aus dem Leben einer jüdischen Familie, Beiträge zur philosophischen Begründung der Psychologie und der Geisteswissenschaften, Der Aufbau der menschlichen Person, Potenz und Akt* e, por fim, *Endliches und ewiges Sein*. A releitura com chave fenomenológica da *quaestio* medieval nos permitirá aproximar os termos *entitas individualis* de Duns Escoto e *singularidade* de Edith Stein, esta última derivada da concreção da "forma vazia" com o respectivo preenchimento qualitativo, para destacar as profundas semelhanças entre os dois sistemas de pensamento. Enfim, a percepção espiritual do *Fühlen* permite ao ser humano mergulhar em uma "nova região do ser" para apreender com o próprio olhar interior seu pleno "ser si mesmo" como singularidade intangível.

A INVESTIGAÇÃO FENOMENOLÓGICA DE EDITH STEIN SOBRE O SER INDIVIDUAL

A questão sobre a essência da pessoa humana, dentro de uma pesquisa mais ampla voltada a investigar o elemento constitutivo da sua individualidade, é um dos problemas teóricos que Edith Stein, assim como Hedwig Conrad-Martius[2], retomou e reelaborou muitas vezes a partir da sua tese de doutorado *Zum Problem der Einfühlung*[3], escrita para preencher uma lacuna na

---

2   A partir das pesquisas que conduzi na Bayerische Staatsbibliothek de Munique (seção *Handschriften* do legado de Hedwig Conrad-Martius) aprendi que também Hedwig Conrad-Martius se interessou pela questão da individuação conforme comprovado pelo Ms. A XVIII 2 (a) – trans. 2 (b), p. 219. Para as informações sobre o legado dos manuscritos da pensadora, organizado por E. Avé-Lallemant, ver meu artigo Hedwig Conrad-Martius, *Axiomathes*, n. 18, p. 515-531, e a minha Bio-bibliographical Note, ibidem, p. 533-542. Para mais aprofundamentos sobre o pensamento de Hedwig Conrad-Martius e sobre as análises de alguns de seus manuscritos, recomendo os meus seguintes estudos: L'ancoraggio ontico tra "Natura" e "Spirito" nel Das Sein di H. Conrad-Martius, em E. Baccarini et al. (orgs.), *Persona, logos, relazione*, p. 346-362; Dalla fenomenologia husserliana al "realismo meta-fenomenologico" di H. Conrad-Martius, em D. De Leo (org.), *Pensare il senso*, p. 43-53; Gli inediti su Edith Stein aprono un nuovo orizzonte di ricerca, em P. Manganaro; F. Nodari (orgs.), *Ripartire da Edith Stein*, p. 413-462.

3   Cf. E. Stein, *Zum Problem der Einfühlung*.

formulação husserliana[4], até a sua última obra *Endliches und ewiges Sein*, em cuja parte final é examinada a questão sobre a doutrina do princípio de individuação.

O nosso objetivo é apresentar uma possível releitura com chave fenomenológica do elemento constitutivo e fundador do ser individual, seguindo os vários momentos do percurso filosófico de Edith Stein. Para fazer isso, é preciso, inicialmente, ativar a atitude interior da *epoché*, comparada, por Husserl, a uma "conversão religiosa" (*religiöse Umkehrung*)[5]: aquele colocar "fora do circuito" os resultados adquiridos até o momento, pressuposto indispensável para "apreender" o problema em si mesmo e investigar assim a sua essência.

A Vivência Intropática: A Própria "Ipseidade" em Relação à "Alteridade" do Outro*

O ponto zero a partir do qual se retoma o nosso trabalho é representado pela dissertação de Edith Stein sobre o problema do *Einfühlung*, termo traduzido por Filippini como "intropatia", e não como "empatia", para melhor destacar o seu caráter de vivência da consciência contra a interpretação psicologista que o consideraria relativo à simpatia[6]. De acordo com a posição

---

4 Como é sabido, Edith Stein afirma explicitamente que "nas suas lições sobre 'Natureza e Espírito', Husserl tinha falado sobre o fato de que um mundo externo objetivo podia ser experimentado apenas de maneira intersubjetiva [...] Seguindo as obras de Theodor Lipps, Husserl chamava essa experiência de intropatia, mas não explicava no que consistia. Existia, portanto, uma lacuna que deveria ser preenchida: eu queria pesquisar o que era a intropatia" (cf. E. Stein, *Aus dem Leben einer jüdischen Familie und weitere autobiographische Beiträge*, p. 218-219).

5 E. Husserl, *Die Krisis der europäischen Wissenschaften und die transzendentale Phänomenologie*, p. 140.

* As páginas que seguem forneceram a fundamentação teórica do minicurso que ministrei no Brasil, em 2013, e que foi publicado na forma de livro: *Pessoa Humana e Singularidade em Edith Stein*.

6 Cf. A. Ales Bello, *L'universo nella coscienza*, p. 141: "Tal ato se distingue da *simpatia*, que é uma vivência ulterior que pode acompanhar ou não a intropatia, identificada quase por via negativa, por meio de uma série de distinções operadas com a evidenciação de outros atos." Veja-se também, para maior aprofundamento da questão historiográfica do termo *Einfühlung*, as análises conduzidas por Angela Ales Bello na sua obra *Edith Stein o dell'armonia*, p. 77-92.

defendida por Angela Ales Bello, e excluída qualquer interpretação de quem atribui a intropatia à "unipatia" (*Einsfühlen*) de Theodor Lipps ou ao "cossentir" (*Mitfühlen*) scheleriano, podemos considerar que "ao individuar a vivência da intropatia [...] os seres humanos mantêm a sua individualidade, ligada profundamente à sua corporeidade, podendo também reconhecer-se reciprocamente e se comunicar"[7]. Isso porque a vivência intropática, mediante um contínuo experimentar o "outro por mim", permite colher a origem fenomenológica do indivíduo em seu duplo aspecto constitutivo: como "corpo próprio/vivenciado" (*Leib*) e como personalidade. Como ato, a intropatia, segundo Edith Stein, não é mera percepção: a percepção é autossuficiente para apreender as individuações puramente físico-perceptivas, isto é, ela discrimina os vários "istos" do ponto de vista do *Körper* (corpo físico); quanto à constituição do "vivente", é necessária uma vivência completamente nova que possa também "sentir", além de perceber[8].

Edith Stein, ao analisar a constituição do indivíduo psicofísico, em relação ao eu puro, pergunta-se o que entedemos por individualidade quando afirmamos que "este eu é 'si mesmo' e não um outro"[9]. Para alcançar a constituição do eu individual como objeto unitário, devemos considerar a sua ipseidade (*Selbstheit*) e o conteúdo peculiar de experiência vivida (*Erlebnisgehalt*). Inicialmente, podemos supor que apenas a diferença qualitativa das nossas vivências, por meio das quais cada um chega à sua própria visão de mundo, baste para explicar a diferença individual que ocorre entre um "eu" e um "tu". Isso não é suficiente para Edith Stein que afirma que apenas quando a ipseidade

é vivida constitui a base de tudo aquilo que é 'meu' [...] e o eu experimenta a individuação, não pelo fato de que se encontra diante de um outro, mas pelo fato de que a sua individualidade ou, como preferimos dizer, a sua ipseidade se evidencia em comparação com a *alteridade* do outro[10].

7   Ibidem.
8   Cf. A. Ales Bello, Il "singolo" e il suo volto, em D. Vinci (org.), *Il volto nel pensiero contemporaneo*, p. 179.
9   E. Stein, *Zum Problem der Einfühlung*, p. 54.
10 Ibidem.

A relação que acontece num processo intropático dá a cada um a possibildiade de reconhecer-se como indivíduo mediante os três graus de atuação da intropatia que, se por um lado permitem o "dar-se conta" da vivência alheia, por outro permitem, mediante a percepção do sentir (*Fühlen*), o "viver a si mesmo" na própria singularidade intangível.

Para entender como conseguimos apreender a nossa individualidade a partir do ato intropático, recorremos a um exemplo de Edith Stein: "um amigo me diz que perdeu um irmão, e eu *me dou conta* da sua dor"[11]. No primeiro estádio, a vivência da dor alheia "aparece" diante de mim (sem as características da coisa percebida em "carne e osso"); no segundo estádio, eu a experimento envolvendo-me com o estado de ânimo alheio (colocando-me junto a ele) e no terceiro estádio eu a "vivo" como se fosse minha, objetivando a vivência explicitada. O "dar-se conta", que nada mais é que apreender a essência da vivência alheia, me desvela não somente a *alteridade* do "tu" que está diante de mim, mas também a originariedade (segundo estádio) da minha singularidade que, ao "viver" a vivência alheia, fundamentalmente "vive a si mesma" como "eu" na sua totalidade: a partir do outro conseguirei colher também a "mim mesmo". Isso acontece, visto que ao eu puro corresponde uma dupla consciência do ser: o ser do sujeito que é consciente de modo "pontual" em virtude da consciência relativa ao "próprio viver" e a consciência que compreende o outro sujeito a partir do exterior.

Além disso, é no segundo estádio do processo intropático que o viver a vivência alheia no "presente" dá vida imediatamente à primeira forma comunitária do "nós", no qual o "eu" e o "tu" mantêm a sua singularidade e, por isso, conseguem constituir-se como "nós". Esse "ser dirigido a" do eu se constitui no seu tender-se como sujeito individual; Anna M. Pezzella considera que "não é possível falar de ser humano individual sem pensá-lo como crescido e formado dentro de uma comunidade"[12]. Mas o "nós", que se constitui da vivência intropática, de modo que a singularidade de cada um venha à datidade, não se sustenta, como afirma Anna M. Pezzella posteriormente: "ele [o indivíduo] nasce antes como ser comunitário e depois se

11 Ibidem, p. 14.
12 A.M. Pezzella, *L'antropologia filosofica di Edith Stein*, p. 116.

reconhece como sujeito individual, único"[13]. Somente o pleno domínio da singularidade do indivíduo, mesmo objetivada na vivência intropática, permite nascer uma comunidade e não o contrário; consigo colher as vivências do outro somente do modo como as vivencio em mim.

Poder-se-ia, enfim, objetar que quem não consegue viver os três estádios da vivência intropática não possui uma individualidade própria, mas isso não invalidaria o fato de que cada um detém a própria individualidade; o problema é como ela pode alcançar a datidade mediante a vivência do *Fühlen* que permite ao meu eu "viver" de modo pontual e consciente a própria ipseidade em relação a outras ipseidades, as quais não apenas são "outras", mas essencialmente "diferentes" de mim. A individualidade, como tal, é percebida por todo indivíduo como algo de singular somente pelo modo no qual ele "sente" a si mesmo como "ele próprio é"; além disso, é percebida também no outro quando se é "tocado" por ela interiormente. Por outro lado, por meio dessa individualidade peculiar, o indivíduo é inserido no *Lebenswelt*, em uma relação recíproca com os outros que lhe são semelhantes, não obstante sejam "diferentes" dele.

A Individualidade Qualitativa e a Abertura da "Ultima Solitudo" à "Gemeinschaft"

É providencial reservar outra reflexão sobre a questão da singularidade, examinando um escrito de Edith Stein, publicado pela primeira vez em 1922 no quinto volume do *Jahrbuch für Philosophie und phänomenologische Forschung*, intitulado *Beiträge zur philosophischen Begründung der Psychologie und der Geisteswissenschaften*[14], por ocasião do sexagésimo aniversário de Edmund Husserl.

Com base nos resultados alcançados até aqui, nos quais entendemos que, ao contrário do tratamento dado pela

---

13　Ibidem.
14　Cf. E. Stein, Beiträge zur philosophischen Begründung der Psychologie und der Geisteswissenschaften, JPPF, n. 5, 1922, p. 1-283; *Beiträge zur philosophischen Begründung der Psychologie und der Geisteswissenschaften*, 1970; ed. crítica *Beiträge zur philosophischen Begründung der Psychologie und der Geisteswissenschaften*, 2010.

psicologia, somente as ciências do espírito consideram a pessoa na sua individualidade qualitativa, analisaremos na primeira parte da obra *Beiträge* as determinações qualitativas do "núcleo" da personalidade e seus requisitos; na segunda parte do escrito, procuraremos encontrar quais são os pontos em comum entre a reflexão steiniana sobre a "insuprimível solitude" do indivíduo em sua singularidade e a doutrina escotista da *ultima solitudo*. A partir daqui, abre-se uma nova possibilidade para o indivíduo constituir-se em uma *Gemeinschaft*, entendida como análogo de uma personalidade individual.

As Determinações Qualitativas do "Núcleo" no Indivíduo Psicofísico e Seus Requisitos

Na primeira seção da obra *Beiträge zur philosophischen Begründung der Psychologie und der Geisteswissenschaften (Psychische Kausalität)*[15], a pensadora observa o princípio segundo o qual o indivíduo possui um "núcleo" (*Kern*) – subtraído de todos os condicionamentos físicos e psíquicos – que determina individualmente cada ser humano e colore "qualitativamente" todos os seus atos e vivências. Todo indivíduo psicofísico encontra, portanto, em tal núcleo, o seu momento precisamente individual e nisso consiste a possibilidade da sua unicidade e singularidade.

Delimitar o "território" do *Kern* equivale a mostrar que a singularidade do indivíduo é por si uma "qualidade" autêntica que não se reporta a nenhuma individuação quantitativa exprimível numericamente. Por essa razão, podemos falar de uma singularidade qualitativa que precede e funda cada determinação individual, à qual os parâmetros quantitativos estão conectados em segunda ordem. Essa prioridade ontológica do momento qualitativo pode ser justificada pela análise dos dois requisitos que Edith Stein atribui ao núcleo da personalidade: a "consistência do seu ser" e a sua "propriedade permanente".

Partindo da investigação do processo psíquico, Edith Stein considera que este último "é também determinado pelo *núcleo da personalidade*, ou seja, pela consistência imutável do seu ser que não é o resultado do desenvolvimento, mas que, ao

---

15 Ibidem, p. 2-116.

contrário, impõe ao próprio desenvolvimento certo movimento sempre contínuo"[16]. Podemos considerar que o núcleo do indivíduo é a sua fonte ontogenética; ele se autogera e, na medida em que realiza esse processo "interior", adquire e dá consistência a todo o ser no seu contínuo desdobrar-se em direção ao exterior. Esse processo não pode ser condicionado pelo desenvolvimento do indivíduo uma vez que é somente a partir do reiterado voltar-se para o interior que ele motiva o seu "tender a". É possível que cada determinação quantitativa deva, portanto, estar subordinada ao momento qualitativo interno – e, às vezes, torna-se difícil apreendê-lo na sua totalidade somente pelo fato de que não podemos nos servir de nenhum princípio espaçotemporal ou elemento quantitativo para defini-lo completamente. É essa passagem que comporta uma profunda reformulação da singularidade, de modo que Edith Stein se dê conta de que a individuação quantitativa não basta para resolver o problema do *principium individuationis* e interpreta a singularidade não no sentido de quantidade, mas como momento qualitativo único, isto é, como a essência originária que no seu desdobrar-se encontra um preenchimento qualitativo. Outro elemento da inviolabilidade do núcleo, de cuja fonte se extrai a origem de tudo, é descoberto também quando Edith Stein enfatiza o fato de que "a vida espiritual de um indivíduo é [...] determinada pela singularidade desse núcleo"[17]. Na verdade, o indivíduo vive, retomando-se a partir desse núcleo que é capaz de torná-lo uma "pessoa" qualitativamente unitária; a vida espiritual e a singularidade são as determinações qualitativas em cujo núcleo se fundam o seu ser originário e a sua in-habitação, mesmo que a natureza do núcleo, subtraído de todos os condicionamentos físicos e psíquicos, não possa se identificar com a vida espiritual da qual ela é apenas uma parte.

O segundo requisito do núcleo da personalidade é identificado, por Edith Stein, como sendo uma "propriedade permanente"[18], a qual, ainda uma vez, remete a um momento qualitativo bem determinado que permanece, não obstante cada condicionamento psicofísico. Interessante nesse contexto

---

16   Ibidem, p. 84.
17   Ibidem, p. 87.
18   Ibidem, p. 89.

é a descrição que Edith Stein, na sua autobiografia, faz de sua tia Friederike, que foi acometida por um forte ataque apoplético:

> As mãos e os pés estavam paralisados [...]. Progressivamente diminui não apenas a possibilidade de exprimir-se, mas também a capacidade de compreensão [...]. *Todavia, a perda de todas as faculdades intelectuais não pôde destruir o núcleo* (Kern) *da sua personalidade*.[19]

Pode-se prever, com base no conhecimento de tal núcleo, que o perdurar seja totalmente independente de cada processo psicofísico, pelo que não pode ser deduzido dele e, na medida em que é inviolável e permanece em si, pode dar "cor" a cada ato vivido. Cada um de nós tem potencialidades individuais que existem antes de toda escolha consciente ou experiência educacional, e o *télos* de cada indivíduo e seu pleno desenvolvimento são pré-inscritos desde sempre no seu núcleo, origem da qual partir para alcançar a totalidade do ser.

O Eu Individual e a "ultima solitudo" de Duns Escoto

O desenvolvimento da nossa questão se torna ainda mais claro na segunda seção da obra *Beiträge zur philosophischen Begründung der Psychologie und der Geisteswissenschaften* (*Individuum und Gemeinschaft*[20]), na qual a pensadora dirige novamente a atenção para o "eu individual", termo último e fundador para a constituição do viver comunitário. É preciso, portanto, retomar os resultados já alcançados no que se refere ao eu puro, uma vez que, fazendo uma leitura progressiva das obras de Edith Stein, é necessário circunscrever com elementos novos a singularidade própria de cada um: percurso necessário para colocar em evidência – como, na realidade, poucas antropologias o fizeram –, a unicidade e, portanto, o valor de cada indivíduo.

"O eu individual é o termo último de cada vida de consciência [...] em primeiro lugar e apenas o eu que é *este* e nada

---

19 Idem, *Aus dem Leben einer jüdischen Familie und weitere autobiographische Beiträge*, p. 13 (grifo nosso).
20 Idem, *Beiträge zur philosophischen Begründung der Psychologie und der Geisteswissenschaften*, p. 116-283.

mais, único e indivisível."[21] Pela sua estrutura, o indivíduo tem em si o princípio da unicidade que o torna único em sua espécie, ao mesmo tempo em que sua singularidade não pode estar subordinada a conceitos gerais, nem pode ser expressa com termos gerais. Essa determinação da singularidade, não podendo ser generalizada, confere ao indivíduo uma posição própria, sobretudo dentro do viver comunitário. Além disso, o eu individual, experimentado em sua unicidade, não pode ser uma característica qualquer acidental da pessoa, mas o cerne essencialmente irredutível que constitui o fundamento de qualquer atualização. Na sua singularidade – ponto mais alto não mais passível de definição –, o indivíduo é experimentado de modo único e irrepetível, ancorado em si mesmo[22].

Ao indivíduo, constituído de modo único e irrepetível no seu interior, é dada uma *ultima solitudo* que não indica uma clausura, mas um total "estar" em si; uma *solitudo* que é o resultado de um livre encontro com a profundidade do próprio eu. De fato, Duns Escoto destaca que "ad personalitatem requiritur *ultima solitudo*, sive negatio dependentiae actualis et aptitudinalis"[23] (à condição de pessoa requer-se uma *ultima solitudo*, ou seja, a não dependência atual nem aptitudinal). É aqui que a investigação da fenomenóloga se aproxima da reflexão de Duns Escoto sobre a *ultima solitudo* – origem ontológica do ser que caracteriza a absoluta autonomia da qual goza o indivíduo – quando considera que seja "verdadeiramente maravilhoso que esse eu, não obstante a sua singularidade e a sua *insuprimível solitude* (*unaufhebbaren Einsamkeit*), possa entrar em uma comunidade de vida com outros sujeitos"[24]. O indi-

21 Ibidem, p. 119.
22 Ibidem. Na sequência da última citação, encontra-se uma passagem esclarecedora de Edith Stein quanto às concepções de eu puro, eu individual e singularidade.
23 *Ordinatio* III, d. 2, q. 1, n. 17. Duns Escoto, inspirando-se na fórmula de Ricardo de São Vítor, considera como característica da pessoa a sua existência única e irrepetível. Uma incomunicabilidade/solidão que torna a pessoa única e irrepetível. Cf. *Ordinatio* I, d. 23, q. un., n. 15 (ed. Vat. I, 355-357): "Quod accipiendo definitionem personae quam ponit Richardus IV *De Trinitate*, cap. 22, quod est 'intellectualis naturae incommunicabilis exsistentia'" (assumindo a definição de pessoa dada por Ricardo de São Vítor, no livro IV do *De Trinitate*, cap. 22, temos que pessoa é a "existência incomunicável de natureza intelectual").
24 E. Stein, *Beiträge zur philosophischen Begründung der Psychologie und der Geisteswissenschaften*, p. 119. É interessante destacar como Hedwig ▶

víduo, por sua natureza, é uma mônada fechada em si mesma e, por causa da sua unicidade e do "reconhecimento" da própria singularidade, pode sair de si abrindo-se "livremente" aos outros e ao mundo circundante[25]. A transcendência do outro se torna acessível apenas com base em uma *ultima solitudo*, por meio do reconhecimento imediato da singularidade alheia, a qual não poderá ser possuída pelo eu, porque nunca é plenamente apreensível: "O eu individual é um sujeito que recolhe uma multiplicidade de eus individuais. Certamente, eu sou o eu individual cheio de tristeza. Todavia, não me sinto só na minha tristeza, uma vez que a sinto como *nossa*."[26]

Desse modo, a característica da *ultima solitudo* é sempre uma "abertura para" e, por consequência, uma "solidariedade" com outro eu, quer dizer, com um tu. Do fundamento individual constitui-se, assim, a primeira dimensão comunitária e, pela abertura em direção ao outro, o indivíduo descobre a sua verdadeira individualidade, ou seja, a sua identidade. Por outro lado, isso é confirmado a partir da circunstância pela qual, para Edith Stein, toda vida intencional da consciência é sempre uma abertura radical em direção ao mundo, em direção aos entrelaçamentos presentes na realidade (na realidade natural, individual, sociocomunitária e, portanto, espiritual), que condicionam as liberdades de constituição do sujeito:

Toda vida intencional, na medida em que constrói um mundo coisal, mostra-se como uma vida objetivamente vinculada. [...] Já foi dito que existe uma rígida legalidade a regular o curso da vida intencional; podemos caracterizar essa legalidade como motivação. O sujeito

▷ Conrad-Martius analisa a mesma questão em sua obra *Diálogos Metafísicos*: "Essa solitude imanente (*Verlassenheit*) parece caracterizar o ser humano sobre o fundamento da sua própria essência [...] Apenas ressaltaria que esse momento da solitude imanente [...] é fundamentalmente característico da pura ideia do ser humano, uma vez que o essencial ser-posto em si mesmo ou no próprio centro encerra em si essa possiblidade ou é completamente idêntico a ela." (Cf. H. Conrad-Martius, *Metaphysische Gespräche*, p. 69.)

25 "Para penetrar na essência da personalidade é preciso recordar que a psique [espírito], tanto do indivíduo como da comunidade, possui uma dupla natureza: ela é ora uma *mônada fechada em si mesma*, ora o correlato do mundo circundante, um olho aberto sobre tudo o que se define como objeto." E. Stein, *Beiträge zur philosophischen Begründung der Psychologie und der Geisteswissenschaften*, p. 200 (grifo nosso).

26 Ibidem, p. 120.

não dá essas leis a si mesmo; ele vive de acordo com elas e não tem a liberdade de se desviar delas (elas mesmas delimitam o âmbito da sua liberdade). Chega-se a isso quando se faz uma reflexão sobre a vida do sujeito, desmembrando-a reflexivamente. A subsistência da legalidade, que regula a vida de consciência, é *ser objetivo*, isto é, um ser independente do sujeito e, uma vez que é pressuposto para a vida de consciência, é *a priori*[27].

Enfim, no interior da reflexão de Edith Stein, destaca-se também a grande proximidade ao tema da "liberdade", ligada à *ultima solitudo* de Duns Escoto, porque ela descobre que o valor que leva os indivíduos a constituirem-se em comunidade é alcançado apenas "na libertação do indivíduo da sua solitude natural (*seiner naturhaften Einsamkeit*)"[28]. Somente a abertura incondicionada, fruto de um livre reconhecimento do outro, elimina o risco que se esconde na *ultima solitudo*, o "solipsismo"[29], que concebe o eu como fechado ou recolhido em si. A abertura à dimensão comunitária do eu individual, portanto, levou Edith Stein a não absolutizar o momento da singularidade de maneira unilateral.

A Egoidade do Sujeito Individual Como "Lugar Originário" e "Último" e a Abertura à Dimensão "Extraegoica"

O indivíduo, a partir da sua *ultima solitudo*, estrutura-se como "pessoa"[30] em uma totalidade acabada, em cujo interior existem já traços de uma abertura à dimensão comunitária ou *extrae*goica. Resta agora estabelecer se podemos, em razão dessa "abertura", afirmar que o *télos* último da pessoa, com as suas vivências individuais, encontra a sua realização na constituição do sujeito comunitário (*Gemeinschaft*).

27 Idem, *Potenz und Akt*, p. 252-253.
28 Idem, *Beiträge zur philosophischen Begründung der Psychologie und der Geisteswissenschaften*, p. 247.
29 Com relação também ao falso fechamento solipsístico da investigação husserliana sobre a subjetividade, cf. A. Ales Bello, *Edmund Husserl*, p. 48-51; tr. ingl. *The Divine in Husserl and Other Explorations*, p. 33-35.
30 Quanto ao termo "pessoa" – utilizado na teologia medieval para indicar as "pessoas divinas" – de acordo com a posição sustentada por Angela Ales Bello em seu texto "Pessoa", preferimos utilizar a nova conotação dada ao ser humano para destacar a vivência comunitária na qual é inserido. (A. Ales Bello, Persona, em *L'universo del corpo*, v. 5, p. 59-64.)

Dentro do dinanismo pessoa/comunidade, Edith Stein procura estabelecer como se constitui a vivência comunitária e o papel que as vivências individuais têm na gênese da formação comunitária:

> O sujeito comunitário [...] não é entendido como eu puro idêntico ao individual. A vivência comunitária não surge do sujeito comunitário como a vivência individual surge do eu individual, que precisamente como tal, na sua egoidade, caracteriza-se como lugar originário último. As vivências da comunidade têm, como as individuais, a sua origem nos eus individuais que pertencem à comunidade[31].

Admitir a origem da vivência comunitária na personalidade individual equivale a considerar que a essência da comunidade deve ser experimentada sempre a partir da pessoa apreendida em sua individualidade – termo último para compreender as vivências comunitárias. O indivíduo, ao viver fora de si mesmo, mantém intacta sua autonomia originária e, na medida em que tem o domínio de si, reconhece outros indivíduos como outros por si, sem correr o risco de uma despersonalização; ao contrário, por meio de um mútuo reconhecimento, dá lugar ao nascimento de uma comunidade, na qual a individualidade de cada um contribui para alcançar a coexistência: a plena harmonia no crescimento da personalidade própria e de outrem. Consideramos que a singularidade inviolável torna-se garantia não apenas de um viver comunitário, como também da insuprimibilidade do indivíduo, uma vez que nela reside a essência qualitativa da pessoa que está "por trás" de toda e qualquer disposição natural. No viver comunitário, o "mútuo reconhecimento" constitui a atividade espiritual que faz com que seus membros experienciem-se uns aos outros, mesmo com a impossibilidade de apreender completamente a alteridade.

A esse respeito, Patrizia Manganaro destaca que a comunidade "não elimina as diversidades, mas as encerra e as constitui [...] e ali onde os sujeitos se relacionam, existe também terreno fecundo para uma unidade de vida"[32]. As relações em

---

31 E. Stein, *Beiträge zur philosophischen Begründung der Psychologie und der Geisteswissenschaften*, p. 120.
32 P. Manganaro, *Comunità e comunione mistica*, em A. Ales Bello; A.M. Pezzella (orgs.), *Edith Stein comunità e mondo della vita*, p. 140.

uma comunidade consistem no "mútuo reconhecimento" de seus membros; esse processo dinâmico desvela o mundo interior da individualidade. A partir da vivência comunitária, as vivências individuais são objetivadas, ou seja, retornam diante do eu em nível consciencial, por meio de uma contínua regeneração no movimento do "tender" e do "retornar a".

A relação vital que se estabelece entre a pessoa e a comunidade é enfatizada por Edith Stein pelo seguinte aspecto: "a nota individual das vivências individuais constituintes determina a característica noética particular da vivência da comunidade"[33], uma vez que "o indivíduo vive, sente e age como membro da comunidade e, à medida que o faz, a comunidade vive, sente e age nele e por meio dele"[34]. As vivências da comunidade constituem-se a partir das unidades de vivências individuais, mas apenas algumas delas são adequadas para constituir uma vivência comunitária. Nem tudo aquilo que pertence à esfera individual entra efetivamente no mundo da comunidade. Segundo Edith Stein, "a vida sensível em sua totalidade [...] é por si incapaz de constituir uma vivência comunitária"[35], porque a esfera da sensibilidade, não sendo ligada ao viver recíproco, perde significado quando ultrapassa a esfera da subjetividade. Individuais, ou como Edith Stein os define, *simplesmente subjetivos*, são também os dados egológicos, "pois estes nos permitem constituir os valores e apreendê-los em nossa vida interior; eles têm para nós um significado completamente pessoal"[36].

As vivências individuais têm um valor comunitário apenas se, além da própria dimensão individual, é possível falar também de uma dimensão supraindividual. Não é por acaso que Edith Stein diz: "a fantasia e o mundo da fantasia são, por um lado, absolutamente individuais e referem-se ao sujeito individual, por outro lado, são supraindividuais"[37]. A componente individual é a "intuição" da fantasia que presentifica o seu objeto com modalidades diferentes para cada indivíduo; já a "intenção" do objeto se dá não só para um indivíduo, como

---

33 E. Stein, *Beiträge zur philosophischen Begründung der Psychologie und der Geisteswissenschaften*, p. 125.
34 Ibidem.
35 Ibidem, p. 130.
36 Ibidem, p. 147.
37 Ibidem, p. 135.

para outros também, não obstante apenas o objeto percebido faça parte da vivência individual.

No momento, porém, queremos nos deter na "intuição" individual do objeto. Quanto à percepção da coisa, Edith Stein diz que "o ato da posição subjetiva recolhe o mesmo objeto sob um *significado geral*"[38]. Esse significado pode ser a sua determinação essencial ou também "a *forma vazia* (*leere Form*) que coloca o objeto somente como substrato de determinações (*Substrat von Bestimmungen*), deixando aberta a questão do caráter do seu conteúdo, ainda que seja entendido como um *em si* completamente determinado"[39]. Essa *forma vazia* nada mais é que um substrato determinado que deve ser levado ao "preenchimento" (*Erfüllung*)[40] qualitativo.

A "Gemeinschaft" Como Análogo de uma Personalidade Individual

Dado que a *ultima solitudo* nada mais é que um "limite ontológico" do ser individual, busca-se nela o motivo pelo qual os indivíduos se unem ao "mundo da comunidade". Liberando a solidão natural que constitui sua unicidade e irrepetibilidade, eles dão vida a uma "*Gemeinschaft* [...] como análogo de uma personalidade individual"[41]. Na verdade, é uma abstração considerar o indivíduo humano isolado – Edith Stein, de fato, privilegia em todas as suas obras a correlação eu-outros: "a existência de um homem é existência em um mundo, a sua vida é vida em comunidade"[42].

A esfera da personalidade, que em sentido específico é indicada usualmente como "caráter" individual, torna visível o núcleo individual; em outras palavras, o indivíduo deve realizar um movimento de dentro do próprio núcleo em direção ao exterior, que manifeste a própria singularidade por meio

---

38 Ibidem, p. 137.
39 Ibidem.
40 O termo, originário de Husserl, é detalhadamente tratado em: E. Husserl, *Logische Untersuchungen*, par. 14. Cf. também: E. Fink, VI. *Cartesianische Meditation*, p. 206.
41 E. Stein, *Beiträge zur philosophischen Begründung der Psychologie und der Geisteswissenschaften*, p. 200.
42 Idem, *Der Aufbau der menschlichen Person*, p. 134.

das qualidades do caráter. Todavia, "é próprio da essência da pessoa o fato de não ser uma simples soma de qualidades típicas, mas de possuir um núcleo individual que dá àquele determinado traço típico do caráter uma marca individual"[43]. Sem a objetivação das qualidades de caráter – "o núcleo [...] é algo de individual, de indissolúvel e de *inominável*"[44] – não seríamos capazes de "apreender", ainda que de modo incompleto, a singularidade que está à nossa frente, a qual restaria ininteligível *quoad nos*. É preciso continuamente voltar para o interior um olhar que saiba reconhecer, na própria singularidade e na alheia, as qualidades de caráter, que nada mais são que a expressão de uma realidade bem mais profunda que nos transcende; uma alteridade interior que, justamente porque experimenta a si mesma, abre à pessoa a possibilidade de descobrir a transcendência do *alter ego*, analogamente ao Ser infinito. Portanto, na mútua relação do viver comunitário, a pessoa vive a primeira possibilidade de se dirigir a uma transcedência maior.

Contudo, a abertura ao viver atual da dimensão comunitária necessita de um contínuo estado de vigília da pessoa, porque "quando a alma é colocada fora do circuito da vida atual, ao comportamento e à visibilidade do indivíduo falta a nota individual ou, como também poderia ser definida, a nota *pessoal*"[45]. Nesse caso, como bem ressalta Edith Stein, o viver não virá mais do núcleo do seu ser, mas "será acionado por forças sensíveis e pelo querer ou será guiada por forças psíquicas alheias"[46]. Apenas quando o viver individual é centrado na interioridade do seu núcleo, pode-se falar também de um "caráter da comunidade" como análogo da personalidade individual. Todavia, não podemos dizer que a comunidade tem um núcleo, uma vez que ela "remete [...] ao núcleo das pessoas individuais, que constituem o seu fundamento"[47].

---

43 E. Stein, *Beiträge zur philosophischen Begründung der Psychologie und der Geisteswissenschaften*, p. 238.
44 Ibidem, p. 208 (grifo nosso).
45 Ibidem, p. 212.
46 Ibidem.
47 Ibidem, p. 249.

A "RESPONSABILIDADE" DA PERCEPÇÃO ESPIRITUAL DO "FÜHLEN": A INVIOLABILIDADE DA "PESSOA"

A investigação se concentra no conceito de "forma vazia" e preenchimento qualitativo, último estádio para apreender a "singularidade" do ser humano mediante a percepção espiritual do *Fühlen*. Uma vez definida a singularidade, mostraremos como a teoria da *materia signata quantitate* não pode ser considerada suficiente para explicar a individuação dos seres espirituais.

A Individuação Como Possibilidade de uma Reflexão Sobre a Questão Antropológica

Para alargar os horizontes da pesquisa sobre o *principium individuationis*, é necessário mencionar algumas análises que Edith Stein realiza durante as lições ministradas em Münster no inverno de 1932/33 intituladas *Der Aufbau der menschlichen Person*[48]. A investigação fenomenológica e o estudo da filosofia medieval permitem à pensadora fundar uma nova antropologia que, contrapondo-se a uma leitura naturalista do ser humano (abordagem positivista), possa ajudar na compreensão do indivíduo na sua totalidade acabada. Apenas uma "mudança de olhar" permite alcançar o substrato qualitativamente determinado do indivíduo que corresponde à última realidade do seu ser. Desse modo, procuraremos mostrar que apenas o "reconhecimento" do indivíduo com base na sua singularidade pode constituí-lo como um *unicum* intangível.

A "Mudança de Olhar" Para uma Percepção Interior

A reflexão sobre uma nova antropologia, em Edith Stein, nasce da exigência de conjugar os resultados alcançados pelas investigações fenomenológicas com o novo projeto educativo que

---

[48] E. Stein, *Der Aufbau der menschlichen Person. Vorlesung zur philosophischen Anthropologie.*

visa à formação do valor individual da personalidade. Trata-se de uma tentativa de constituição de uma pedagogia católica na qual o método husserliano e a contribuição da filosofia medieval se encontram em um terreno comum: o estudo do indivíduo como realidade estratificada, oferecendo, portanto, uma nova leitura e compreensão da personalidade individual. Consequentemente, para tal projeto, a autora considera inadequada uma antropologia que procede unicamente das ciências naturais. Como diz a autora: "ser exemplar de um tipo [espécie] não significa que o próprio ser derive e seja explicável totalmente partindo do tipo [...], mas que é uma *manifestação numa caracterização individual*"[49].

O indivíduo não deve ser considerado como um exemplar ou um simples repetidor da "espécie"; somente a partir da sua individualidade é que se pode construir um projeto educacional que possibilite conduzir o indivíduo à sua unicidade irrepetível, colocando-o, assim, acima da espécie e de toda lei geral. Configura-se, assim, o programa que Edith Stein pretende desenvolver quando percebe a necessidade de agir de forma proativa, por meio de um sério projeto educacional contra o nefasto projeto do "mito da raça", defendido pela cultura nacional-socialista que tenta, anulando no indivíduo sua nota individual para reduzi-lo a mero conceito geral, concebê-lo como uma simples intersecção de vários dados (idade, sexo, posição social, povo) e como "produto" da hereditariedade e do ambiente. A antropologia steiniana se realiza, porém, com a contribuição das ciências do espírito, pois apenas estas permitem integrar a individualidade em um processo educacional[50] no qual a essência genérica do ser humano deixa lugar para a pessoa humana como sujeito individual.

O papel do educador[51] consiste, primeiramente, em operar uma "mudança de olhar" que, de uma primeira percepção exterior, alcance o substrato determinado do indivíduo; nas palavras de Edith Stein: "aproximar-se das peculiaridades individuais apenas por meio de um vivo *contato interior*; o próprio

49 Ibidem, p. 19 (grifo nosso).
50 Ibidem, p. 24.
51 Para maior aprofundamento da questão, é fundamental o estudo de A.M. Pezzella, *Lineamenti di filosofia dell'educazione*, p. 85-90.

ato do compreender [...] pode penetrar no íntimo"[52]. Tudo isso, porém, entendendo que ele não pode pretender uma perfeita clareza sobre a natureza de quem está à sua frente, uma vez que não se pode "medir" a dimensão qualitativa do seu "como". "O verdadeiro educador é Deus; somente Ele conhece cada ser humano individual em profundidade."[53]

A ação educacional é direcionada ao indivíduo que, mesmo participando do todo (espécie), é já em si um microcosmo dentro do qual a marca individual qualitativa não pode estar subordinada a conceitos gerais, nem pode ser expressa com termos gerais. O aluno não pode ser visto como um modelo geral: ele "deseja uma atenção dirigida para si como indivíduo, como a *este* ser humano com a própria *individualidade irrepetível*, e que não quer ser tratado como exemplar de um tipo"[54].

Não se compreende a individualidade senão por meio de uma mudança no olhar "interior" que permita reconhecer a unicidade das qualidades individuais que pertencem ao indivíduo antes mesmo de toda escolha consciente ou experiência educacional. O indivíduo se apresenta a nós, mostrando-se como ele é enquanto pessoa individual por meio de uma relação ou de um "olhar interior". A partir desse reconhecimento, o educador levará o aluno a conhecer e a compreender cada vez mais as qualidades individuais que ele já possui, mas que necessitam de uma tomada de consciência que o tornem capaz de alcançar a plena harmonia no desdobramento do seu ser espiritual.

Edith Stein "percebe", enfim, que o processo educacional direcionado ao indivíduo em sua "complexidade" não pode deixar de levar em consideração "a diferença entre o ser criado[55] e o não criado e a relação que se estabelece entre eles"[56]. Como a pensadora enfatiza: "a individualidade [...] é algo que é próprio da alma individual e que, como a própria alma, não tem outra origem senão, diretamente, do Criador de todo ser"[57]. Esse estreito vínculo entre a individualidade e o Cria-

---

52 E. Stein, *Der Aufbau der menschlichen Person*, p. 15 (grifo nosso).
53 Ibidem, p. 14.
54 Ibidem, p. 19-20 (grifo nosso).
55 O ser finito é criado como algo "único" do ponto de vista qualitativo, diferente de todos os outros.
56 Ibidem, p. 26.
57 Ibidem, p. 157.

dor – o homem mergulhando em Deus mergulha na própria individualidade – estimula Edith Stein a dar continuidade ao curso das lições ministradas em Münster com a investigação sobre uma antropologia teológica, como se deduz do escrito intitulado *Was ist der Mensch?*[58]

A Estrutura "Última" do Ser: A "Forma Vazia"

Precisamente na seção dedicada à origem da espécie[59], é possível encontrar não somente um desenvolvimento da questão sobre a individuação, já esboçado na obra *Einführung in die Philosophie*, mas também o objetivo que a pensadora pretende alcançar quando se propõe a "chegar até as últimas estruturas fundamentais [do ser humano] ainda acessíveis à razão"[60]; essa é a tarefa de uma análise filosófica radical.

Para Edith Stein, a matéria informe "recebe o seu ser apenas por meio da forma"[61]; para que um indivíduo se distinga de outro por meio de um princípio de individuação extrínseco, a forma necessita da dimensão espaçotemporal. Resta estabelecer o que pode determinar a passagem da espécie ao indivíduo concreto como pessoa, dado que, nesse caso, a individuação deve determinar uma "unidade" de corpo vivente e alma. O indivíduo é "uno" em si primordialmente, não em relação aos seus semelhantes – a individuação entendida como princípio de distinção, na medida em que se constitui na sua subjetividade autodeterminada. A partir disso, pode-se entender a contínua referência que Edith Stein faz à individuação como princípio intrínseco a ser encontrado na "forma vazia (*Leerform*) do ser criado, [a qual] é preenchida por uma série de 'formas' universais qualitativamente diferentes, que podemos indicar como *gêneros do ser* (*genera*)"[62]. O indivíduo, por sua forma exterior, é percebido como um todo, uma realidade interiormente una, e lhe é peculiar esse formar-se a partir do seu interior. A uma forma exterior corresponde uma "forma

---

58 Idem, *Was ist der Mensch?*
59 Idem, *Der Aufbau der menschlichen Person*, p. 57-73.
60 Ibidem, p. 61.
61 Ibidem. Se é privada de qualidade, a matéria informe não pode caracterizar nada.
62 Ibidem, p. 61.

vazia" como "substrato" qualitativamente determinado, pelo qual o indivíduo adquire uma unidade de sentido na sua plena totalidade. No caso do ser humano, enquanto a "forma vazia" representa a estrutura interior capaz de ser preenchida por uma série de determinações qualitativas, estas últimas não representam a completude da individuação, mas apenas "parte" dela.

O elemento constitutivo, dentro do indivíduo, permite ainda apreender que, na relação entre universalidade e singularidade, o indivíduo representa a última perfeição da espécie ou natureza comum: "no indivíduo, nem tudo o que ele é, é atribuído à sua espécie"[63]. Portanto, esse percurso remete novamente à filosofia de Duns Escoto[64], à qual Edith Stein se refere mais de uma vez.

De grande interesse, além disso, é a concepção do duplo aspecto da singularidade: sua "'divisão' em 'forma' masculina e feminina"[65]; desse modo, são colocadas as bases para uma "antrolopogia dual"[66], na qual Edith Stein mostra as peculiaridades inerentes ao masculino e ao feminino.

O Perigo de Suprimir a Personalidade Humana Individual

O objetivo de Edith Stein ao propor em suas análises uma concepção de pessoa humana que se estrutura a partir do núcleo de sua individualidade é identificado na crescente preocupação direcionada àqueles que consideravam a determinação do ser humano pelo meio. Nas palavras da pensadora: "Hoje, existe

---

63 Ibidem, p. 68.
64 A esse respeito, vejam-se as conclusões às quais chega P. Sécrétan depois de ter analisado a questão da individuação na obra *A Estrutura da Pessoa Humana* no seu texto Personne, individu et responsabilité chez Edith Stein, em A.-T. Tymieniecka (org.), *The Crisis of Culture*, p. 247-258: "Que cette démarche implique le recours à une problématique beaucoup plus nettement scotiste que thomiste. [...] Les questions qui se posent au sujet des sources d'Edith Stein philosophe excèdent le cadre de cette modeste analyse. Mais il peut être de quelque intérêt de la voir refluer en arrière de Husserl et de Descartes ver Duns Scot."
65 E. Stein, *Der Aufbau der menschlichen Person*, p. 69. Cf. também ibidem, p. 34 e 44. Edith Stein atribui uma *Dopelform* ao masculino e ao feminino com diferenças individuais marcantes.
66 Para uma investigação da questão, recomendo os seguintes estudos: A. Ales Bello, Maschile-femminile, *Cattolici in Italia tra fede e cultura*, p. 209-222; idem, *Edith Stein*, p. 77-83; idem, Il contributo specifico della donna nella formazione culturale, *Sul femminile*, p. 61-65.

uma tendência generalizada de considerar o ser humano como determinado *exclusivamente* pelo seu pertencimento a uma sociedade e a *negar a personalidade individual*."[67] Toda a atenção de Edith Stein se concentra, então, sobre os obstáculos que se opõem ao desenvolvimento de uma plena consciência da individualidade, por parte da pessoa. Ela ressalta quais distorções nascem do anulamento da personalidade individual e descreve o trabalho interior que o indivíduo deve realizar para reconhecer que, com o domínio de sua individualidade, ela permanece inalienável. Isso requer, porém, uma responsabilidade da pessoa tanto em relação à própria esfera pessoal, quanto à da alheia.

A pessoa humana se constitui como *unicum* somente no "reconhecimento" da sua individualidade, que, por sua vez, habilita-a a sair de si e "entrar" no mundo, indo ao encontro dos outros. Na falta desse reconhecimento consciente, o indivíduo seria "conduzido" por eventos provenientes do exterior, sem que suas reações decorressem do seu centro. É nesse centro que estão fundamentadas, em sentido pleno, a existência e toda a responsabilidade pelos atos livres do indivíduo.

Esse querer "tomar consciência" demarca a irredutibilidade da fundação de um núcleo da individualidade autocentrada; no caso de uma descentralização da personalidade individual, corre-se o risco de o indivíduo ficar à mercê das circunstâncias externas, fazendo com que seu viver se "consuma" nas reações a elas. É por meio de um viver desperto (ou centrado) que o indivíduo "sente" o fluir da sua individualidade, a qual pode ser objetivada por meio do reconhecimento da própria ipseidade e a partir da disposição de elevar-se no contínuo processo de "regeneração" que afeta não só a esfera pessoal, mas também toda resposta às solicitações provenientes do exterior.

Não obstante toda tentativa de suprimir ou aplacar a personalidade humana individual, nunca se chegará a anulá-la; ela

---

67 E. Stein, *Der Aufbau der menschlichen Person*, p. 134. A "negação da personalidade individual" será uma temática levada em consideração também por Hannah Arendt quando narra a experiência de David Rousset, preso no campo de concentração de Buchenwald, em sua obra *Eichmman em Jerusalém: Um Relato Sobre a Banalidade do Mal*. H. Arendt, *La banalità del male*, p. 20: "O triunfo da ss exige que a vítima torturada se deixe conduzir para onde se quer sem protestar, que renuncie a lutar e se abandone até perder completamente a consciência da própria personalidade [individual]".

é a realidade última do ser espiritual, sua primeira constituição como fundamento, garantia de que todo o viver natural da pessoa traga em si a marca do "lugar" originário e intangível.

A Profundidade do "Fühlen"

A pesquisa sobre o sentido e o fundamento do ser individual (*Einzelsein*) e, portanto, o seu princípio de individuação, faz com que Edith Stein sinta a necessidade de esclarecer, primeiramente, qual é o "âmbito" ontológico da investigação, ou melhor, em quais "momentos" ou modos do ser, *esse existentiae* ou *esse essentiae*, procurar o fundamento último da singularidade do ser. Da escolha de um desses dois "momentos", ainda que numa mesma singularidade estejam ambos um diante do outro como exterior voltado para o interior (e vice-versa), verifica-se a possibilidade de aproximação das investigações steinianas à posição assumida por Duns Escoto na *Ordinatio*[68].

Tendo já estabelecido que ambos os pensadores consideram a "realidade última do ser" o fundamento do *Einzelsein*, segue-se que a individuação deve ser procurada no plano do *esse essentiae*, uma vez que este é uma mera manifestação da singularidade já constituída em um nível último do ser. Nesse sentido, as investigações apresentadas por Edith Stein em *Potenz und Akt* (Potência e Ato)[69], no verão de 1931, e posteriormente reelaboradas em 1935[70], pretendem, com base em sua concepção de singularidade, fundar uma nova ontologia no âmbito da essência. Além disso, na esteira da "ontologia eidética" de Edmund Husserl, que prescinde de determinações empíricas – indicadas como ontologias formais ou materiais – Edith Stein faz a reinterpretação em chave fenomenológica da questão metafísica da individuação.

---

68 Cf. supra, p. 60.
69 E. Stein, *Potenz und Akt. Studien zu einer Philosophie des Seins* (ESGA, 10).
70 A gênese e as várias fases de reelaboração de *Potenz und Akt*, que é o primeiro núcleo da obra *Endliches und ewiges Sein*, são documentadas por uma série de cartas endereçadas por Edith Stein a Hedwig Conrad-Martius entre 1932 e 1940. Cf. E. Stein, *Briefe an Hedwig Conrad-Martius: Mit einem Essay über Edith Stein*, hrsg. v. H. Conrad-Martius. Essas cartas foram traduzidas por A.M. Pezzella, em A. Ales Bello (org.), *Edith Stein: la passione per la verità*, p. 120-126.

Neste ponto, aprofundaremos o conceito de "forma vazia", em relação à problemática do seu preenchimento (a "plenitude qualitativa"), por meio da percepção espiritual do *Fühlen*.

Delimitação do Âmbito de Investigação: "Ciências Naturais" e "Ciências do Espírito"

Dentro do curso universitário sobre "Natur und Geist"[71] ministrado por Edmund Husserl em Friburgo, em 1916, coloca-se não apenas o projeto de Edith Stein de investigar a vivência do *Einfühlung*, como também a sua obra *Einführung in die Philosophie* (1919-1932)[72], um escrito, dividido no duplo aspecto Natureza/Espírito (subjetividade), que oferece novos elementos de esclarecimento sobre o tema da individuação de modo mais aprofundado que o já esboçado pela pensadora em sua tese de doutorado (*Zum Problem der Einfühlung*, 1917), a ponto de esse escrito da juventude ser considerado um tratado de hermenêutica sobre o "conhecimento das coisas (*ón*) na sua individualidade". Com relação a essa obra, determinaremos, primeiramente, a modalidade de conhecimento da individualidade para, depois, determinar quais são as vivências propriamente individuais. Na comparação entre o método de investigação das ciências naturais e o das ciências do espírito, examinaremos qual é o âmbito de pesquisa do qual partir para apreender a individualidade "intrínseca" do ser singular.

A Inteligibilidade do Individual *quoad nos*

A possibilidade de conhecer os entes na sua individualidade coloca, do ponto de vista epistemológico, uma série de questões acerca da inteligibilidade do individual *em si* e, consequentemente, da possibilidade de conhecê-lo *quoad nos*. Como é possível "apreender" a objetualidade dos entes individuais, considerando que o ente é cognoscível na medida em que é portador do que é geral? Além disso, podemos sustentar que o "individual"/singular seja considerado objeto de conhecimento tanto quanto o "geral"? Enfim, é possível chegar ao conhecimento do individual?

---

71 E. Husserl, Natur und Geist, *Aufsätze und Vorträge* (1911-1921).
72 E. Stein, *Einführung in die Philosophie*.

Dado que a essência geral do indivíduo, que está na base de todo conhecimento, não inclui em si o conhecimento da sua característica individual, que nos permite, em seguida, distinguir em dois indivíduos da mesma espécie a singularidade típica de cada um, devemos estabelecer de qual tipo de conhecimento falamos quando afirmamos a individualidade do ente. Para fazê-lo, compararemos, primeiramente, as posições assumidas por Edith Stein na obra *Einführung in die Philosophie* e por Duns Escoto nas obras *Quaestiones super secundum et tertium de anima*[73] e *Ordinatio*, a fim de evidenciar algumas semelhanças entre os dois.

DUNS ESCOTO, DE ANIMA E ORDINATIO	EDITH STEIN, EINFÜHRUNG IN DIE PHILOSOPHIE
Digamos, portanto, que o singular, enquanto tal, é inteligível por nós, porque a inteligibilidade segue a entidade. Isso, portanto, que, enquanto tal, não diminui a razão do ente, também não (diminui) a inteligibilidade; mas o singular, enquanto tal, não diminui a razão do ente, é já um ente perfeito em ato." (*De anima*, q. 22, n. 17; ed. St. Bonaventure, v, 231)[74] Além disso, se fosse inteligível por si, *poder-se-ia haver dele uma demonstração e uma ciência*." *Ord*. II, d. 3, p. I, q. 6, n. 145; ed. Vat. VII, 464)[75]	"Então, o ser dos objetos individuais, segundo a sua totalidade, pode ser colhido, mas *não conhecido* e correspondentemente a intuição do individual *não pode ser levada plenamente ao conhecimento*." (p. 98)
Quanto a essa realidade individual, é similar à realidade específica, porque é quase um ato que determina essa realidade da espécie (como) possível e potencial, mas não é similar e diferente), porque ela nunca é (assumida) tomada por uma forma acrescida, mas precisamente *pela última realidade da forma*." (*Ord*. , d. 3, p. I, q. 6, n. 180; ed. Vat. VII, 479)[76]	"[…] o apreender *as formas últimas do ser*" (p. 99)

[73] Ioannes Duns Scotus, *Quaestiones super Secundum et Tertium De anima*, q. 22, n. 17, p. 231.
[74] "Dicendum igitur quod singulare est a nobis intelligibile secundum se, quia intelligibilitas sequitur entitatem. Quod igitur secundum se non diminuit de ratione entis, nec intellegibilitas; sed singulare secundum se non diminuit de ratione entis, iam est ens actu perfectum." (tradução nossa)
[75] "Praetera, si esset per se intelligibile, posset de ipso esse demonstratio et scientia." (tradução nossa)
[76] "Quoad hoc ista realitas individui est similis realitati specificae, quia est quasi actus, determinans illam realitatem speciei quasi possibilem et potentialem, – sed quoad hoc dissimilis, quia ista numquam sumitur a forma addita, sed praecise ab ultima realitate formae." (tradução nossa)

A partir dessa comparação vê-se claramente que, para Duns Escoto, na obra *De anima*, a individualidade é a forma mais perfeita do ente, podendo, assim, ser conhecida pelo intelecto. Entende-se que o individual/singular, mesmo sendo inteligível *em si*, não pode sê-lo *quoad nos* uma vez que, como defende Luigi Iammarrone na linha de Étienne Gilson, "o singular, se o conhecêssemos, poderia ser visto ou intuído por nós, mas não definido, porque a entidade que acrescenta não é da ordem da quididade"[77]. Se não podemos conhecê-lo, Duns Escoto considera na *Ordinatio* que não é, portanto, nem objeto de ciência, nem de demonstração. Essa reflexão sobre a impossibilidade de conhecer o individual *quoad nos* está ligada ao que Edith Stein defende em relação às ciências naturais, isto é, que se pode apenas "apreender" (*erfaßbar*) intuitivamente o individual/singular, não sendo possível levá-lo plenamente ao conhecimento. A "intuição", como instrumento cognoscitivo, assume um papel fundamental na abordagem fenomenológica uma vez que a individualidade do ente é apreendida imediatamente e por si mesma, vale dizer, sem o auxílio de nenhuma mediação para o conhecimento de si.

Toda forma de conhecimento pressupõe necessariamente a intuição, pois é a partir dela que tem origem todo processo cognoscitivo. A intuição, portanto, funda e dá início ao conhecimento que se constrói com base no material que se oferece a ela. Consequentemente, uma vez intuído o ente, dá-se a percepção, ou seja, o ato no qual o ser coisal se apresenta em "carne e osso" e "por si mesmo". O intelecto, em contato com o ente coisal-concreto, pousa o olhar sobre ele assim como é em si mesmo e o apreende "imediatamente" em seu valor de ente, isto é, "por si mesmo". Nas palavras de Edith Stein: "É próprio da percepção o fato de que ela seja percepção de um objeto individual de conteúdo completamente determinado."[78] Apresenta-se, todavia, uma dupla modalidade de abordagem ao indivíduo: enquanto as ciências naturais "conhecem" o indivíduo somente do ponto de vista geral, a percepção "apreende o objeto na sua plena concretude: o indivíduo com todas as suas particularidades individuais"[79].

---

77 L. Iammarrone, *Giovanni Duns Scoto metafisico e teologo*, p. 235. Cf. também: É. Gilson, *Giovanni Duns Scoto*, p. 566-580.
78 E. Stein, *Einführung in die Philosophie*, p. 18.
79 Ibidem, p. 86.

Em suma, tanto Edith Stein quanto Duns Escoto definem a individuação como o "apreender as formas últimas do ser". Nesse ponto, os planos metafísico e fenomenológico se entrelaçam: mas, por enquanto, isolemos o primeiro âmbito, porque queremos antes investigar de modo diferente o individual/singular: empregando o termo característico da investigação fenomenológica, "intuir dele" a essência.

A Discussão do Problema da Individuação à Luz das Ontologias Formal e Material

Antes de examinar os problemas referentes à estratificação das vivências individuais da esfera afetiva, é necessário situar a discussão no interior das duas grandes regiões do ser, a saber, o espírito objetivo e o espírito subjetivo. Segundo Edith Stein, é dentro dessas regiões que essas vivências tornam-se inteligíveis.

A questão é de suma importância, uma vez que está enraizada nos pressupostos da fenomenologia, *in primis* da husserliana, da qual Edith Stein extrai continuamente suas posições teóricas. Em particular, pode-se dizer que Edith Stein retoma a doutrina da ontologia formal e material, inserindo a ontologia husserliana – que, intrinsecamente aristotélica, precisava de uma adaptação – na ontologia tomista, de caráter certamente diverso.

Como afirma Angela Ales Bello,

observando atentamente, em particular, Edmund Husserl e Tomás de Aquino, Edith Stein ressalta que os fenomenólogos distinguem a ontologia entendida como âmbito da essência da metafísica "entendida" como âmbito da existência e que, enquanto Tomás de Aquino usa a ontologia nesse segundo sentido em relação à existência, Edmund Husserl refere-se às possibilidades formais e materiais, não especificamente às realidades existenciais[80].

O caminho que Edith Stein segue, em outras palavras, é uma via de conciliação dessas duas instâncias ontológicas[81]. E, ao

---

80 A. Ales Bello, Ontology and Phenomenology, em R. Poli; J. Seibt (orgs.), *Theory and Applications of Ontology*, p. 312 (tradução nossa).
81 Isso não autoriza a pensar que a posição sobre a ontologia formal e material de Edith Stein não seja exatamente a de Edmund Husserl, o qual, a partir da Terceira Investigação Lógica, no sentido de Carl Stumpf, falará que no complexo de conteúdos, estes são independentes quando podem ser representados ▶

fazer isso, ocupa-se do *primum* do qual deve partir toda análise, do mesmo modo como a fenomenologia husserliana, a filosofia de Descartes e a de Agostinho ensinavam; nas palavras de Edith Stein: "O dado de fato primeiro e mais simples, do qual temos certeza imediata, é o do nosso ser."[82] Mantendo-se fiel à posição husserliana, extrai dela uma ontologia que ela esquematiza do seguinte modo:

▷ separadamente um do outro, caso contrário, são não-independentes. Nesse sentido, a cor não pode ser cognitivamente separada da extensão, *não somente no nosso pensamento, mas também por essência*, ou seja, nas coisas mesmas: é a representação espacial por si que se dá sempre como um emaranhado de determinações cromáticas. Contrapondo-se a Immanuel Kant, Edmund Husserl fala nesse sentido de *a priori material* e não mais formal, uma vez que o espaço não é mais a forma (vazia) da elaboração ou ordenamento de conteúdos psíquicos – sensações – ou qualidades secundárias como podem ser os conteúdos cromáticos: "as necessidades ou as leis que definem uma classe qualquer de objetos não-independentes fundam-se [...] na particularidade dos conteúdos, na sua natureza própria". Ainda em oposição a Immanuel Kant, Edmund Husserl afirma que as leis que têm como objeto esses conteúdos não-independentes não podem ser de natureza analítica, pois nada têm a ver com as leis de caráter lógico; precisamente, por serem fundadas na própria natureza dos conteúdos sensíveis ou espaciais, elas são leis *sintéticas* e não analíticas. Desse modo, Edmund Husserl redefine os conceitos de analiticidade e sinteticidade: serão leis necessariamente analíticas todas as proposições que prescindam da natureza intrínseca, da homogeneidade e da afinidade, ou copertencimento dos respectivos conteúdos. Tais leis, afirma Edmund Husserl, podem ser totalmente *formalizadas* (no sentido lógico-calculista do termo), ou seja, esvaziadas dos seus conteúdos e substituídas com objetividade indeterminante. Assim, a lógica é uma *ontologia formal*, uma vez que prescinde absolutamente dos conteúdos presentes nas suas proposições: ela se ocupa apenas da *forma* dos raciocínios. As leis sintéticas, por outro lado, fundam-se no copertencimento e na natureza intrínseca dos conteúdos, nos quais tem uma certa importância também a sua componente hilética (sensível). Essa doutrina da não-independência e da independência sofre algumas variações e ajustes em *Ideias 1*. Edmund Husserl observa: "Os conceitos sofrem algumas modificações em relação aos das *Investigações lógicas*" (E. Husserl, *Ideen zu einer reinen Phänomenologie und phänomenologischen Philosophie*, p. 30). Em particular, o que interessa a Edmund Husserl é a relação entre a não-independência e o "isto aqui", relação que interessará a Edith Stein: "Um 'isto aqui' cuja essência preenchida é um concreto denominamos *indivíduo*" (ibidem). Com as mesmas intenções, essas relações aparecerão também na *Lógica Formal e Transcendental*.

82 E. Stein, *Potenz und Akt*, p. 10; cf. A. Ales Bello, Ontology and Phenomenology, em R. Poli; J. Seibt (orgs.), *Theory and Applications of Ontology*, p. 312.

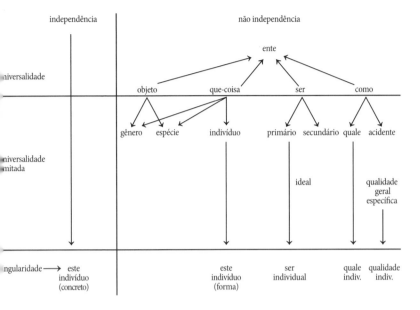

No esquema, percebemos que Edith Stein ordena as formas ontológicas vazias (*aliquid, quod quid est, esse*) não apenas segundo os seus graus de universalidade (ou de vaziez) que alcançam o estádio de "plenitude" somente no indivíduo concreto – coisa única e singular, objeto primário que não remete a nenhuma outra coisa –, mas também conforme seu caráter de *independência* ou *não-independência*, outro ponto fundamental da ontologia husserliana.

Se examinamos o ser, vemos que apenas o ser que não tem nenhuma relação é independente, enquanto o ser de todas as formas vazias é não-independente. Independentes são apenas os objetos concretos; suas formas preparam a independência. Podem ser introduzidas nesse ponto também as oposições entre inteiro e parte, bem como de composto e simples. Apenas o inteiro pode ser independente. As formas universais são simples, mas não-independentes, porque dependem de um inteiro possível, as formas mais específicas são compostas e todos os indivíduos são independentes e simples.[83]

Como em Edmund Husserl, a ontologia formal lança as bases para a ontologia material, cujo instrumento fundamental é a intuição também em Edith Stein; especialmente, na

---

83 Ibidem, p. 314.

fenomenologia, a intuição que abstrai se desdobra em intuição que idealiza ou generaliza: partindo, por exemplo, de uma cor *hic et nunc*, é possível passar a graus sempre mais gerais de "cor" até alcançar o gênero supremo de "cor em geral"; enquanto, percorrendo o sentido inverso, desce-se em direção ao "que-coisa" concreto, o indivíduo, que para os sentidos da ontologia formal é o que existe de mais independente[84].

Como destaca ainda Angela Ales Bello, para Edith Stein, são exemplos de ontologias materiais a geometria euclidiana, que a partir de poucos princípios permite um sistema axiomático fechado, como também as doutrinas puras das cores ou dos sons, embora elas nunca tenham sido desenvolvidas e concretizadas[85]. A ideia material que governa as ontologias materiais não é, porém, material; é compreensível somente a partir do espírito. Por essa razão, são indispensáveis dois grandes ramos do espírito, no interior dos quais se esclarecem todos os estratos das "matérias formadas": o "espírito objetivo" e o "espírito subjetivo", que são exatamente as "regiões" das quais partimos.

A Derivação no Âmbito da Ontologia Material
do Espírito Objetivo e do Espírito Subjetivo,
Regiões Dentro das Quais Tem Lugar a Individualidade

As ideias e os gêneros mais altos ou formas últimas da ontologia formal são, segundo Edith Stein, "eternas", isto é, têm o caráter da atualidade independentemente do devir; nesse sentido, seu modo de ser é superior em relação ao das coisas criadas[86]. No seu puro "ser" são, do mesmo modo, rígidas quanto à matéria-prima[87]. Mas, para Edith Stein, dado que as coisas naturais, as coisas fenomenológicas, têm sempre uma forma, é possível supor que elas tenham como pressuposto, de um lado, as ideias e, de outro, a matéria: em outras palavras, o seu contínuo devir é um encontro, por oposição, entre espírito e matéria[88].

---

84 Ibidem.
85 Ibidem, p. 314-315.
86 Cf. E. Stein, *Potenz und Akt*, p. 75-76.
87 Ibidem, p. 78.
88 Ibidem, p. 76-77.

Fenomenologicamente falando, portanto, lidamos sempre com coisas que, no mundo, são *materia signata* ou, como também pode-se dizer, *espírito objetivo* ou *espírito subjetivo*[89], ainda que se possa afirmar sem engano – mas isso será melhor abordado mais adiante – que, para Edith Stein, o elemento último da individuação não é, no que se refere às pessoas, a *materia signata* entendida no modo tomasiano[90]. Parece-me que, para a pensadora, essa matéria ligada à categoria fundamental da coisa material é *um segundo grau ou estratificação fenomenológica da mesma*. Sob esta última, Edith Stein, expandindo os horizontes da fenomenologia de Husserl, vê a *matéria-prima* como um conceito lógico-metafísico. Essa matéria-prima é convertida e elaborada de diversos modos como *materia signata*, como *sínolons* na individuação, passando por uma gradação de potências de acordo com os respectivos todos. Em linhas gerais, parece plausível afirmar que tanto os diversos graus de estruturação potencial da matéria quanto o seu ser originariamente *matéria-prima informe* (de um ponto de vista lógico-metafísico) pressupõem uma relação necessária com o espírito:

A análise feita até aqui vale primeiramente, portanto, como análise preliminar, uma vez que ela levou à conclusão de que a coisa "material" não é puramente material e que só pode ser compreendida em sua estrutura a partir do espírito.[91]

89 Ibidem, p. 80-82.
90 Sobre essa concepção, recomendo meu texto Il 'Principium individuationis' e il 'fondamento ultimo' dell'essere individuale, em M. Shadid; F. Alfieri (orgs.), *Il percorso intellettuale di Edith Stein*, p. 234-245. Veja-se também a seguinte passagem de *Potenz und Akt*: "Nas coisas mortas, encontramos como princípio de individuação a 'parte de matéria' que é formada, a cada vez, por meio da espécie. Ora, como fica isso então no que tange a individuação nos indivíduos espirituais? Aqui, o que individua pode ser precisamente a própria espécie (segundo Tomás de Aquino, é assim para os anjos); é pensável também que a individuação das espécies seja experienciada por meio da ligação do sujeito espiritual a uma porção de matéria, isto é, o corpo material (ainda segundo Tomás de Aquino, é assim nos indivíduos humanos; não tomemos aqui posição em relação a essa concepção). Mas há também uma terceira consideração: o eu como tal é indivíduo, mesmo prescindindo de uma ligação com um corpo material e sem também considerar a espécie que o distingue qualitativamente dos outros. O ser-separado de todos os outros está presente no seu ser e é por ele mesmo apreensível na sua própria consciência, como algo de inconfundivelmente diferente a partir da consciência de qualquer outra coisa: um eu que pode chamar 'eu' apenas a si mesmo e 'ter-se' somente de modo a poder dizer 'eu'." (E. Stein, *Potenz und Akt*, p. 85-86).
91 Ibidem, p. 81.

Isso parece concordar completamente com as análises husserlianas. A ontologia material, portanto, conduz à categoria fundamental da "coisa material". Como categoria, ela não é puramente material, dividindo-se em dois eixos: o das coisas materiais propriamente ditas, que não podem ser penetráveis entre si, e o do espírito objetivo ou objetivado, no qual as coisas se mostram penetráveis, além de dependentes do espírito, como vimos acima[92]. O espírito objetivo tomado em si mesmo, em relação às suas formas vazias, é o que está diante do espírito de Deus desde a eternidade. Nos seres finitos, isto é, nos espíritos cognoscentes (façamos aqui abstração dos anjos) como o espírito do ser humano, encontra-se um *analogon* em relação ao espírito divino. Em *Potenz und Akt*, Edith Stein diz:

A sua vida é fragmentada em dimensões diferentes, isto é, em uma sucessão de atos separados temporalmente, em uma sucessão de atos simultâneos, em uma separação de atos qualitativamente isolados [...]. Mas, em tudo isso que é separado, nasce *um* impulso vital que unifica de novo o todo em uma unidade do ser que não é uma composição. A separação e a cisão verifica-se por meio da recepção e da elaboração de "conteúdos". Desse modo, constrói-se um mundo objetivo para o sujeito.[93]

O espírito objetivo deve, então, aludir a outra sub-região do espírito, o espírito subjetivo, por sua vez distinguido na região dos espíritos finitos puros e no das pessoas humanas. As afirmações acima colocam as bases para a consideração sistemática da matéria como potencialidade que se exprime nos mais variados graus e níveis nos espíritos finitos, como os seres humanos: ao passar do corpo para a alma e, de dentro desta, para os seus vários níveis para chegar ao espírito e à totalidade da pessoa com o seu inviolável "núcleo" pessoal, estão sempre operando diversos graus de "materialidade" ou "potencialidade" que a atualidade de vida pode "delimitar" apenas em parte. Portanto, no que se refere à ontologia, poderíamos concordar com Angela Ales Bello, quando ela diz que

---

[92] Veja-se ainda uma vez as passagens de *Potenz und Akt* (p. 81), nas quais se fecha o quarto parágrafo do Capítulo IV da obra.
[93] Ibidem, p. 88.

Edith Stein adota uma via intermediária, que se inspira em uma e em outra posição e, uma vez que quer examinar os conceitos de potência e ato e estudá-los em relação à ontologia formal e à ontologia material, nesta última direção, a ontologia material é a doutrina do ser na sua plenitude e a doutrina do ente em seus diversos gêneros[94].

Com isso, chegamos à segunda leitura possível do texto steiniano que indica, por assim dizer, um caminho complementar, mas ao mesmo tempo alternativo em relação ao percorrido por Edmund Husserl.

A ontologia material de Edith Stein chegou, desse modo, às suas determinações últimas por meio da especificação da coisa material no espírito objetivo, da qual se deduziu a necessidade de derivar a matéria do espírito; isso permite, por fim, o acesso ao espírito subjetivo ou pessoal. A tarefa que nos cabe agora é, portanto, a de reconstruir a "alocação" dos vários graus de atualidade e potencialidade da matéria no espírito subjetivo.

A "Fonte" das Vivências Individuais
Pertencentes à Vida Afetiva

O problema da "subjetividade" é o *leitmotiv* que liga a obra *Zum Problem der Einfühlung* (1917) à segunda seção da obra *Einführung in die Philosophie* (1919-1932); o tratamento dado a esse tema – mais aprofundado nas investigações realizadas por Edith Stein em 1919 – facilita-nos a leitura das duas obras em questão com olhar sinóptico.

A nossa investigação deve partir do eu puro, "fonte originária do viver, ponto a partir do qual as vivências se irradiam"[95]. Nesse contínuo "viver" do eu puro, juntamente com o fluxo das vivências que lhe pertencem, cada pessoa se constitui como um "ser-si-mesmo-e-nenhum-outro", portanto, um "indivíduo absoluto"[96], que carrega em si um timbre completamente singular. A individualidade reside no lugar originário do "viver" do eu, do qual o indivíduo desperto pode "sentir" que cada vivência originada do centro do seu ser é portadora

---

94 A. Ales Bello, Ontology and Phenomenology, em R. Poli, J. Seibt (orgs.), *Theory and Applications of Ontology*, p. 312-313.
95 E. Stein, *Einführung in die Philosophie*, p. 104.
96 Ibidem, p. 104.

de uma singularidade própria que o distingue dos outros. O ser desperto do eu é condição indispensável para vivenciar a singularidade, a qual, por sua natureza, não é ligada a nenhuma dimensão espaçotemporal, porque representa a essência qualitativa única das nossas vivências.

Resta estabelecer como é possível apreender a vivência, portadora da individualidade originária. A esse respeito, Edith Stein descreve a vivência individual do seguinte modo: "não é algo que perdura, [...] antes, é acabada, imediatamente concluída, constituindo-se como um todo"[97]. A dificuldade consiste, portanto, em apreender a nota individual da vivência, dado que, ao viver o "instante" no qual se desdobra, ela já desaparece totalmente atrás de nós com a sua particularidade individual. "O ser-consciente-de-si mesmo não é um momento que permanece sempre idêntico durante todo o viver: existe um grau de consciência, a 'luz interior' pode iluminá-lo mais ou menos claramente."[98] A única possibilidade para apreender os traços da vivência individual é a contínua percepção da vivência, a qual, em seu ininterrupto fluir, manifesta os seus traços essenciais e, assim, permite ser novamente percebida de modo cada vez mais claro com reiterados preenchimentos. Mas quais são as vivências portadoras da nossa individualidade?

Para Edith Stein, "se por um lado falamos de individualidade de *todas* as vivências [...], por outro, notamos que nem todas têm uma peculiaridade pessoal; portanto, pode não ser a mesma individualidade que, de um lado e de outro, constitui o momento distintivo"[99]. Por exemplo, as inclinações sensíveis e as do intelecto pertencem às "condições externas" do desenvolvimento do indivíduo; a partir disso, "a individualidade, determinada exteriormente, não é uma *peculiaridade* em sentido estrito"[100]. Se tenho sensações ou realizo uma atividade intelectiva, sou consciente dessas vivências de modo irrefletido, mas, ao mesmo tempo, falta a consciência originária uma vez que não estou consciente de mim mesmo como um indivíduo com características propriamente individuais. Apenas as

---

97 Ibidem, p. 107.
98 Ibidem, p. 108.
99 Ibidem, p. 133-134.
100 Ibidem.

vivências que pertencem à "vida afetiva" trazem a marca da singularidade; como diz Edith Stein:

está presente na essência de algumas vivências [...] o fato de que venham do profundo da alma e carreguem a marca da sua singularidade. Na realização dessas vivências, percebo essa "nota individual", sinto que a origem está em uma determinada profundidade e sinto também o grau de profundidade[101].

Apenas as vivências radicadas na profundidade do ser – não condicionadas por nenhum elemento externo – são portadoras da individualidade da pessoa humana.

Identificadas essas vivências, é preciso retornar à fonte na qual elas são geradas, a nascente a partir da qual o indivíduo extrai o viver originário, ou seja, o "núcleo" ou "centro" de sua personalidade. Essa questão é tratada por Edith Stein por meio da via proporcionada pelo eixo central da fenomenologia: a intencionalidade. Intencionalidade, inteligibilidade e personalidade consistem na marca específica da vida espiritual[102]. A vida espiritual consiste essencialmente em "atos": atos cognoscitivos, valorativos, de prazer, de sofrimento etc.[103] Mas, na vida espiritual dos espíritos subjetivos, encontra-se sempre uma certa gradação de matéria. Um primeiro estrato material é encontrado na abertura fundamental constituída pela própria intencionalidade, ou seja, o ser intenção-mundo[104]. Nós, seres humanos, essencialmente finitos, somos projetados, abertos em direção a algo diferente de nós.

Se nós consideramos apenas o espírito puro e a alma na medida em que ela é espírito, então, razão ou intelecto designam uma peculiaridade essencial do espírito, isto é, a de *ser transparente* (ou seja, manifesto a si mesmo) e *aberto* (de *ser* voltado a outro de maneira apreensível). Em Deus, ambas as coisas são infinitas; por isso, o seu intelecto é conhecimento eternamente atual e perfeito de si mesmo e de toda coisa cognoscível. Os espíritos finitos não são tudo o que são em uma atualidade duravelmente imutável. Seu ser é atribuído a eles e é reduzido a uma medida limitada, pela qual também o seu ser-transparente e o seu ser-aberto são limitados.[105]

101 Ibidem, p. 176.
102 Idem, *Potenz und Akt*, p. 83.
103 Ibidem, p. 96-97.
104 Ibidem.
105 Ibidem, p. 104.

Um problema central, que Edith Stein parece examinar nesse ponto, é o que entrelaça potencialidade e atualidade (matéria e ato) do ponto de vista da *continuidade* da vida temporal, tema que, como veremos, é estritamente correlato àquele do núcleo da pessoa. A pensadora observa que fazemos a transição da vida desperta para a vida semiconsciente ou mesmo completamente inconsciente, passando por todos esses estados de atualidade "sem nos perder"[106]. Como ficam então esses "trechos vazios" no fluxo da consciência interna do tempo que liga a nossa identidade pessoal?

Há realmente, pelo olhar retrospectivo, um nada entre dois trechos de vida consciente e materialmente preenchida? Eu não creio que se possa dizer isso. A consciência interna do tempo que pertence ao meu "fluxo de consciência" cresce junto com ele e participa de seu desenvolvimento – a consciência da duração continuamente preenchida com a minha vida –, passando através dos trechos "vazios". Não existe aqui o mero saber de que entre ambos os trechos preenchidos deve ter transcorrido o tempo objetivo; na verdade, a duração vivente atravessa o todo, apenas o faz sem preenchimento constatável. Ao olhar retrospectivo, os trechos do fluxo que se desenvolveram na vida desperta certamente também não estão preenchidos sem lacunas; apenas está presente mais vezes a consciência de que "tinha algo lá", mas sobre *o que* era, a memória não pode dar nenhuma informação.[107]

Essa solução continuísta adotada por Edith Stein permite desvincular a unicidade da vida pessoal do ser humano (porque *contínua*) das possibilidades de ativa *rememoração*, dado que estas são limitadas:

Assim, diremos que a existência espiritual não começa necessariamente apenas no instante no qual ela se torna constatável para nós. O início da constatabilidade remete a uma mudança no próprio ente, a uma passagem para um tipo superior de espiritualidade, à intelectualidade, a um acréscimo da atualidade de vida e da consciência e, simultaneamente, a um alargamento da extensão do ser-aberto.[108]

Essas passagens fundamentais vinculam a discussão sobre potência e ato – e, portanto, também o estudo dos estratos de

---
106 Ibidem, p. 105.
107 Ibidem.
108 Ibidem.

materialidade – à questão da mutabilidade ou não do núcleo da pessoa, na qual o tratamento de Edith Stein, refletindo claramente a influência das obras de Hedwig Conrad-Martius, estende admiravelmente a análise fenomenológica do eu em direções que o professor, Edmund Husserl, havia apenas percorrido em parte. Sigamos passo a passo.

O eu pessoal vive, por assim dizer, sobre a "crista da onda" dos seus atos (de modo "superficial"), mas não vive em todos os seus atos em igual medida[109]. Em geral, a vida atual é atravessada pela "participação do eu", com a qual ele é conduzido em direção a determinados conteúdos materiais: as mesmas percepções podem proceder com maior ou menor "participação pessoal"[110]. Isso significa que o eu pessoal é apreendido ou apreende os mais diversos conteúdos (sensoriais, emotivos, valorativos) com variado grau de profundidade. Essa profundidade encontra-se sempre em qualquer ser humano, independentemente de ele a atualizar no seu caráter, ou seja, nisso que dele surge para a atualidade[111]. A interação entre o conteúdo e a forma da interioridade, vale dizer a profundidade, marca precisamente a apreensão do objeto, por meio da qual ele pode se fincar no profundo com maior ou menor força. Nesse sentido, uma leitura puramente materialista-sensorial da elaboração dos dados sensíveis, a partir da espiritualidade humana, está completamente fora de cogitação para Edith Stein, uma vez que distorce os dados fenomenológicos: os modos pelos quais a apreensão (*Auffassung*) anima os conteúdos podem ser diferentes, mantendo-se a identidade desses conteúdos, pelo que a diferença entre as diversas apreensões não pode ser atribuída ao plano sensível-material:

O mesmo ruído que, numa ocasião, não me afeta de modo algum, noutra, pela sua dissonância, me causa um certo desconforto [...], por fim, pode chegar a me estimular profundamente: tudo isso que é importante para mim fica, precisamente, concentrado no que me ocupo espiritualmente. Creio estar muito próxima da solução de uma questão fundamental e espero encontrá-la [...] Nesse ponto, surge aquele ruído estridente que me tira completamente do envolvimento com a

---

109 Ibidem, p. 123.
110 Ibidem, p. 124.
111 Ibidem, p. 125.

questão. Fico irritada com o incômodo, desolada pelo prejuízo, desesperada por me deixar distrair tão facilmente. Em todos os três casos, há o mesmo ruído [...], mas o seu significado para mim é diferente a cada vez, dado que, em cada uma das ocasiões, encontro-me em um estado de ânimo diferente.[112]

Edith Stein afasta rapidamente a possibilidade de confusões quanto ao caráter "espacial" na caracterização da profundidade do eu: não se trata de uma profundidade no sentido espacial do termo. Alguns indivíduos parecem viver constantemente na superfície do seu ser, distantes do seu "centro qualificante", o núcleo da pessoa[113]. Deve, portanto, tratar-se de um tipo de "espacialidade" própria da alma, não comparável à tridimensional:

A "alma" aparece como um "espaço interior" e os sentimentos, as tomadas de posição da alma, os afetos [...] têm nesse "espaço" os seus "lugares" específicos. Assim, potências e hábitos correspondentes [...] ordenam-se segundo a superfície e a profundidade. Nem tudo o que caracteriza a pessoa é igualmente característico para ela e igualmente significativo para a avaliação do seu caráter.[114]

A esse respeito, são esclarecedoras também as seguintes palavras de Angela Ales Bello:

O núcleo se distingue pela sua simplicidade – não é formado por partes –, é potencial em relação à atualização da vida espiritual, na qual deve se exteriorizar de modo adequado para alcançar o seu ato. Certamente, pode permanecer "obscuro", mas também nesse caso, tem uma atualidade, porque é sempre ativo e real, mesmo não sendo completamente realizado.[115]

O núcleo da pessoa é, portanto, uma entidade *contínua*, situada na profundidade do seu ser, que permite a manifestação de alguns hábitos em sua superfície na forma de atos pelos quais apreendemos o que chamamos de "caráter". Com relação ao fluxo ininterrupto da consciência interna do tempo, que é

112 Ibidem.
113 Ibidem.
114 Ibidem, p. 127.
115 A. Ales Bello, Il "singolo" e il suo volto, em D. Vinci (org.), *Il volto nel pensiero contemporaneo*, p. 182-183.

um fluxo concrescido de modo *contínuo*, o núcleo da pessoa se torna ponto de conexão, mas se situa fora dele. Enquanto tal, ele é o fundamento da *analogia entis* entre ser humano e Deus[116]. Ao que ele corresponde especificamente em termos de potência e ato?

Esse núcleo é *actu ens*, ente atual em oposição à mera possibilidade, não somente à possibilidade lógica, mas também à mera potência no sentido de capacidade não desenvolvida; ele, porém, não é *actus purus*, mas algo atual que é capaz de um crescimento de ser, ou melhor, na forma de ser da vida espiritual consciente. Em relação a esse crescimento, o seu ser pode ser chamado de potencial.[117]

O núcleo da pessoa se aproxima em simplicidade ao ser divino, distinguindo-se dele porque pode se concentrar nos seus atos somente de modo relativo durante a vida terrena; por outro lado, a vida atual da pessoa não é fundada somente sobre o seu núcleo, mas também sobre o mundo objetivo com o qual está em contato, incluindo outras pessoas, na disposição absolutamente potencial de criar hábitos[118]. O núcleo da pessoa humana é, portanto, o polo profundo em torno do qual se coagula o caráter pessoal-individual, elemento este que sofre influências (*risonanza* = ressonância) a partir de suas inter-relações comunitárias.

"O núcleo da pessoa, que se desdobra no caráter, é impregnado dessa coloração individual e constitui a unidade incindível do caráter."[119] Apenas por meio da transcendência da "percepção interna", "desdobra-se a unidade da particularidade individual vivida originariamente nos 'traços de caráter' individuais, que se radicam em profundidades diferentes"[120]. O eu, no seu viver, se dirige para o exterior a partir desse núcleo pessoal que contém em si a fonte das próprias particularidades individuais. O "viver" e o "dirigir-se para" constituem os dois polos nos quais se torna visível a particularidade individual do eu que está em contínuo estado de vigília. Isso revela que o eu

---

116 Cf. E. Stein, *Potenz und Akt*, p. 146.
117 Ibidem.
118 Ibidem, p. 147.
119 E. Stein, *Einführung in die Philosophie*, p. 136.
120 Ibidem, p. 178.

é sempre ativo; está sempre em ação. É desse modo que o eu se constitui como pessoa com a sua estrutura pessoal-individual, e é nessa atualidade que a sua vida, impelida em direção ao exterior, é continuamente despertada pela atualidade do presente. Na tomada de consciência do "si mesmo" como pessoa unitária, realiza-se o projeto global do próprio "viver". Como pessoa, o eu possui uma atualidade própria, uma direção de vida unitária, um querer incondicionado para alcançar os níveis mais profundos do seu ser; um querer que, de modo sintético, reúne todos os quereres reais e possíveis. A reflexão sobre o núcleo originário abraça, portanto, toda a vida concreta do eu como vida harmônica, que é tal à medida que toma consciência do seu contínuo autogerar-se de dentro. "O núcleo da personalidade [...] é o que se desdobra no desenvolvimento psicofísico da pessoa empírica, tornando-a uma pessoa unitária com qualidades individuais."[121] Essas qualidades individuais – bondade, nobreza de espírito, orgulho, energia –, para Edith Stein, exprimem "a absoluta unicidade, a nota individual, que carregam em si: a 'característica pessoal'"[122]; e cada coisa que entra no viver da pessoa conserva em si "a 'marca' da sua personalidade[123], de seus traços típicos, de sua característica pessoal"[124].

As "Ciências Naturais" e as "Ciências do Espírito": Possibilidade de Investigação da Individuação "em Si"

Resta estabelecer de que modo as ciências naturais e as ciências do espírito[125] podem investigar o fundamento último dos indivíduos "espirituais". Dada a complexa estrutura ontológica do ser humano, em razão de sua dupla constituição – "natureza"

---

121 Ibidem, p. 144.
122 Ibidem, p. 142.
123 Com relação à "marca" da própria personalidade deixada sobre as coisas pelo homem idoso é interessante a reflexão de B. Callieri, Corporeità del tramonto, *Corpo, esistenze, mondi*, p. 96: "No idoso, as implicações relativas ao espaço vivido, à distância, ao *contato*, apresentam-se frequentemente com riqueza de evidências permeadas por perspectivas e recordações, com densidade de fantasias, intuições, percursos realizados e a realizar, entrelaçados pelo tempo do desejo."
124 E. Stein, *Einführung in die Philosophie*, p. 144.
125 A esse respeito, é fundamental a distinção de W. Dilthey entre as ciências naturais (*Naturwissenschaften*) e as ciências do espírito (*Geisteswissenschaften*) em sua obra de 1883, *Einleitung in die Geisteswissenschaften*.

e "espírito" (*Natur und Geist*) –, do ponto de vista categorial, somos levados a abstrair dois "níveis originários" do ser que, mesmo interligados, são completamente diferentes: a "natureza" psíquico-originária que tem a sua fonte externa em relação ao "espírito", que reside em uma fonte espiritual-originária totalmente interior. O ser humano é fundamentalmente um ser composto de modo singular, como nenhuma outra entidade natural. Da dupla constituição ôntica do indivíduo, porém, excluímos *a priori* um duplo princípio de individuação (extrínseco = *Natur*; intrínseco = *Geist*).

O *eîdos* da fenomenologia é voltado a apreender primordialmente apenas o momento essencial-individual (intrínseco) de cujo interior se irradia a vida pessoal do eu. Poderíamos estabelecer que a individuação tem a particularidade de ser o lugar originário do "viver" que se dirige do interior para o exterior do indivíduo, sem permanecer fechada em si mesma, conferindo-lhe sua marca singular. O olhar que se dirige do interior para o exterior constitui a unidade de sentido do indivíduo em sua unicidade absoluta.

Dessas premissas, coloca-se inevitavelmente uma dificuldade hermenêutica para as ciências naturais, uma vez que estas somente podem determinar a individualidade a partir "de fora", servindo-se do "tempo" e do "espaço" como *principia individuationis*[126]: um indivíduo é tal na medida em que ocupa um lugar particular ou porque está "aqui" e "agora". Essa posição, similar à teoria que vê na "quantidade" dimensional o princípio individuante, é muito problemática, uma vez que não permite esclarecer aquilo que faz um indivíduo intrinsecamente e conduz, além disso, a questionar como o tempo e o espaço sejam, por si, características autoindividuantes. No entanto, isso não pode ser sustentado, uma vez que o indivíduo consiste numa

---

[126] Cf. E. Stein, *Einführung in die Philosophie*, p. 201-202. A esse respeito, são importantes as análises feitas por R. De Monticelli, *L'ordine del cuore*, p. 190: "Julieta [...] não se distingue de Sócrates somente por como é feito o seu corpo e pela matéria que o compõe ou pelo espaço e o tempo que ocupa, como quer a absurda teoria da individuação que a maior parte dos filósofos (com a grande exceção de Escoto e Leibniz) tem compartilhado de Aristóteles a Strawson." Do mesmo autor, veja-se também *L'individualità essenziale: apunti per una personologia fenomenologica*, em S. Besoli; L. Guidetti (orgs.), *Il realismo fenomenologico*, p. 657-672.

unidade substancial que precede qualquer unidade acidental; naturalmente, os acidentes são ontologicamente posteriores à unidade a que são inerentes e podem ser considerados apenas "sinais visíveis" da individuação, não suas causas determinantes. Segue-se, então, que o posicionamento espaçotemporal não é suficiente para justificar a individuação como "qualidade" interna na estrutura do indivíduo.

Pode-se, assim, interpretar a posição radical assumida por Edith Stein – muito próxima à crítica de Duns Escoto à individuação em termos acidentais – que sustenta que as ciências naturais não são capazes de investigar a individuação "intrínseca" do indivíduo; em suas palavras: "Pode-se estabelecer claramente uma personalidade como individualidade espiritual, independentemente dos seus pontos espaciais e temporais, e, por outro lado, não é possível determiná-la por meio dos pontos do espaço e do tempo."[127]

Essa tese pode ser melhor compreendida quando fazemos a distinção entre *Körper* (corpo físico) e *Leib* (corpo próprio/vivenciado)[128]. O posicionamento espaçotemporal, utilizado pelas ciências naturais, pode determinar apenas o *Körper*; para apreender a individuação do *Leib*, diz Edith Stein: "Deve-se, no lugar disso, dar vida a uma ciência dos indivíduos espirituais; então, aqui a individualidade deve significar algo diferente 'do' que é 'considerado' nas ciências naturais: não simplesmente uma singularidade numérica, mas um *estado qualitativo próprio*"[129]. Com isso, Edith Stein tende a colocar o *principium individuationis* mais na qualidade do ente que em seu momento quantitativo e, nisso, a sua posição se aproxima à de Duns Escoto; poderemos entender melhor a aproximação entre os dois pensadores quando analisarmos

---

127 E. Stein, *Einführung in die Philosophie*, p. 202.
128 Em seu ensaio, "Natur, Freiheit und Gnade", em *Freheit und Gnade und weiter Texte zu Phänomenologie und Ontologie*, disponível em: <www.edith-stein-archive.de>, Edith Stein havia feito a distinção entre o corpo (*Leib*) animado, dotado de alma (*beseelt*) e o corpo (*Körper*) inanimado (*unbeseelt*); cf. Natura, libertà e grazia, tr. it. de M. D'Ambra, em E. Stein, *Natura persona mistica: Per una ricerca cristiana della verità*, Roma: Città Nuova, 2002, p. 87-88.) Para um aprofundamento maior da distinção entre *Körper* e *Leib*, veja-se também esses vocábulos em H. Vetter (org.), *Wörterbuch der phänomenologischen Begriffe*, p. 331-337.
129 E. Stein, *Einführung in die Philosophie*, p. 212.

Endliches und ewiges Sein. Por enquanto, conseguimos compreender que a determinação numérica sozinha é insuficiente para especificar a essência individual[130], alternativa admitida pela pensadora que direciona, assim, as investigações principalmente para o conteúdo da essência qualitativa do momento individual.

Edith Stein faz, desse modo, uma passagem precisa das ciências naturais, que se ocupam do momento "quantitativo", para as ciências do espírito, pois somente estas podem apreender a essência da pessoa individual a partir do seu "interior", sem valer-se de nenhum elemento externo. Hedwig Conrad-Martius, em sua obra *Die Geistseele des Menschen*, também defende que "sem a individualidade qualitativa da alma espiritual, a quantitativa não teria sentido"[131].

A Ontologia Formal:
"Forma Vazia" e "Plenitude Qualitativa"

Uma das obras mais complexas e originais de Husserl, *Formale und transzendentale Logik* (1929)[132], consiste na principal referência a partir da qual Edith Stein dá início ao tratamento do conceito ontológico de "forma vazia" e do respectivo "preenchimento" em indivíduos concretos. Chegamos, assim, aos termos-chave introduzidos por Edith Stein que representam os momentos constitutivos da individuação do ser único (*Einzelsein*) na dupla acepção de substrato determinado (forma vazia), como estrutura formal-ontológica e de plenitude do ser (preenchimento); esta última torna o indivíduo não apenas um portador estático das características da espécie, mas um "quê de singular", visto que o preenchimento qualitativo confere uma singularidade "própria" em relação às outras singularidades da mesma espécie.

---

130 Ibidem, p. 203: "A individualidade da coisa significa que é *numericamente una*. A individualidade da pessoa significa *também* a mesma coisa, mas, além disso, que ela é qualitativamente singular e que a singularidade é o meio para apreender a unicidade."
131 H. Conrad-Martius, *Die Geistseele des Menschen*, p. 45. A esse respeito, são muito interessantes as investigações realizadas pela pensadora no cap. 2, Quantitative und qualitative Individuierung der Geistseele: Ihre biologischen Bedingungen und metaphysischen Grundlagen. Theologische Aspekte, p. 23-40.
132 E. Husserl, *Formale und transzendentale Logik*.

Nossa investigação não se dirige ao exame das características que pertencem de igual modo à maioria dos indivíduos da mesma espécie, uma vez que elas têm razão de ser somente a partir do *Einzelsein*, portador de um princípio do ser que necessariamente não deve reportar-se à questão de "como" os indivíduos se distinguem entre si, mas sim à sua estrutura constitutiva única e inviolável, ou seja, a determinação qualitativa no preenchimento do substrato último do ser. A "plenitude do ser" (*Wesensfülle*) tem, portanto, prioridade sobre qualquer diferenciação individual entre os membros da mesma espécie. Tudo isso comporta uma separação radical entre a singularidade como único ato constitutivo dentro do indivíduo e a causa de diferenciação entre os indivíduos da mesma espécie; o que diferencia um indivíduo do outro não pode ser assumido como princípio último da singularidade. Se se quer apreender exatamente qual é o fundamento último da singularidade, é preciso um "olhar retrospectivo" capaz de penetrar ainda mais profundamente na interioridade do ser singular, uma vez que, para Edith Stein: "A diferenciação exterior remete à interior: remete para um último e simples *Quale*. [...] Por outro lado, a diferenciação exterior só é possível a partir da interior."[133]

Pode parecer que Edith Stein tenha pensado que também as coisas físicas se individualizem somente pela forma, uma vez que consta um desvio entre a primeira e a segunda versão de *Potenz und Akt*. Como fica claro a partir da citação a seguir, existe uma anotação feita por Edith Stein destacando a pertinência material-quantitativa da individuação das coisas físicas: "plenitude qualitativa [*e quantitativa*] à qual está ligada a existência individual, a sua *concreção*"[134]. O acréscimo (aqui entre

---

133 E. Stein, *Potenz und Akt*, p. 59.
134 Grifos nossos. Ibidem, p. 21; tr. it. da ESGA 10. É interessante notar que a tradução italiana (E. Stein, *Potenza e Atto*, p. 72-73), que é reproduzida com base no texto de ESW XVIII, propõe "plenitude qualitativa e quantitativa". Na nova edição crítica das obras de Edith Stein (ESGA 10), constatamos, porém, somente a referência à "plenitude qualitativa" e que a referência posterior à "plenitude quantitativa" é um acréscimo inserido pela pensadora. Corroborando com isso, no manuscrito que Edith Stein remeteu à amiga Hedwig Conrad-Martius, em 1933, não é encontrada nenhuma referência à "plenitude quantitativa"; o que mostra, mais uma vez, a tese inicial de que somente a determinação qualitativa, nas investigações de Edith Stein, constitui a plenitude do ser do *Einzelsein*. Cf. Conrad Martiusiana F I 2, *Potenz und Akt*, ▶

colchetes) faz parte de um segundo manuscrito, sobre o qual foi elaborada a edição crítica. Não se coloca em discussão, porém, a convicção da pertinência da forma para a individuação das pessoas *a partir do momento em que se abre a* ultima solitudo *no ser das mesmas*; a referência que se mantém às coisas físicas corresponde aos aspectos materiais presentes certamente também nas pessoas, mas essa presença não pode depor a favor da hipótese de uma duplicidade ou multiplicidade do princípio de individuação. O efeito é a "concretude", termo utilizado pela pensadora, que evoca a *contractio* de Duns Escoto.

Se quisermos entrar mais nas implicações presentes nesse conceito – e isso requer retomar o discurso sobre a ontologia material de Edith Stein –, podemos então dizer que, desde o início do segundo capítulo de *Potenz und Akt*, Edith Stein busca uma determinação do conceito fundamental de cada ontologia: na medida em que permanece indiscutível a subdivisão husserliana entre uma ontologia formal e outra material, Edith Stein extrai uma noção própria a partir dos conceitos fundamentais desses dois eixos da ontologia e, em relação à ontologia formal, chega ao conceito de "forma vazia-qualificada" que, por assim dizer, deve reger toda a teoria de uma fenomenologia da pessoa: a ontologia formal é, para Edith Stein, a teoria das formas do ser e do ente[135]. A "forma" nada mais é que tudo aquilo que *atualiza* – no sentido de delimitar – qualquer conteúdo, privando-o completamente ou em parte de seus elementos conteudísticos, os quais, nesse sentido, fazem parte da *potencialidade de um indivíduo*:

Alcançamos, portanto, as formas no sentido da ontologia apenas se esvaziamos *essas* formas do seu conteúdo. O que encontramos na experiência são objetos de conteúdos determinados, sejam eles materiais

▷f. 29: "Seine Einmaligkeit und Unwiederholbarkeit, die es von allem andern sondert, nennen wir seine Individualität, *die qualitative Fülle*, an die seine individuelle Existenz gebunden ist, seine Konkretion" (grifo nosso). Esse exemplar se encontra em dois arquivos do legado de Hedwig Conrad-Martius na *Bayerische Staatsbibliothek* de Munique (cf. *Catalogus codicum manu scriptorum Bibliothecae Monacensis*, p. 250). Para a sua edição crítica (ESGA 10), o organizador, Hans Rainer Sepp, pôde dispor somente de uma cópia do manuscrito reconstruído por Lucy Gelber que, porém, difere do exemplar F I 2 (cf. E. Stein, Introdução, *Potenz und Akt*, p. xxxiv).
135 E. Stein, *Potenz und Akt*, p. 21.

29.

keineswegs alle möglichen und üblichen sind)ist Form etwas
Qualifiziertes,und in diesem Sinn inhaltlich Erfülltes oder
Materiales.Keine geometrische Gestalt(als rein geometrische)
gleicht der andern,keine Idee der andern.Auf die Formen im
Sinne der formalen Ontologie aber kommen wir erst,wenn wir
d i e s e Formen ihres Inhalts entleeren.Das,was uns in der
Erfahrung begegnet,sind inhaltlich bestimmte Gegenstände,mögen
sie materiell oder geistig sein;s e bestimmt,daß jeder von je-
dem andern unterschieden ist,sei es auch nur durch seine Raum-
und Zeitstelle.Seine Einmaligkeit und Unwiederholbarkeit,die
es von allem andern sondert,nennen wir seine I n d i v i d u -
a l i t ä t,<u>die qualitative Fülle</u>,an die seine individuelle
Existenz gebunden ist,seine K o n k r e t i o n.In dieser qua-
litativen Fülle ist manches,was wir auch anderswo finden kön-
nen,was sich aus der Konkretion herausheben und in abstracte
betrachten läßt.Aber auch wenn wir ihm seine ganze qualitative
Fülle nehmen,wenn wir ihm alles nehmen,was ihm von irgend einem andern unterscheidet,bleibt noch etwas übrig:E t w as,das
i s t.In dieser Form tritt uns alles Seiende entgegen.Hier haben wir jene völlig leeren Seinsformen,mit denen es die formale Ontologie zu tun hat."Etwas"oder "Gegenstand"einerseits-
Sein andererseits.In dem "Etwas" steckt noch ein Doppeltes:
d a s,was ist;und das,w a s es ist;der Gegenstand,seine Fülle
und sein Sein.Ohne Fülle kein Sein.Darum ist auch sie eine ontologische Form.aliquid,quod quid est,esse:das sind die onto-
logischen Grundformen.Ihre konkrete Einheit ist das S e i e n -
e n d e :e ҉ s.Vom Sein ist schon im I.Abschnitt viel die

Figura 4: Ms. *Potenz und Akt*, f. 29 (cf. p. 124 e 125, nota 134; sublinhado nosso)

ou espirituais, determinados *de modo* que cada um deles seja diferente dos outros, mesmo se apenas por meio de seu lugar espaçotemporal.[136]

Falando em termos de conteúdo, portanto, todos os indivíduos são "irrepetíveis", tanto os materiais quanto os espirituais; nesses indivíduos, encontra-se uma plenitude quali-quantitativa que constitui a sua *concreção*: esses indivíduos conduzem a uma teoria sobre os entes "independentes" (veja-se o esquema steiniano de ontologia[137]).

Todos os significados de "forma" (forma espacial das coisas visíveis, forma como força vital de um organismo, forma como *ideia* das coisas) estão, portanto, ligados ao conceito de delimitação *atual* de algo potencial, o qual, em última análise, é a matéria completamente *informe*: "Em oposição, aparece como é completamente privada de forma, a *matéria*, no sentido da *matéria-prima* segundo a terminologia aristotélico-escolástica."[138]

Os gêneros últimos da ontologia formal e os gêneros e espécies subordinados a ela se encontram numa relação de delimitação. Essa relação em Edith Stein não deve ser entendida sempre e unilateralmente no sentido da *especificação*. Se a especificação vale nas relações entre gênero e espécie (por exemplo, granada – granada boêmia)[139], isso não é suficiente nas relações entre espécie e indivíduo: não é suficiente em relação ao preenchimento qualitativo da forma qualificante da personalidade dentro da região do espírito subjetivo. Parece plausível dizer que, para Edith Stein, as relações de não-independência são relativamente mais marcadas pela relação de especificação, mas essa relação parece não ser mais suficiente a partir do momento em que é necessário justificar a individuação pessoal, para a qual é mais conveniente o termo empregado anteriormente: *concreção*. É somente num "isto aqui" concreto e independente que se realiza, por "infusão", a individuação personalizante, a qual é qualificada pela forma:

A cor pode especializar-se somente dentro da escala das cores e não em diferentes formas espaciais, embora ela possa aparecer concretamente em diferentes formas espaciais. A diferença entre especificação,

---

136 Ibidem.
137 Cf. supra,, p. 109.
138 Ibidem, p. 21.
139 Ibidem, p. 24.

concreção, individuação se destaca claramente aqui. A cor recebe a individualidade entrando na estrutura de um indivíduo concreto [...]. A concreção é o "concrescer" com os outros momentos que pertencem à estrutura do indivíduo.[140]

Portanto, se esse conceito de concreção torna possível explicar as relações de independência já na esfera dos *sínola* inorgânicos – com maior razão, feita a abstração do eixo da pura matéria –, ele deve ser ainda mais relevante para a individuação qualitativa da forma pessoal, a qual, evidentemente, encontra a sua sustentação última precisamente na *ultima solitudo* do *Kern*. Acredito poder encontrar uma confirmação para essa interpretação nas seguintes palavras de Francesco Bottin:

Stein, diferentemente de Escoto, parece disposta a admitir a individuação por meio da matéria, mas somente para as realidades materiais. Para essas realidades, a via tomada por Tomás de Aquino pode ser aceitável. Mas quando se trata de realidades espirituais ou de algum modo ligadas à espiritualidade, esse caminho não é mais viável.[141]

O indivíduo-pessoa, portanto, encarna a espécie com a sua plenitude, e espécies e gêneros são vazios em relação a ele. Essa vaziez não se especifica simplesmente nos indivíduos-pessoas, mas se infunde ou se insere neles; os indivíduos a "exemplificam", mas situando-se além da própria forma, fora do próprio *quid*.

Somente as formas preenchidas, aquelas que se deixam infundir ou encarnar em indivíduos, estão fora da relação de especificação e, portanto, fora da relação *mereológica*, dando lugar à singularidade concreta[142]. Como precisamente nota Angela Ales Bello, isso permite a Edith Stein uma admirável síntese entre a abordagem rigorosamente essencialista típica da fenomenologia e a abordagem metafísica própria da tradição tomista ou, em sentido lato, medieval (refiro-me aqui a Duns Escoto), mais direcionada ao momento do *concretum* atual-real no qual se realiza a individuação:

---

140 Ibidem, p. 31.
141 F. Bottin, Tommaso D'Aquino, Duns Scoto e Edith Stein sulla individuazione, *Il Santo*, n. 49, p. 127.
142 Ibidem.

Dada a estratificação trilhada sobre a linha das essências, são compreensíveis, então, também outras abordagens: a fenomenológica que, por meio da redução da atitude natural, se aproxima do *quid* das coisas ou ao seu *sentido "coisal"* e no plano cognoscitivo alcança a consciência que apreende o *significado espiritual* das coisas, e também a abordagem linguística, porque, se se examinam as análises de expressão relativas à linguagem, encontra-se, justamente, o *significado linguístico*. Isso permite não excluir nenhuma perspectiva, melhor: permite compreender os diversos pontos de vista nos quais se articula a investigação filosófica. Portanto, segundo Edith Stein, entre a investigação fenomenológica e a metafísica não existe conflito: trata-se de duas vias de pesquisa que convergem para a mesma realidade, colocando em evidência ora um aspecto, ora outro. Certamente a individuação do ser essencial permite penetrar mais profundamente no sentido da realidade. Os entes essenciais se distinguem, de fato, dos temporais-atuais e dos somente pensados; todavia, os três momentos se encontram entrelaçados no ser humano.[143]

Com base em todas essas considerações, torna-se evidente – e ficará cada vez mais no decorrer do discurso – que é do lado da forma que deve ser procurada a individuação pessoal do ser humano e não do lado da matéria, mas de uma forma que, paradoxalmente, não poderá mais ser considerada, por Edith Stein, como aquela que reúne intenções generalizantes.

Edith Stein destaca somente a determinação qualitativa do preenchimento em relação à forma vazia, uma vez que pretende evidenciar, como faz Duns Escoto na *Ordinatio*[144], que o "que-coisa" (*Was*) não pode ser procurado ou comunicado ao indivíduo pela espécie: "aqui, o *principium individuationis* deve estar presente *fora* da espécie"[145], uma vez que toda singularidade, pelo fato de ser incomunicável, deve ter um fundamento no próprio indivíduo.

Para maior esclarecimento da questão e, de acordo com as análises do conceito ontológico de "forma vazia", devemos analisar

---

143 A. Ales Bello, Il "singolo" e il suo volto, em D. Vinci (org.), *Il volto nel pensiero contemporaneo*, p. 184.
144 Cf. *Ordinatio* II, d. 3, p. 1, q. 1, n. 30 (ed. Vat. VII, 402): "Sicut etiam deducit secunda ratio (cum suis probationibus omnibus), aliqua est unitas in re realis absque omni operatione intellectus, minor unitate numerali sive unitate propria singularis, quae 'unitas' est naturae secundum se, – et secundum istam 'unitatem propriam' naturae ut natura est, natura est indifferens ad unitatem singularitatis; non igitur est de se sic illa una, scilicet unitate singularitatis". Veja-se também, supra, o item A Estrutura "Última" do Ser: A "Forma Vazia", p. 100.
145 E. Stein, *Potenz und Akt*, p. 29 (grifo nosso).

o porquê de a "plenitude quantitativa" não poder ser admitida como prioridade ontológica no preenchimento da forma vazia para a determinação da singularidade; não é por acaso que Edith Stein não a considera no processo de concreção junto à plenitude qualitativa. Primeiramente, é preciso observar que não nos "deparamos" com a forma vazia empiricamente, mas com formas sempre preenchidas por um conteúdo. Se fosse incluída a "plenitude quantitativa" no processo de concreção, a singularidade seria determinada, necessariamente, por fatores externos ao indivíduo, como a determinação espaçotemporal, perdendo, assim, seu caráter intrínseco e fundador que é tal exclusivamente na medida em que tem em si tudo o que o determina. Somente o "que-coisa" como "plenitude qualitativa" representa, portanto, a tonalidade individual do *Einzelsein* que subsiste em si não obstante todas as mudanças derivadas da "dimensão quantitativa": "O indivíduo [...] pode ser fundado no *que-coisa* ele é, se esse indivíduo não admite nenhuma repetição."[146] A incomunicabilidade como garantia da unicidade inviolável do indivíduo pode pertencer somente à determinação qualitativa do seu ser e não à "plenitude quantitativa" que por si é comunicável a mais indivíduos. Em outras palavras, não é o "preenchimento" como conteúdo, mas é a tonalidade qualitativa do preenchimento que torna o indivíduo um ser singular de modo único e irrepetível.

Esclarecido o "preenchimento" qualitativo no processo de concreção, consideremos agora a "forma vazia", cujo preenchimento é obtido apenas daquilo que é "concretamente" individual; ela "designa, *com* o seu completo preenchimento, um quê de singular, e vice-versa, que *somente* um quê de singular pode ser o seu preenchimento imediato"[147]. Com relação à "forma vazia", em seu caráter universal de substrato determinado, experienciada por nós em seu preenchimento individual por meio de indivíduos concretos, precisamos identificar o sentido que Edith Stein atribui à "dupla forma de individualidade"[148]. A pensadora defende "preliminarmente a determinação de uma dupla forma da individualidade: de uma forma, na qual a *haecceitas* (o ser isto) é fundada na *quidditas* e de uma forma cujo

---

146 Ibidem.
147 Ibidem, p. 22-23.
148 Ibidem, p. 29.

fundamento situa-se fora do *quid*"¹⁴⁹. Em ambos os casos, Edith Stein descreve um âmbito diferente de preenchimento: da *haecceitas* em relação à última realidade da forma vazia ou da simples realidade material na qual o fundamento encontra-se fora do *quid*. Naturalmente, encontramo-nos diante de dois âmbitos categoriais diferentes do ser ("forma vazia" e *sínolon* "matéria-forma"): a individualidade, para fundar-se em si, deve pertencer intrinsecamente à última realidade da forma, enquanto o *sínolon* "matéria-forma" é o âmbito no qual se manifesta ou se torna visível a individualidade – mas não se pode procurar o fundamento neste último que, por si, tem origem apenas na última realidade do ser. A "forma vazia" permanece a mesma, ainda que pudéssemos ser tentados a crer que, por causa da mudança radical das formas físicas, encontramo-nos diante de uma pluralidade de formas essenciais ou de uma pluralidade de entidades individuais. Isso explica por que Edith Stein fala de um fundamento individuante que jaz dentro do ente e de outro que é colocado fora do *quid* em relação ao *sínolon* matéria-forma. Em ambos os casos, falamos da mesma individualidade; trata-se de estabelecer a distinção entre o fundamento intrínseco ao *Einzelsein* e a sua manifestação externa, pela qual o indivíduo é "*quidditas* em *haecceitate*"¹⁵⁰. O suporte do ser individual é, portanto, a "forma vazia" que, junto com o preenchimento qualitativo, designa a *enteléquia* (ou "forma interna")¹⁵¹ do ser, da qual a estrutura ôntica do indivíduo se desenvolve de dentro para fora de modo único e irrepetível, uma vez que a formação interna é determinada por uma origem entelequial qualitativamente singular e não mensurável.

Substancialmente, podemos considerar, com base nas argumentações adotadas acima e de acordo com Redmond, que a posição de Edith Stein sobre o intrínseco princípio de individuação "evoca claramente a doutrina de Escoto [...]; e se a individuação *externa* que a autora propõe é fundamentalmente tomista, a interna é sua criação pessoal"¹⁵².

---

149 Ibidem.
150 Ibidem.
151 Ibidem, p. 45.
152 W. Redmond, La rebelión de Edith Stein, em R.J. Rizo Patron; G. Vargas Guillén (orgs.), *Acta Fenomenológica Latinoamericana*, p. 89-106, em part. p. 96-97: "De la individuación interna dice que si la species specialissima, la ▶

O Estatuto do Conceito de Matéria-Prima; as Matérias Formadas: Esclarecimento das Razões Pelas Quais a Matéria Não Pode Ser Princípio de Individuação

As questões fundamentais que são examinadas no sexto capítulo de *Potenz und Akt*, sobretudo nos últimos parágrafos, referem-se primeiramente à relação entre *matéria-prima* e concreção individualizante e à natureza do eu e do espírito pessoal, considerada pela teoria de Hedwig Conrad-Martius. No contínuo confronto com esta última, Edith Stein percebe a necessidade de se posicionar melhor quanto ao estatuto ontológico da *matéria-prima*. Ela compartilha com Hedwig Conrad-Martius a ideia de que todos os corpos materiais formados surgem de baixo para cima, ou seja, a partir de um fundamento situado em profundidade, mas considera que deve justificar também essa matéria-prima, sem considerá-la como um "fundamento obscuro":

> Tudo o que confere forma, já nas obras inferiormente formadas, é inserido do alto na "matéria" a partir do ser originário [...] como seu ser substancial. O que permanece, dado que tem origem "a partir de baixo", é, enfim, apenas a *prima materia*, cuja determinação permanece, porém, obscura nas mais diversas direções. Também ela tem a sua origem em Deus [...]? A questão é tratada em diversos lugares dos *Diálogos*, mas a ela não é dada uma resposta unívoca. Se a *prima materia* pudesse ser concebida como o nada absoluto, ela, então, não teria nenhuma origem do ser absoluto. Mas o nada é pensável como nada vivente, como algo que se impulsiona avidamente em direção ao ser? [...] Assim, toda essa concepção da natureza, grandiosamente esboçada, baseia-se sobre um fundamento obscuro.[153]

Para Edith Stein, portanto, a matéria-prima não é um fundamento obscuro, ao menos no que se refere à sua origem – ainda que não pareça questionar a sua informidade. Mas a pensadora duvida que ela seja o fator determinante, o denominador comum, para a individuação e a formação dos seres, especialmente as

▷ *forma última* de la cosa, puede existir en solo ejemplar, hay que llamar a la diferencia específica 'individual' y al ejemplar un 'individuo'. [...] evidentemente evoca a la doctrina de Escoto; [...] La individuación externa que propone Stein es básicamente tomista, pero la interna es de su propia cosecha" (grifo nosso).

153 E. Stein, *Potenz und Akt*, p. 184-185.

pessoas: a justificação e a avaliação do fator material devem ir além do fato de se saber se tudo aquilo que é enformado é um exemplo imperfeito da única grande "ideia" em direção à qual ele tende, impulsionado para cima[154]. Excluída a matéria-prima da última determinação individual, Edith Stein afirma que "o que recebe em si a 'forma vivente', a entelequia, não é a *prima materia*, mas uma 'substância', portanto, já algo formado"[155].

A concreção corpórea individualizante, portanto, não deve a permanência da mesmidade a essa matéria-prima; mesmo quando um corpo assume forma e vida a partir de um material inorgânico preexistente para então, depois da vida, retornar a ser mera matéria, a "mesmidade" – e aqui é de se questionar o que a individua – não pode ser a matéria informe, mas outra coisa. O quê?

Se "no mesmo corpo" uma forma substancial dá lugar a outra, a "mesmidade", então, seria representada pela matéria informe? Claramente, isso também não é aceitável e, todavia, a vida deve ter mesmo iniciado de uma "porção de matéria" [...]. Então, o que pode ser essa "mesmidade" senão é nem a forma substancial, nem a matéria? Resta a forma objetual do indivíduo, o "isto aqui" em uma continuidade do ser.[156]

Naturalmente, não é que com isso Edith Stein salte diretamente do nível da mera matéria-prima para o da individuação; ela simplesmente identifica o nível mínimo no qual se verifica a corporificação, no qual existe continuidade de vida pessoal para além das vicissitudes materiais. A "forma vivente", portanto, não coincide com a "forma material", embora esta deva ser pressuposta como um material já formado para a concreção individual-personalizante:

Se [...] o que é "animado" por meio da alma é chamado "potência", isso já não é mais entendido como mera matéria, mas como um produto material formado. Porque, se também se pudesse conceber que a "forma vivente" não é acompanhada pela "forma material", mas que entra no seu lugar, então, certamente não é indiferente qual forma a precedeu: é uma matéria determinada que está pronta para a recepção da vida e, precisamente, uma matéria determinada diversamente para cada forma vivente. A construção progressiva do mesmo organismo

---

154 Ibidem, p. 185.
155 Ibidem.
156 Ibidem, p. 187-188.

significa, em primeiro lugar, o seguinte: recepção da matéria necessária para a construção [...] e enformação (*Hineinformung*) da matéria recebida na forma peculiar do organismo que é modelado.[157]

Vale, portanto, o princípio tomista segundo o qual aquilo que algo é, o é pela sua forma: a matéria é sempre formada pela forma que, portanto, tem prioridade ontológica; por essa razão, se duas coisas têm algo em comum, isso não pode ser a matéria, mas a forma. A matéria recebe, então, a sua forma, não de si, mas de outro. De onde viria, então, a *primeira* forma para a *matéria-prima*?

A *prima materia* pode obter a primeira forma que lhe dá o ser apenas a partir do ser primeiro: essa é a *causa primeira* e a criação é a *causalidade primeira* que está na base de qualquer outra coisa. Para a causalidade terrena não é considerada a formação primeira, mas apenas a transformação: o gênero mais baixo no âmbito do que é material representa o que existe de mais próximo da *materia prima*, isto é, as *substâncias* simples ou *elementos* dos quais subsistem ou dos quais nascem outras coisas materiais, substâncias ou elementos que não subsistem e não nascem mais eles mesmos de outro; eles remetem apenas à primeira admissão de forma e a nada mais. Todo elemento é uma espécie, isto é, *species specialissima* que não admite mais nenhuma diferenciação.[158]

A matéria-prima encontra a sua última justificação no primeiro ato criador de Deus. Tudo o que acontece a título de transformação nas substâncias simples ocorre sempre em seguida a esse ato de criação; as causalidades intramundanas, as relações materiais entre as coisas, as substancializações corpóreas de cada gênero são substâncias formadas *a posteriori* – depois da primeira admissão da forma da matéria.

A matéria-prima assume, portanto, o caráter de um meio teoreticamente necessário para tornar inteligíveis as relações de individuação-concreção à luz das Verdades reveladas e não somente à luz das filosofias de Aristóteles, Tomás de Aquino, Duns Escoto e Edmund Husserl. Uma necessidade que poderíamos definir de caráter *lógico*.

Essa necessidade se explica, como é possível inferir também da obra *Endliches und ewiges Sein*, por duas razões: é

---

157 Ibidem, p. 189.
158 Ibidem, p. 195.

necessária uma matéria-prima anterior a qualquer matéria determinada; essa matéria-prima, para não duplicar os princípios formativos, deve encontrar sua própria origem no *Fiat* criador. Essa foi a solução que Edith Stein encontrou para não repetir as mesmas ambiguidades nas quais se enredou Aristóteles. Quando o pensador evoca Homero, declamando "não é bom ter vários senhores; tenhamos apenas um"[159], não percebe que deturpa o seu monismo, já que a *prima materia* se torna igualmente imóvel ou eterna[160] como o primeiro motor imóvel. Nas palavras de Edith Stein: "A admissão de uma matéria originária eterna e não sujeita ao devir significa considerar que nada pode derivar do nada, e que o que é não pode tornar-se nada."[161] Edith Stein crê superar essa dificuldade, trilhando a mesma estrada percorrida por ela em *Potenz und Akt*, a do criacionismo em relação à matéria-prima:

Essas duas premissas caem caso se admita a existência de um ente infinito que tenha o poder de trazer um ser à existência a partir do nada, ou de reduzi-lo ao nada. A dificuldade de esclarecer como a matéria alcança a forma e como a matéria formada alcança a existência objetiva desaparece se a matéria não tiver a existência, nem mesmo a potencial, antes e independentemente do "Fiat!" criador. Resolve-se também o outro problema de como um ente apenas possível possa efetivar-se, admitindo que forma, matéria e existência sejam obra de um único "Fiat!".[162]

As matérias formadas nos seus diversos estados são, por assim dizer, um grau de objetivação da individuação posterior em relação àquele elemento logicamente postulado que é a matéria-prima: como seres finitos, estamos relacionados exclusivamente a graus diferentes de formação da matéria, sem nunca encontrar a tal matéria-prima, que tem sentido somente diante do *Fiat* criador. Considerando o que já foi dito sobre a forma qualificante do ente pessoal, o problema é entender por qual motivo Edith Stein não considera viável a matéria (e, como

---

159 Aristoteles Latinus, *Metaphysica. Libri I-X, XII-XIV*, lib. XII, 1076a 4-5, p. 523.
160 É preciso, porém, dizer que Edith Stein não evidencia aqui por que o conceito de "eternidade" empregado por Aristóteles não é, como em geral na cultura grega, transferível tal e qual ao judaico-cristão.
161 E. Stein, *Endliches und ewiges Sein*, p. 204.
162 Ibidem, p. 204.

já mencionamos aqui, também a forma) como coprincípio de qualificação ou individuação.

Ainda em relação a essa questão, é necessário fazer uma breve referência a outra interpretação dos textos steinianos, alternativa àquela que já apresentamos. Rosa Errico, analisando primeiramente a posição de Tomás de Aquino, ressalta que, pelo Aquinate, o princípio de individuação é ora a matéria determinada, espaçotemporal (*De ente*), ora a forma da *alma pessoal* essencialmente ligada ao corpo (*De anima*)[163]. No decorrer de sua análise, Rosa Errico afirma que:

> com relação a isso, a *materia signata* faz parte da essência e, portanto, da definição do indivíduo particular [...]. A matéria é, portanto, o que me permite definir Sócrates. Ela não seria nada mais que a matéria expressa e manifesta por meio da extensão que atua como termo-limite. Ora, uma vez que no ente a existência não coincide com a essência, então, a matéria assinalada, pela qual algo é ente, não tornaria algo indivíduo quanto à essência, mas apenas quanto à existência. Ela é aquilo por meio do qual vemos que um determinado ente existe, o seu aspecto real, existencial, aquilo pelo que o ente *aparece* uno e não aquilo pelo que ele é uno[164].

Rosa Errico parece identificar essa duplicidade nos princípios de individuação também em Edith Stein[165], a ponto de afirmar que "no que diz respeito à individualidade do ser humano, o desacordo entre Tomás e Stein se enfraquece até desaparecer"[166].

Acredito não poder compartilhar dessa interpretação quanto à posição de Edith Stein em relação a Tomás de Aquino porque, no contexto steiniano, não é possível falar de duplo princípio de individuação; ao menos no que concerne às pessoas, esse princípio deve ser único. Conforme trabalhos já desenvolvidos anteriormente, por Francesco Bottin e por mim, com total autonomia um em relação ao outro, a unicidade desse princípio pode ser explicada a partir da simples constatação de que *o principium individuationis deve situar-se absolutamente fora de qualquer aspecto essencial, seja ele formal ou material, levando-se*

---

163 Cf. R. Errico, Quantità e qualità, *Il percorso intelletuale di Edith Stein*, p. 187.
164 Ibidem, p. 194.
165 Ibidem, p. 195-197.
166 Ibidem, p. 208.

em conta tanto o fato de que os acidentes são logicamente posteriores ao seu substrato, quanto o fato de que eles, não obstante sejam acidentes, são também sempre capturáveis em "generalidades": "Primeiramente, é muito claro para Stein que os caracteres que tornam individual uma realidade espiritual não podem ser extraídos dos princípios que a constituem em um gênero essencial, como tinha rigorosamente estabelecido Escoto."[167]

Isso nos leva a pensar que, se o princípio de individuação, como evidenciado também pela própria Rosa Errico[168], é incomunicável, ele o é não porque "identificamos a raiz do ser individual na estrutura formal, no fato de que o suporte no qual é encerrada a essência do indivíduo como forma vazia não é comunicável"[169], mas porque a identificamos precisamente *fora* de qualquer determinação, não apenas material, mas também formal (no sentido universalizável). Não é por acaso que a própria Edith Stein, em suas obras posteriores, seja levada a dizer que "a minha natureza (*Art*) e a dos outros não podem decompor-se em partes comuns e em partes distintas. Nesse sentido, devemos admitir que a diferença essencial do indivíduo não é compreensível"[170]. É isso que permite a Francesco Bottin dizer que Duns Escoto não foi seguido em suas reflexões (totalmente similares às de Edith Stein) pelos seus alunos, especialmente quando eles quiseram traduzir o termo *haecceitas* que, para Duns Escoto, era indefinível no mesmo sentido entendido pelos filósofos do século xx[171].

Da Percepção Sensível à
"Percepção Espiritual do *Fühlen*"

Procuraremos, agora, alcançar a determinação cognoscitiva da singularidade em sua primeira constituição; primeiramente,

---

167 F. Bottin, Tommaso D'Aquino, Duns Scoto e Edith Stein sulla individuazione, *Il Santo*, n. 49, p. 127.
168 Cf. R. Errico, Quantità e qualità, *Il percorso intelletuale di Edith Stein*, p. 205.
169 Ibidem.
170 E. Stein, *Endliches und ewiges Sein*, p. 420. A essa passagem se refere também F. Bottin, Tommaso D'Aquino, Duns Scoto e Edith Stein sulla individuazione, *Il Santo*, n. 49, p. 127.
171 Ibidem, p. 128. Para um aprofundamento desses aspectos, ver, supra, Considerações Conclusivas, p. 79.

devemos fazer a *epoché* da simples manifestação externa do *Einzelsein*, para, depois, realizar uma regressão até o ponto no qual não é possível mais nenhuma escavação, uma vez que o substrato alcançado, determinado pela singularidade, é o fundamento último a partir do qual se pode apenas "subir". Por outro lado, podemos responder à questão sobre a essência da singularidade independentemente de sua simples manifestação exterior, isto é, sem ter de estabelecer em qual medida a manifestação exterior, dada a nós empiricamente, pode determinar ou condicionar o *Einzelsein* na sua singularidade.

A "unidade" do *Einzelsein* é a síntese de uma dupla estratificação entre a determinação quantitativa (elemento material) e a qualitativa (âmbito espiritual). Em todo sistema cognoscitivo, a determinação quantitativa, pelo fato de constituir a primeira via de acesso ao conhecimento de "algo" que está "diante de" mim, poderia nos induzir a considerar esse primeiro experimentar suficiente para esclarecer a determinação última da singularidade. Uma tentação comum é a de colocar-se diante do ser humano para analisá-lo e extrapolar algumas de suas dimensões constitutivas, como se ele se restringisse a um "objeto meramente externo". Ao contrário, devemos fazer a distinção entre a aparente determinação quantitativa e o intrínseco princípio da forma como "'enteléquia' ativa a partir de dentro"[172]; daí também a necessidade de fazer a distinção entre a simples percepção sensível e a "percepção espiritual do *Fühlen*".

Segundo Edith Stein, com a "intuição" material – ato da razão por meio do qual se apreende "algo" dotado de conteúdo específico – "ainda não se alcança a *distinção última*"[173] do indivíduo. Aquilo que apreendemos com a percepção sensível ou material não corresponde à plenitude qualitativa do ser enquanto único preenchimento que persiste e é independente das contínuas mudanças no seu ininterrupto manifestar-se.

Ter o domínio de si mesmo, com plena consciência do próprio "que-coisa", como o que sou enquanto pessoa, como um si individual e simplesmente único, é um ato da percepção espiritual do *Fühlen*. Nas palavras de Edith Stein: "A 'tonalidade emotiva' é o estado de ânimo interior presente: neste momento

---

172 E. Stein, *Potenz und Akt*, p. 54.
173 Ibidem, p. 57 (grifo nosso).

eu estou assim – sobre o fundamento do que sou e do que me toca interiormente. O '*Fühlen*' é a consciência dessa tonalidade emotiva."[174] Somente o *Fühlen* como percepção espiritual *ad intra* permite penetrar ainda mais profundamente na interioridade do "si mesmo", apreendido em uma contínua série de atos perceptivos e determinado pelo fluxo da singularidade em seu ininterrupto autogerar-se. A singularidade, por sua natureza, não pode ser manipulada pelo exterior e isso não permite seu pleno domínio por parte de quem a investiga: com o *Fühlen* temos a possibilidade de "ter consciência" apenas do território no qual todas as dimensões qualitativas podem ser vividas. Isso garante a inviolabilidade e o livre processo do fluir da singularidade.

Com a percepção espiritual do *Fühlen*, o indivíduo, por um impulso interior, se abstém de todo condicionamento exterior do simples viver e se eleva no interior de sua singularidade, na qual se move livremente. Nesse caso, se se examina a singularidade junto à interioridade do ser do qual brota, ela se apresenta como elemento "próprio" e caracterizante do indivíduo em si, uma vez que provém do seu íntimo. Somente quando o *Einzelsein* mergulha nessa "nova região do ser", volta o seu olhar para a plenitude do "ser si mesmo" e, apreendendo sua singularidade, distingue seu modo de ser do de outros indivíduos. Assim, o indivíduo apreende, em um primeiro momento, apenas a sua qualidade individual, a essência fundamental do seu ser "consciente de si mesmo", e sente fluir no seu íntimo a amplitude de uma esfera interior. Trata-se aqui de algo essencialmente novo, porque estamos diante de um "experimentar originário" do ser humano[175], diferente do experimentar

---

174 Ibidem, p. 119.
175 Deve-se, contudo, considerar que a singularidade, mesmo na objetividade do experimentar originário, não pode ser definida (ou apreendida completamente) por nós, uma vez que ela escapa a toda definição. Para efeito de nossa investigação, resta de qualquer maneira o fato de que o indivíduo "mostra" uma característica individual determinada a partir do seu interior. Disso a pensadora falou nas suas apresentações no âmbito dos cursos para a formação das mulheres: "A filosofia pode mostrar que a *individualidade* também cabe à espécie ser humano, no sentido de 'peculiaridade própria': colher cada individualidade não é sua tarefa; essa é uma função específica da experiência que usamos cotidianamente na relação com os outros seres humanos." (Cf. E. Stein, *Die Frau*, p. 161).

comum por si, incapaz de apreender imediatamente no seu dar-se a particularidade qualitativa da singularidade.

O indivíduo, por meio de um olhar retrospectivo interior, percebe que o seu "ser si mesmo" provém, por assim dizer, de uma fonte última que se situa além do estrato secundário do seu ser. É nessa fonte que o *Einzelsein* vive ancorado em si mesmo, em completa "solitude", e parece perder progressivamente todo contato com tudo o que está fora dele. Como diz Edith Stein, podemos considerar que: "Quanto mais ele vive em profundidade, mais claramente se manifesta o seu núcleo e menos importante serão as mudanças exteriores."[176] Trata-se de uma "profundidade" na qual a singularidade do *Einzelsein* não está ligada a nenhuma característica acidental, mas ao núcleo essencial e irredutível que representa o fundamento de toda atualização.

O Sentir (*Fühlen*) "a Si Mesmo":
Acesso à Plenitude Qualitativa do Ser

Na última seção de *Potenz und Akt*, que se encerra com uma comparação que Edith Stein enceta com a obra *Metaphysische Gespräche* da bióloga e fenomenóloga Hedwig Conrad-Martius, a pensadora aprofunda tanto a questão da "forma vazia" quanto aquela da determinação qualitativa do *Einzelsein*, como aquilo que qualifica o ser humano enquanto tal. O pressuposto ontológico da comparação é a natureza da relação/ligação entre a *Geistseele* (alma espiritual) e o *Leib* (corpo próprio/vivenciado), a serem entendidos por analogia como a relação entre "forma" e "matéria". Neste ponto, mais do que definir a natureza dessa ligação, procuraremos colher mais esclarecimentos, nas investigações de Edith Stein, sobre o conceito de "forma vazia".

Edith Stein utiliza inicialmente o termo *haecceitas* para designar a individualidade dos seres espirituais (anjos, homens), uma vez que essa *haecceitas* se funda na *quidditas*. Consequentemente, define como princípio de individuação do ser humano "a alma" (*Seele*) como *species* individual[177]. Depois

---

176 E. Stein, *Potenz und Akt*, p. 141.
177 E. Stein, *Potenz und Akt*, p. 156: "'Uma alma' designa um indivíduo. 'O ser humano tem uma alma' significa: habita nele algo de individual que chamamos 'alma.'"

de ter considerado diversas soluções possíveis, incluindo a questão da *materia signata quantitate*, a pensadora assume a "alma" como princípio de individuação do *Einzelsein*, como enteléquia que guia o desenvolvimento do ser humano a partir do seu interior, dado que a forma individual deve ser procurada na interioridade, na enteléquia: "Ser movido e ser formado a partir de dentro em direção ao exterior é algo peculiar do ser vivente; o seu modo de ser: isso é *vida*, e a intrínseca forma *vivente* que dá vida é a alma."[178]

Edith Stein separa nitidamente a forma no seu devir como forma substancial (*Wesensform*), responsável pelo desenvolvimento do indivíduo, da forma como estrutura entelequial (*Wesen* ou *Was*), na qual a singularidade ou a potencialidade do "traço" individual existe antes de cada escolha consciente ou experiência de "si mesmo". Consideramos com isso que Edith Stein quer fundar uma correta visão da singularidade para refutar uma provável leitura reducionista do ser humano, na qual o desenvolvimento ou a simples experiência sejam considerados como chaves interpretativas para alcançar a singularidade como nota individual.

O *Einzelsein*, portador de uma singularidade fundada no construto interno do seu ser, na plena consciência do seu "si mesmo" enquanto tal, compreende como a própria nota individual é também atribuída a outro eu, quer dizer, a um "tu". Ter consciência da unidade indivisível do próprio ser consiste em sentir a vida sensível e a vida espiritual que brota da profundidade, tanto de si mesmo quanto de outrem. Em meio ao contínuo fluir, mediante uma percepção retrospectiva, dá-se sempre o retorno à fonte da própria singularidade, fazendo com que o ser humano tome consciência livremente de que a própria diversidade é o elemento inconfundível mais próximo do seu ser pessoal. Na realidade, aqui já entramos no coração da hermenêutica steiniana sobre o fundamento ontometafísico do *Einzelsein*, como substrato metafísico da "forma vazia":

forma vazia é a forma específica do ser humano, o que o qualifica como *ser humano* [...] "o" organismo na sua totalidade e a sua vida atual têm uma marca qualitativa individual. Não é admissível derivar essa marca

[178] Ibidem, p. 164-165.

da matéria. [...] A marca individual da pessoa [...] se expande com a *intensidade* do seu próprio ser[179].

A plenitude qualitativa do ser preenche a "forma vazia" de um *quale* que "é *'percebido'* (!) [*gespürt*][180] por todo indivíduo somente pelo modo no qual ele *'sente* a si mesmo' [*sich selbst fühlt*] [...] *como ele próprio do modo como ele mesmo é*"[181].

"QUALIDADE POSITIVA DO ENTE" E "FORMA VAZIA": A ORIGINALIDADE DO "FÜHLEN"

Em *Endliches und ewiges Sein*, Edith Stein sintetiza os resultados alcançados em seus trabalhos anteriores ampliando a investigação da singularidade por meio do estudo do "preenchimento qualitativo" do ser em relação à "qualidade positiva" da individuação de origem escotista.

Algumas Observações Preliminares

A obra filosófica mais importante de Edith Stein, *Endliches und ewiges Sein*, alia a tradição medieval à fenomenológica. A forte influência da especulação de Duns Escoto nessa obra, porém, é um dos aspectos sistematicamente menos estudados – se comparado, por exemplo, à recepção de Tomás de Aquino –, não obstante alguns estudos tenham sugerido a afinidade entre os dois sistemas de pensamento[182]. Um exemplo disso é o parecer

---

179 Ibidem, p. 256 e 260.
180 Seria preferível traduzir o termo *gespürt*, que em alemão significa "experimentar", "sentir", "perceber" por "ser tocado (interiormente)", já que uma solução assim parece mais condizente ao espírito da passagem. Nesse caso, mesmo tratando-se de uma experiência interior, distinguiremos o "ser tocado interiormente" da percepção interior do "sentir" (*Fühlen*).
181 E. Stein, *Potenz und Akt*, p. 261 (grifo nosso).
182 Vejam-se os estudos, em ordem cronológica, de: A. Höfliger, *Das Universalienproblem in Edith Steins Werk "Endliches und ewiges Sein"*, p. 66-83 e 100-107; P. Schulz, *Edith Steins Theorie der Person*, p. 228-245; H. Hecker, *Phänomenologie des Christlichen bei Edith Stein*, p. 96-100; P. Volek, *Erkenntnistheorie bei Edith Stein*, p. 203-209; W. Redmond, *La rebelión de Edith Stein*, p. 96-97.

de Sarah Borden quando escreve que "na obra *Endliches und ewiges Sein* inteira, Stein engloba muitos conceitos tomistas, mas às vezes, distancia-se também de Tomás para desenvolver um modelo de pessoa e de ser mais próximo a Escoto"[183].

No prefácio, Edith Stein registra: "diante de alguns resultados deste livro, poder-se-á perguntar por que a autora se vinculou 'ao pensamento' de Platão, Agostinho e Duns Escoto, no lugar de Aristóteles e Tomás"[184]. A partir disso, o leitor dispõe de uma chave hermenêutica para compreender a parte final da obra, sobre o "significado e o fundamento do ser individual"[185], na qual Edith Stein retoma a questão já tratada, mas não ainda esclarecida do *Einzelsein* – e, portanto, a questão da individualidade do ente (*Wesen*) como substrato. Uma vez esclarecida essa questão, para Edith Stein, a determinação da pessoa se encaminha para a sua fase conclusiva.

Para examinar essa questão, Edith Stein parte do termo latino *individuum* que ela traduz como "coisa individual" (*Einzelding*) e que corresponde ao termo aristotélico "isto aqui" (*Diesda*): a "coisa" que não pode ser nominada porque foge a toda definição. A dificuldade de determinar o "isto aqui" consiste, justamente, em separar as propriedades transmissíveis, as determinações genéricas, do seu substrato, que representa de modo inconfundível o seu ser "isto aqui" e nenhum outro, dado que por sua natureza não pode ser comunicável. O ser "isto aqui" exclui tanto o ser diferente (um outro indivíduo), quanto o ser em muitos (*In-mehreren-sein*).

O problema do substrato do ser pode ser examinado a partir da "unidade" do indivíduo que lhe pertence no momento em que ele nos aparece como "totalidade acabada em si".

O indivíduo, como "coisa única", indica o seu ser indivisível (*ungeteilt*), isto é, único dado que possui em si uma "unidade" que deriva do seu ser sujeito individual. Por essa razão, já nas primeiras análises do capítulo oitavo, Edith Stein esclarece que a unidade à qual se refere não é a "unidade quantitativa" ou

---

183 "Throughout *Finite and Eternal Being*, Stein apropriates many Thomistic concepts, yet also departs from Thomas, developing a more Scotist model of persons and being." (S. Borden, *Edith Stein*, p. 104.)
184 E. Stein, *Endliches und ewiges Sein*, p. 6.
185 Ibidem, p. 395-441.

numérica porque, mesmo que o *Einzelsein* esteja na base da determinação quantitativa, não podemos afirmar que o seu ser único derive dela[186]. Segundo a pensadora, a unidade numérica não é o fundamento da individuação, uma vez que as características dimensionais podem mudar, enquanto a natureza do *Einzelsein* permanece a mesma. Além disso, as determinações acidentais do ser não existem por si e, portanto, não dizem ou acrescentam nada à sua determinação última. Neste ponto, destacamos que Edith Stein, já na discussão sobre os "transcendentais", não aceita a definição de *unum* dada por Tomás de Aquino e o define não de modo puramente negativo, como algo indistinto em si e distinto de outra coisa qualquer, mas identifica na indistinção apenas uma interpretação do aspecto positivo da "unidade", como última coisa irredutível que conserva a plenitude do ser[187]. De todo modo, a unidade transcedental, assim como a unidade numérica, também não é suficiente para constituir o fundamento da indistinção do indivíduo. Mencionei a disputa sobre os "transcedentais", pois isso levará Edith Stein a uma solução diferente da proposta por Tomás de Aquino.

A dificuldade consiste no conhecimento direto da natureza individual. A filósofa critica as reflexões de um dos manuais mais lidos de filosofia neotomista, os *Elementa philosophiae aristotelico-thomisticae* de Joseph Gredt[188], e não parece aceitar a posição do autor uma vez que atribui a compreensão do ser único às suas características perceptíveis: "Nós distinguimos [...] as coisas individuais corpóreas por meio de características acidentais, que caem sob a captação dos sentidos, em particular por meio da forma, da posição no espaço e no tempo."[189]

Edith Stein se pergunta se é possível que a individualidade se refira diretamente ao conteúdo sensível do *Einzelsein*. A diversidade de conteúdo não entra na distinção formal do ente, mas na material, motivo a mais para considerar que ela não remeta de maneira originária às influências externas[190].

---

186 Ibidem, p. 396-397.
187 Ibidem, p. 250.
188 Cf. J. Gredt, *Die aristotelisch-thomistische Philosophie*. Na sua discussão, Edith Stein se refere à edição alemã dos *Elementa philosophiae aristotelico-thomisticae* de Joseph Gredt, originariamente redigidos em língua latina (1926).
189 E. Stein, *Endliches und ewiges Sein*, p. 397, nota 9.
190 Ibidem, p. 416.

A questão é decisiva para a pensadora, porque se trata de colocar ou não em acordo a determinação de conteúdo (ou material) por si perceptível, com o princípio que identifica "isto aqui" como isto e nenhum outro. Naturalmente, por detrás dessa questão se esconde a crítica de Edith Stein à teoria de Joseph Gredt, que quer que a *matéria* seja não apenas o critério para distinguir um *Einzelsein* do outro, mas simultaneamente o princípio do ser do seu substrato. É claro tanto para Joseph Gredt quanto para Edith Stein, que não se trata da simples *matéria-prima* pelo fato de que, sendo a "matéria originária" totalmente privada de toda determinação (informe), ela não pode ser o fundamento de determinação do *Einzelding*, ou seja, não pode atuar de modo algum como princípio de individuação.

Ambos se referem à *matéria-prima* já predisposta à enformação por meio das determinações espaçotemporais. A matéria que foi acolhida pela forma e predisposta ou orientada para a expansão é a *materia signata quantitate*.

Para Edith Stein, a *materia signata quantitate* da tradição tomista não pode ser o fundamento da coisa individual porque – mesmo sendo a "forma" o elemento ativo, enquanto a "matéria" é o elemento passivo e, embora o elemento ativo, do ponto de vista do ser, seja superior ao elemento passivo – permanece-se ainda na relação genérica entre forma e matéria não dizendo, assim, nada sobre seu ser essencialmente, um "isto aqui". A pensadora insiste sobre o fato de que, se a "forma" do indivíduo é ainda parte da estrutura comum do ser humano (espécie), existem, todavia, também diferentes formas individuais[191]. Mesmo tendo em comum as mesmas qualidades, cada um as tem de modo completamente individual e "a gentileza ou a bondade de Sócrates são diferentes daquelas de qualquer outro homem"[192].

---

191 Ibidem, p. 402: "É importante o que se entende por *essência individual*: a parte 'que determina a espécie' da coisa individual, por ex. a humanidade deste homem. Consequentemente, toda coisa individual tem a *sua* essência, mas a *mesma* da dos outros indivíduos da sua espécie. *É evidente que não podemos aceitar essa concepção: nós consideramos a essência de Sócrates no seu ser Sócrates* (em que está incluído também o ser homem) *e a consideramos diferente da essência de qualquer outro homem por uma propriedade característica não apenas numericamente*" (grifos nossos a partir de "É evidente...").
192 Ibidem, p. 142.

O *Einzelsein* é portador da especificidade da espécie! Por conseguinte, Edith Stein não aceita a fundação da multiplicidade material (*inhaltliche Mannigfaltigkeit*) de uma espécie por meio da matéria formulada por Tomás de Aquino (*Individuum est de ratione* materiae)[193].

A partir dessas proposições, conclui-se que a individualidade não depende nem da forma, nem da matéria, dado que esses são ainda dois aspectos gerais (e nem mesmo de "uma certa quantidade de matéria", uma vez que a quantidade é um acidente da substância) e tampouco da sua "existência", pois esta última deve pressupor que o *Einzelsein*[194] subsista.

O "isto aqui", a percepção mais íntima da singularidade como ser "assim (*so*)", é para Edith Stein algo de único, e por isso constitui o princípio de individuação do homem que, para ser tal, deve fundar-se na constituição formal do último substrato do ser. De qualquer modo, mesmo que a percepção da singularidade resulte inexplicável, seria ilógico renunciar a ela precisamente com base no "princípio de todos os princípios" de Husserl, segundo o qual "toda intuição, originariamente oferente, é fonte legítima de conhecimento"[195].

Não podendo remontar a íntima diferença individual à forma ou à diferença quantitativa, resta percorrer o caminho da "forma vazia" como última realidade do ente.

A Solução Proposta Por Edith Stein Encontra Correspondência em Duns Escoto

Na análise crítica do princípio de individuação, Edith Stein refuta a *materia signata quantitate* como seu fundamento, pois este não deve ser algo que constitui o indivíduo de maneira quantitativa e puramente numérica. A constituição fundamental do ente consiste em matéria e forma e, se a matéria não pode ser levada em consideração, resta o conceito de "forma". O *Einzelsein* faz parte da "forma vazia" porque não se distingue

---

193 Ibidem, p. 416-417.
194 Ibidem, p. 409-413.
195 E. Husserl, *Ideen zu einer reinen Phänomenologie und phänomenologischen Philosophie*, p. 51.

em nada de conteúdo do ser de outra coisa. A "forma vazia" – como linha de demarcação objetiva que separa exteriormente o ser finito de todo o resto, de tudo o que ele não é, e interiormente delimita o substrato ou profundidade do ser – constitui o "fundo" da singularidade. Nesse ponto, Edith Stein se refere explicitamente a Duns Escoto[196]: "Se entendo bem, Duns Escoto também faz assim: ele considera como *principium individuationis* uma *qualidade positiva* do ente, que separa a forma essencial individual da universal."[197]

O princípio de individuação não é para ser considerado como algo que se acrescenta ao indivíduo do exterior, mas uma "qualidade positiva" do ente (*etwas positiv Seiendes*) que já está contida no seu interior como perfeição do seu ser. A "qualidade positiva" consiste na natureza individual (o ser "isto"), que não é considerada uma segunda natureza ao lado da natureza comum (espécie), mas a natureza comum na natureza individual[198]: não é acrescido nada ao homem por meio do ser Sócrates, mas é no ser Sócrates que está contido o ser homem.

A originalidade de Edith Stein com a utilização do termo "forma vazia" está na estrutura formal do termo "vazia"; o fundo que intrinsecamente lhe pertence.

Isso evita de uma vez por todas o equívoco inerente ao termo *principium individuationis*, que sempre foi pensado como um princípio que é acrescido ao ser do exterior. A nova terminologia, idealizada por Edith Stein, dissipa definitivamente qualquer dúvida; um problema não insignificante se

---

[196] Cf. supra, p. 68, nota 73. *Ordinatio* II, d. 3, p. 1, q. 5-6, n. 169 (ed. Vat. VII, 474-475): "Sicut unitas in communi per se consequitur entitatem in communi, ita quaecumque unitas per se consequitur aliquam entitatem; ergo unitas simpliciter (qualis est 'unitas individui' frequenter prius descripta, scilicet cui repugnat divisio in plures partes subiectivas et cui repugnat 'non esse hoc, signatum'), si est in entibus (sicut omnis opinio suponit), consequitur per se aliquam per se entitatem; non autem consequitur per se entitatem naturae, quia illius est aliqua unitas propria et per se, realis, sicut probatum est in solutione primae quaestionis; igitur consequitur aliquam entitatem aliam, determinantem istam, et illa faciet unum per se cum entitate naturae, quia 'totum' cuius est haec unitas, perfectum est de se."

[197] E. Stein, *Endliches und ewiges Sein*, p. 408-409 (grifo nosso). A pensadora utiliza o estudo de R. Meßner, Das Individuationsprinzip in skotistischer Schau *wiwei*, n. 1, p. 8-27.

[198] E. Stein, *Endliches und ewiges Sein*, p. 402.

comparado à longa discussão de Duns Escoto na *Ordinatio* (q. 2) sobre o "princípio intrínseco"[199].

Enfim, mesmo que Edith Stein não cite aqui explicitamente a "qualidade positiva do ente" com o termo escotista *ultima realitas entis*, é preciso lembrar que, em *Potenz und Akt*, ela utiliza o termo *haecceitas* para designar a individualidade do *Einzelsein*.

A natureza individual remonta à *entitas positiva* de Duns Escoto na qual a singularidade, como já mostramos, não é um produto nem da matéria, nem da forma ou do *sínolon* matéria-forma, mas algo que, como realidade, se distingue formalmente da natureza comum e tem a função de contraí-la, tornando-a assim individualmente existente.

Questões Abertas

Desde Platão, a questão da individualidade – o que é o ser e o conhecimento dele como "ser assim" – foi um problema cujo debate se arrastou ao longo dos séculos e suscitou o interesse de muitos filósofos, todos com intenção de dirimir uma questão aparentemente insolúvel. Com base numa longa tradição, no século XX, Edith Stein retomou a questão do *principium individuationis* e, conhecendo tanto a posição tomista da *materia signata quantitate*, quanto a proposta de Duns Escoto da *ultima realitas entis*, elaborou uma teoria completamente "original", aproximando a tradição escolástica à filosofia fenomenológica. Nunca acolheu acrítica e ingenuamente os termos herdados da tradição, procurando esclarecer seu significado e "iluminá-los", desse modo, por meio de uma terminologia própria.

Enquanto a estrutura metafísica se aproxima da doutrina escotista do ser, a sua chave interpretativa permanece na noção husserliana de "constituição": quando a consciência é direcionada para algo, ela intenciona (*intende*) aquilo para o qual se

---

[199] Cf. *Ordinatio* II, d. 3, p. 1, q. 2, n. 57 (ed. Vat. VII, 416-417): "Quod necesse est per aliquid *positivum intrinsecum* huic lapidi, tamquam per rationem propriam, *repugnare sibi dividi in partes subiectivas*; et illud positivum erit illud quod dicetur esse per se causa individuationis, quia per individuationem intelligo illam *indivisibilitatem sive repugnantiam ad divisibilitatem*."

dirige como um tipo qualquer de coisa e, no caso da singularidade, ela é percebida como "um tipo *particular* de coisa" que surge nos seus traços singulares. Muito provavelmente, a compreensão correta da estrutura essencial do nosso ser assume, para Edith Stein, um valor prioritário no que diz respeito ao conhecimento do real alcançado por meio da percepção sensível.

Referindo-se à tradição medieval, Edith Stein aceita o desafio de fundar, com base numa sólida estrutura metafísica, uma nova ontologia da pessoa que permite apreender o "pleno" significado do seu ser e, por meio dela, encontrar o "caminho" que leva ao fundamento do Ser eterno.

A natureza intangível da singularidade é única e preciosa à Sua presença e "não convém conceber a sua essência como uma *specie*, que poderia *ser determinada* (*vereinzelt*) numa pluralidade de produtos iguais"[200], com o objetivo de colocar em cada um a "Sua" morada. Quando acreditamos conhecer o ser humano, encontramo-nos diante de algo que nunca poderia ser expresso em termos de propriedades genéricas, nem classificado dentro de um "tipo" justamente em virtude da sua singularidade que o torna um ser absolutamente "único".

---

200 E. Stein, *Endliches und ewiges Sein*, p. 425.

Conclusão

No primeiro capítulo, foi apresentado um quadro essencial do emprego das doutrinas escotistas por parte dos pensadores do Círculo de Gotinga. É preciso dizer de imediato, porém, que esse emprego aparece dirigido a fontes pseudo-escotistas como em Heidegger (que na verdade utiliza um texto de Tomás de Erfurt), em Husserl (do qual existe exclusivamente um *excerptum*), e também em Edith Stein[1] e em Hedwig Conrad-Martius – as duas pensadoras encontraram motivo para entrar no universo conceitual escotista, que na realidade é o de Vitalis de Furno, durante o trabalho de tradução para o alemão, em 1921, do *Essai sur l'idée de Dieu et les preuves de son existence chez Descartes*, de Alexandre Koyré[2]. Foi possível obter esses resultados por meio da consulta sistemática ao epistolário steiniano, especialmente às cartas endereçadas à própria Conrad-Martius, das quais conclui-se claramente que o interesse – e daqui as

---

1 Mesmo utilizando as *Quaestiones* de Vitalis de Furno, Edith Stein não será influenciada em relação ao problema crucial do *principium individuationis*; mesmo empregando uma literatura secundária sobre Duns Escoto, ela penetra no cerne da solução escotista e consequentemente relê de modo completamente original a disputa medieval em termos fenomenológicos.
2 Cf. E. Stein; H. Conrad-Martius, *Übersetzung von Alexandre Koyré*.

convergências – pelas temáticas escotistas se concretizaram em Edith Stein anos antes da sua aproximação, igualmente importante, à filosofia de Tomás de Aquino.

Foi preciso também examinar o capítulo sétimo de *Endliches und ewiges Sein*, especialmente a parte na qual Edith Stein afirma que as *Quaestiones disputatae de rerum principio* devem ser tomadas como escritos autênticos, considerados seguros por Ephrem Longpré[3]. Por meio da consulta direta ao texto utilizado por Edith Stein, averiguou-se que Longpré, na realidade, não se refere às *Quaestiones*, mas ao *De primo omnium rerum principio*, que é um escrito completamente diferente, colocado por Garcia na sua edição crítica imediatamente após as *Quaestiones* – o que, natural e desafortunadamente, levou Edith Stein a um equívoco. Isso é compensado pelo trabalho crítico de Marianus Müller que, em 1941, preparando a edição crítica do *Tractatus*, levará em conta o trabalho de Longpré, declarando a obra como autêntica.

Por meio da consulta às 26 *Quaestiones*, todas incluídas no cód. IS de Santo Isidoro, foi possível estabelecer que as dezesseis primeiras estão inseridas no cód. T, enquanto as posteriores (q. XVI-XXVI) estão presentes no cód. V (para mais detalhes, consultar a tabela resumo especialmente elaborada[4]). O estudo minucioso dos três códices destacou as relações internas entre eles, permitindo estabelecer que o autor das 26 *Quaestiones* é indiscutivelmente o franciscano Vitalis de Furno, que se tornou, portanto, a fonte inconsciente das doutrinas pseudo-escotistas de Edith Stein, de Conrad-Martius e também de Alexandre Koyré. Nesse sentido, para dar a possibilidade de um aprofundamento crítico das obras de Edith Stein, reconstruiu-se na sua totalidade a obra principal e a bibliografia secundária de Vitalis de Furno, que resultou num trabalho minucioso para a determinação das obras do frade franciscano, em especial as *Quaestiones*.

Uma vez ajustadas as fontes steinianas – tanto as implícitas (escotistas), quanto as explícitas (pseudo-escotistas e escotistas) –, o segundo capítulo se concentrou na doutrina escotista do princípio de individuação. Foi necessário, primeiramente,

3 Cf. supra, tabela na p. 11 e, para a reprodução do manuscrito de *Endliches und ewiges Sein*, p. 12 e 13.
4 Cf. supra, p. 20 e 21.

CONCLUSÃO

reconstruir o contexto histórico medieval que induziu muitos filósofos, dentre os quais Duns Escoto, a se ocupar da disputa sobre a individuação. O estudo do grande filósofo escocês revelou enormes dificuldades, não tanto para o posicionamento da doutrina sobre a individuação (que se encontra predominantemente na obra *Ordinatio*), quanto para a enorme estratificação terminológica, sintoma de uma sinonímia não permanente do ponto de vista do eixo diacrônico em relação aos termos-chave; mesmo os próprios discípulos de Duns Escoto, diante de uma terminologia nada fixa, sentiram a necessidade de impedir desvios de interpretação cunhando termos como *haecceitas* que, diga-se de passagem, surtiram também o efeito não desejado de determinar mais estratificações terminológico-interpretativas.

Do ponto de vista das edições críticas das obras de Duns Escoto, existem atualmente duas escolas de pensamento: a Commissione Scotista di Roma e o Franciscan Institute de St. Bonaventure University. Na primeira, estão as duas obras em questão, a *Ordinatio* e as *Quaestiones super libros metaphysicorum* (q. XIII), que representam duas fases da produção escotista, sendo a da *Ordinatio* certamente a mais madura; na segunda, Duns Escoto maduro seria representado pela *Quaestio XIII*. A análise teve início pela *Ordinatio*, examinando particularmente as *Quaestiones I-VI* dado que, nelas, Duns Escoto trata da temática da individuação partindo da refutação de teses adversárias.

Duns Escoto destaca que o princípio de individuação deve ser intrínseco, positivo, único e não pode, portanto, estar ligado a propriedades acidentais que caracterizam todo ente, como a quantidade e a matéria: a individuação não é dedutível nem da matéria, nem da forma, nem do composto de matéria e forma, tendo a sua origem na *ultima realitas entis*.

Posto isso, entrou-se na *Quaestio XIII* que, mesmo tendo semelhanças com a *Ordinatio*, emprega uma terminologia completamente diferente no que concerne à problemática da individuação, dando-nos ao mesmo tempo uma solução ao problema que parece uma regressão conceitual em relação à originalidade absoluta da *Ordinatio*, recorrendo ao conceito de *forma individualis*. Esse termo não está presente na *Ordinatio*, na qual aparece o conceito de *ultima realitas formae*. Essa interpretação é confirmada também pela posição de outros autores – por exemplo, Katsumi Shibuya[5] – que defendem que Duns Escoto, com o conceito de *ultima realitas entis*, como princípio positivo, coloca-se em uma posição teórica que vai bem além do conceito de *forma individualis*, na qual ainda podem ser ouvidos os ecos do pensamento aristotélico.

Evidenciou-se, assim, que Duns Escoto modificou gradualmente a sua concepção sobre a individuação, partindo sim do conceito de *forma individualis*, mas evolvendo a sua meditação em direção ao conceito, completamente novo, de *ultima realitas entis*.

Validada a posição de Duns Escoto sobre a individuação, no terceiro capítulo, pôde-se dar o passo seguinte aos trabalhos steinianos[6] acerca da problemática do elemento constitutivo do ser humano e da sua singularidade. Partiu-se da tese sobre a empatia (*Einfühlung*) apresentada por Edith Stein no seu primeiro escrito[7], já que é justamente sobre esse terreno que ela coloca a questão quanto ao que se entende por individualidade quando afirma que "este eu é ele mesmo e não um outro"; daqui, fez-se necessário um trabalho de reconstrução para identificar as fontes de unicidade do eu, consideradas válidas para Edith Stein. A temática da empatia ligou-se espontaneamente a um resultado: com base no pensamento de Duns Escoto, Edith Stein considera a singularidade, ou o que distingue a personalidade enquanto tal, não completamente cognoscível. Não existe, para a fenomenóloga, em sentido cognoscitivo, nenhuma forma de conhecimento e explicação total da singularidade da pessoa: pode-se ter dela apenas uma acessibilidade intuitiva por meio daquele tipo particular de percepção: a percepção espiritual do *Fühlen*. A pessoa, desse modo, pode ser "sentida" espiritualmente em sua singularidade, em

---

5   Cf. supra, p. 79, nota 99.
6   Tendo examinado as problemáticas em outros lugares, fez-se referência também às teorias paralelas da Hedwig Conrad-Martius sobre a individuação. Para um desenvolvimento desse ponto, consultar também meu artigo Il principio di individuazione nelle analisi fenomenologiche di Edith Stein e Hedwig Conrad-Martius, em A. Ales Bello; F. Alfieri; M. Shahid (orgs.), *Edith Stein, Hedwig Conrad-Martius: Fenomenologia, metafísica, scienze*, p. 143-197.
7   Trata-se de *Zum Problem der Einfühlung*, a dissertação de doutorado (1917), repetidamente reformulada depois.

sua marca típica, mas não pode ser explicada por nenhuma forma de conhecimento discursivo.

A partir da obra *Beiträge zur philosophischen Begründung der Psychologie und der Geisteswissenschaften*, a individuação tem, para Edith Stein, a marca qualitativa absolutamente única que "tinge", primeiramente, o seu "núcleo" pessoal; na última parte dessa obra, depois de ter colocado em evidência o "lugar" essencial da pessoa no "núcleo", é possível encontrar um paralelismo entre o conceito de *ultima solitudo* de Duns Escoto e a "insuprimível solitude" da qual fala Edith Stein. Dissipando qualquer dúvida sobre a não determinabilidade do núcleo por elementos quantitativos e numéricos – elementos secundários em sua determinação –, ela percebe que a individuação se situa para além de toda determinação psíquica possível, além da material, dado que os traços insuprimíveis desse núcleo – a imutabilidade, a consistência e a propriedade permanente – impõem ao desenvolvimento da pessoa seu movimento sempre contínuo e não vice-versa: não é o desenvolvimento da pessoa a forjar o núcleo, mas, ao contrário, é ele que determina toda sua evolução psíquica e/ou material. Tentou-se justificar neste trabalho que nenhuma determinação quantitativa pode afetar nenhum elemento qualitativo que caracteriza o núcleo da pessoa, elemento que Edith Stein assenta para além de qualquer espaçotemporalidade, dado que esta se refere a condições formais ou materiais de determinações, que se situam aquém da *ultima solitudo* pessoal.

Essa *ultima solitudo* é determinada por Edith Stein, em sentido negativo, como um estar em si, um estar em contato com a *profundidade* do próprio eu e, como para Duns Escoto, representa um limite ontológico também para ela. *Ultima solitudo* e profundidade tornam possível a transcendência do eu em direção aos outros, vale dizer, em direção às formas de vida comunitária: somente vivendo nessa inefável profundidade, conexão de cada ato pessoal, a pessoa pode, então, encontrar-se no mundo, na *Gemeinschaft*. Vale a pena deter-se um momento sobre o estatuto ontológico que Edith Stein parece conferir à *ultima solitudo* que caracteriza o ser da pessoa humana: embora caracterize o ser humano enquanto tal, ainda que se refira a cada pessoa enquanto tal, essa *ultima solitudo* não é entendida como um caráter ou traço específico universal ou universalizável. A sua modalidade de aderência à pessoa humana, de fato inextricável, é ditada por sua coloração – e por seu ser – percebida por uma particular *Stimmung* que somente pode ser individual. É precisamente a presença dessa tonalidade emotiva, capaz de infundir a todo ser humano a possibilidade de sentir a própria profundidade como única, que torna impossível qualquer discurso sobre uma universalização da *ultima solitudo*.

Nesse ponto, as instâncias metafísicas que Edith Stein tinha extraído da filosofia medieval se entrelaçam com as análises e os respectivos resultados obtidos com bases descritivo-fenomenológicas: em *Der Aufbau der menschlichen Person*, ela afirma que uma filosofia é radical na medida em que avança até as últimas estruturas fundamentais do ser humano. Desconsiderando o princípio extrínseco para a determinação da pessoa, a pensadora enceta a investigação do princípio intrínseco, identificado, sem dúvida, na união da *forma vazia* com o seu preenchimento qualitativo, porque apenas a partir disso o indivíduo adquire uma unidade de sentido em sua plenitude.

À luz desses resultados, passou-se ao tratamento dado ao problema da individuação em *Potenz und Akt*. Foi possível constatar que Edith Stein, seguindo Edmund Husserl ao longo da determinação dos limites gerais da ontologia formal e material, pôde inserir essas teorias no interior das categorias medievais, de caráter tomista – e, mais remotamente, aristotélico – para reforçar um conceito de individuação que, na sua unicidade, se radica no já estabelecido conceito de núcleo (*Kern*) pessoal. O resultado fundamental, importante de evidenciar, é que Edith Stein, nessa obra, não aceita nenhuma determinação do princípio de individuação que possa, sob a concepção tomista, ser atribuído a condições quantitativas da matéria, isto é, à *materia signata quantitate*. Por outro lado, os pontos de ruptura com Tomás de Aquino são colocados adequadamente em evidência e ratificados pela balizada leitura de Francesco Bottin[8]. Um caminho de interpretação alternativo ao traçado neste trabalho – para o qual o princípio de individuação em Edith Stein segue um percurso tomista,

---

8 Cf. supra, p. 128s.

manifestando-se por meio dos componentes formais do indivíduo – foi percorrido por uma investigação de Rosa Errico[9], na qual, todavia, permanece uma dificuldade não resolvida: para Edith Stein, desde os anos do seu contato indireto com a *Ordinatio* de Duns Escoto, o princípio de individuação é colocado para além de toda condição, não apenas material, mas também formal, entendida no sentido da universalização. Recentemente, Alejandro Bertolini, em *Empatía y Trinidad en Edith Stein*, retomou os nós teóricos sobre o *principium individuationis*, examinados aqui em alguns escritos steninianos, corroborando as nossas posições acerca da estreita relação entre o pensamento de Edith Stein e a doutrina escotista[10].

A questão se esclarece ainda mais quando se consulta o capítulo oitavo de *Endliches und ewiges Sein*, no qual a pensadora afirma que a *materia signata quantitate* da tradição tomista não pode ser o fundamento da individualidade, porque com ela se permanece enredado à relação genérica de matéria e forma que, completamente geral, nada nos diz sobre a coisa ou a pessoa individual. Edith Stein sustenta que "o princípio de individuação é uma qualidade positiva do ente", na medida em que se funda não sobre uma simples *Leerform*, mas sobre uma qualidade positiva que assume visibilidade na *concreção*; em *Potenz und Akt*, isso é explicitado como um modo particular de encontrar individualização, próprio do ser humano, pois para ele não seria suficiente uma individualização no sentido da especificação

---

9 Cf. supra, p. 136s.
10 Cf. A. Bertolini, *Empatía y Trinidad en Edith Stein*: par. 2.3, *Individuación y forma vacía* (p. 214-215); par. 2.3.1, *Una mirada a las fuentes: la doctrina de Scoto* (p. 215-217); par. 2.3.1.1, *Debates de la época* (p. 217-218); par. 2.3.1.2, *La "ultima realitas entis": plenitud de la perfección ontológica* (p. 218-220); par. 2.3.1.3, *La doctrina de la Continentia unitiva* (p. 220-221); par. 2.3.2, *De la continencia unitiva a la forma vacía: la relectura steiniana* (p. 221-222); par. 2.3.2.1, *¿Qué es la forma vacía? Una primera noción* (p. 222-224); par. 2.3.2.2, *Las determinaciones cualitativas del Kern y sus requisitos* (p. 224-226); par. 2.3.2.3, *El Fühlen, o la percepción espiritual de lo peculiar* (p. 226-229); par. 2.3.2.4, *La captación de la última forma del ser* (p. 230-241). No seu trabalho, Bertolini utiliza principalmente F. Alfieri, Il "Principium individuationis" e il "fondamento ultimo" dell'essere individuale, em M. Shahid, F. Alfieri (orgs.), *Il percorso intellettuale di Edith Stein*, p. 209-259; e idem, Il principio di individuazione nelle analisi fenomenologiche di Edith Stein e Hedwig Conrad-Martius, em A. Ales Bello; F. Alfieri; M. Shahid (orgs.), *Edith Stein, Hedwig Conrad-Martius*, p. 143-197.

das categorias fundamentais do ser. O autêntico *tóde ti* na personalidade é alcançado, segundo Edith Stein, não percorrendo de modo descendente as categorias formais do ente, o *objeto*, o *que-coisa*, o *ser*, o *como* – categorias não independentes da ontologia formal reinterpretada com chave aristotélico-tomista –, mas inserindo-o ou fazendo-o descer diretamente à *concreção* na independência. Nesse sentido, o *principium individuationis* não pode derivar de um simples entrelaçamento entre as várias especificações de gênero e espécie; ele somente pode ser encontrado na obra, na realidade humana, quando apreendido sob a perspectiva da *plenitude qualitativa*; isso não deixa de ser paradoxal, uma vez que ele se refere a estratos ontológicos como os da profundidade e da *ultima solitudo*.

A leitura da obra de Edith Stein aqui proposta coloca-se também no interior das problemáticas atuais que tentam fazer uma naturalização da personalidade, mostrando, com bases fenomenológicas, que os conceitos de *ultima solitudo* e de "núcleo pessoal" imutável e intangível, como garantias de extrema idiossincrasia da individualidade pessoal para além de qualquer elemento material (matematizável) e formal, não oferecem nenhuma possibilidade de submeter o aspecto essencial de cada pessoa a uma categoria mundana qualquer, seja ela qualitativa (sociológica) ou quantitativa (neurocientífica). Do nosso ponto de vista, o debate atual sobre a possibilidade e os meios de uma "naturalização" da fenomenologia encontra, nos territórios explorados por Edith Stein, motivo para um forte questionamento, quando os defensores da naturalização da fenomenologia – por antonomásia, ciência da complexidade qualitativa do ente – intencionam avançar também nos territórios específicos da personalidade. Como escreve Roberta De Monticelli, a partir da "circunstância que o mundo atual é feito de um certo modo"[11] e assumindo a hipótese do naturalismo como condição contingente que faz surgir a personalidade humana de fatores biopsicofisiológicos que são aqueles e não outros[12], do nosso ponto de vista, algumas instâncias de naturalização não podem ser admitidas como base para a

---

11 R. De Monticelli, Persona e individualità essenziale, em M. Cappuccio (org.), *Neurofenomenologia*, p. 364.
12 Ibidem.

definição da *identidade essencial* de um indivíduo, pois estão vinculadas a fatores quantitativos que, embora condicionantes, estão sempre aquém daquilo que verdadeiramente qualifica a pessoa segundo Edith Stein. Como evidenciado anteriormente, não acreditamos que os elementos essenciais da individualidade humana, a sua unicidade e a sua profundidade[13], sejam passíveis de uma essencialização, isto é, não podem estar relacionados a um conceito de *identidade essencial* que carregaria consigo o momento inevitável da universalização. Ser uma pessoa significa, para Edith Stein, *sentir-se* inserido em uma profundidade incomensurável, em uma *ultima solitudo*; esses elementos qualitativos não podem ser submetidos a um critério de universais invariáveis suscetíveis a quaisquer formalizações. Como mencionado inúmeras vezes, para Edith Stein, o *principium individuationis* se situa bem além de toda condição quantitativa e formal, ambas instâncias que podem ser consideradas *in specie*.

De modo geral, surge uma dificuldade na naturalização da fenomenologia no que se refere ao ser humano, dado que a interpretação científico-quantitativa é colocada em questão pela própria fenomenologia. Na realidade, sobre a questão de como não é possível uma naturalização da fenomenologia – no pleno debate entre a dimensão não apenas quantitativa, mas também "qualitativa" do fenômeno em si –, Angela Ales Bello sustenta que "no interior da escola fenomenológica permanece a ideia, segundo a qual a leitura científica da natureza" – e, na nossa opinião, também do ser humano – "não esgota sua compreensão; é sempre evidente a exigência de uma

---

13 Sem querer criar polêmica, gostaria de destacar que em De Monticelli, a meu ver, falta algo de imprescindível com referência a Edith Stein no que concerne a Leibniz. Dado o "caráter clássico" do tema da "profundidade" nas obras de Edith Stein, talvez fossem pertinentes referências mais apropriadas no lugar de um confronto com autores como Van Inwagen e Baker, sobre os quais a história ainda deve se pronunciar quanto ao seu "classicismo"; por outro lado, penso que a afinidade de alguns conceitos empregados pela autora, como "profundidade" e "realidade escondida" da alma (ibidem, p. 362), seja tão óbvia a ponto de poderem ser considerados infinitamente próximos àqueles steinianos de *ultima solitudo*, "castelo interior" e "profundidade da alma".

filosofia da natureza que coloque em evidência seus elementos qualitativos"[14].

Naturalmente, a pesquisa sobre esse campo continua aberta, como igualmente deve estar a comunidade científica. Acreditamos que uma posição teórica que dê o devido respeito à pessoa enquanto tal e às especificidades antropológicas do ser humano não pode prescindir dos caracteres que a fenomenologia de Edith Stein atribuiu à individualidade pessoal e nos disponibilizou como legado cultural e filosófico.

---

14   A. Ales Bello, Status quaestionis, em A. Ales Bello; P. Manganaro (orgs.), ... e la conscienza?, p. 38.

APÊNDICE
O Ponto da Pesquisa Sobre Escoto em 1933, Com Base em Ephrem Longpré, O.F.M. [*,1]

Em um círculo restrito de estudiosos, o renomado especialista em Escoto, Pe. Ephrem Longpré, O.F.M., em março de 1933, realizou em Colônia uma apresentação na qual se referiu detalhadamente aos resultados de anos de pesquisa sobre Escoto. Segundo Pe. Longpré, a tarefa mais importante, difícil e urgente da qual os estudiosos franciscanos do Medievo deveriam se encarregar é a de preparar uma edição crítica de todas as obras de Escoto. Considerando que após as pesquisas efetuadas por P. Fidelis de Fanna e pelos franciscanos da Quaracchi dedicadas a São Boaventura, e depois dos igualmente doutos e numerosos trabalhos de Pe. Mandonnet, Mons. Grabmann, Pe. Pelster e outros sobre Tomás de Aquino, permanecem abertas muitas questões sobre a autenticidade de muitas obras e, levando em conta também que ainda não está disponível a lista completa das obras de São Boaventura e de Tomás de Aquino, pode-se

---

[*] Conferência realizada em Colônia, em 27 de março de 1933.
[1] M. Müller, Stand der Skotus-Forschung 1933: Nach Ephrem Longpré, O.F.M. (*Referat, gehalten zu Köln am 27. März 1933*), extraído de *Wissenschaft und Weisheit*, ano 1, n. 1, 1934, p. 63-71. Agradeço ao Pe. Theofried Baumeister e Johannes-Baptist Freyer, diretores da revista, por terem permitido a publicação. O texto em questão já foi publicado em *Quaderni di studi scotisti*, n. 4, 2007, p. 11-24.

bem imaginar a quantidade de trabalho que exigirá a obra filosófica e teológica do Doutor Sutil e Mariano. Sabe-se que a obra de Duns Escoto não é menos ampla que a de seus ilustres predecessores e, além disso, até este momento, os escritos de Escoto não foram estudados com os meios e métodos da crítica moderna. Por essa razão, não é fácil falar de maneira satisfatória das obras do nosso grande escolástico.

A tarefa principal dos editores é separar as obras originais das de dúbia autenticidade, fornecendo as provas necessárias para essa separação. Portanto, para tratar do nosso tema, deveríamos, primeiramente, determinar quais são as obras não autênticas, que foram até agora erroneamente atribuídas a Duns Escoto; num segundo momento, deveria ser oficializada a lista das obras originais. Considerando a quantidade de material e a impossibilidade de resolver a curto prazo os numerosos e complexos problemas provocados pela errônea atribuição de muitos escritos a João Duns Escoto, a melhor coisa aqui é limitar-se apenas aos escritos originais do Doutor Mariano. A sua obra constitui um dos monumentos mais notáveis da literatura cristã do século XIII.

[64] I. OBRAS FILOSÓFICAS
DE DUNS ESCOTO

1. Escritos Lógicos

Temos boas razões para atribuir ao Doutor Mariano uma série de importantes escritos sobre a lógica, a saber: *Quaestiones in universalia porphyrii*, *Quaestiones in librum praedicamentorum*, *Quaestiones in primum et secundum librum perihermeneias*, *Quaestiones octo in duos libros perihermeneias* e, enfim, *Quaestiones in libros elenchorum*. Cerca de quinze manuscritos contêm esses diversos escritos atribuindo-os de modo inequívoco a Duns Escoto. No manuscrito de Santa Maria del Popolo, em Roma, afirma-se até que as *Quaestiones octo in duos libros perihermeneias* não constituem uma obra independente, mas que representam uma reprodução parcial das *Quaestiones in primum et secundum librum perihermeneias*. Infelizmente, esses dois manuscritos pertencem ao século XV, ou ainda a um período posterior, com exceção do manuscrito Vaticano lat. 3092 e do de Bruxelas lat. 2908, ambos do século XIV. Apesar disso, pode-se afirmar com certeza que esses escritos são autênticos. Ao lado do material manuscrito, com efeito, dispomos de elementos literários e históricos que mostram, sem sombra de dúvida, que as obras em questão são autênticas. O manuscrito de Bruxelas, por exemplo, que remonta aos primeiros anos do século XIV, contém, além de várias obras de Escoto, um comentário anônimo, mas decisivo, sobre as *Quaestiones in metaphysicam* do Doutor Mariano. Esse comentário, cujo autor mostra ser um grande conhecedor das obras de Duns Escoto, foi escrito antes de 1330 e cita a lógica e a metafísica de Escoto do seguinte modo: *Et haec est conclusio Scoti prima tam in Logica quam in Metaphysicam libro quinto*. Pe. Longpré forneceu todos os detalhes das provas e destacou com especial ênfase o fato de que, no início do século XIV, o seguidor de Escoto, Antônio André – chamado Doutor Dulcífluo –, conhecia já todas as obras acima elencadas, com exceção das *Quaestiones in libros elenchorum*, utilizando-as e citando-as numerosas vezes. Podemos, portanto, considerar como segura a atribuição dos escritos lógicos a Duns Escoto.

2. Quaestiones de anima

Cronologicamente, depois dos escritos lógicos seguem-se as *Quaestiones de anima*, cuja atribuição a Escoto foi colocada em discussão a partir do século XV, após o depoimento de Mauritius [65] de Portu. Ainda hoje, não foram dissipadas todas as dúvidas sobre a justa atribuição dessa obra. As diferenças teóricas entre esse escrito e os da *Oxoniense* e *Parisiense* não são de todo negligenciáveis, especialmente no que se refere à doutrina do *intellectus agens* e *possibilis* e acerca da doutrina da composição hilemórfica das substâncias espirituais. As dúvidas sobre as *Quaestiones de anima* nascem ainda do fato de que elas se encontram também em um manuscrito anônimo de Cambridge e que um manuscrito de Oxford, que *explicit* atribui a inteira obra a Duns Escoto, tem inicialmente o título *Quaestiones Scotoli super secundum et tertium librum de anima*. Era habitual chamar um aluno de Escoto, precisamente Antônio André, de *Scotolo*. Todavia, atualmente, a pesquisa sobre Escoto parece estar mais a favor das atribuições das *Quaestiones de anima* ao Doutor Mariano do que contra. Na realidade, com exceção dos dois manuscritos acima, todos os manuscritos conhecidos (cerca de vinte) que datam do século XIV indicam Escoto como autor das *Quaestiones de anima*. O catálogo de São Francisco em Assis (redigido em 1381) menciona também que no manuscrito 136 sempre estiveram inclusas as *Quaestiones dicti magistri Joannis (Scoti) de anima et de primo principio*. Depois de ter listado as motivações, Pe. Longpré chegou à conclusão de que, no estado atual da pesquisa, as *Quaestiones de anima* devem ser atribuídas muito provavelmente a Duns Escoto. As diferenças teóricas entre esse escrito e as obras posteriores de Duns Escoto podem ser explicadas se considerado que ele tinha redigido as *Quaestiones* quando era *Magister Artium*, portanto, antes dos nove anos de estudo universitário que o levaram à láurea em teologia.

3. Quaestiones in metaphysicam

As *Quaestiones in metaphysicam* sucedem os escritos lógicos e psicológicos. Devem ser atribuídas com absoluta certeza a Duns Escoto, dado que ele mesmo, no IV livro da *Oxoniense*, cita-as explicitamente duas vezes. Os primeiros nove livros estão distribuídos em quatorze manuscritos (sem mencionar os fragmentos). Desses quatorze manuscritos, um, o de Cambridge, é do século XIII e sete são do início do século XIV. O manuscrito do século XIII corresponde quase perfeitamente ao texto da edição de Wadding. Dois manuscritos, contendo a mesma versão dos outros manuscritos, dão uma sequência diferente ao texto, às provas e à refutação.

Entre todos esses manuscritos existem numerosas diferenças que tornam um tanto difícil a tarefa de levar a cabo uma edição crítica. Naturalmente, essa diferença fica ainda mais evidente nos manuscritos mais recentes. Os numerosos acréscimos presentes em alguns livros das *Quaestiones in metaphysicam* apresentam um problema difícil. O fato de que diversos textos se encontrem também em versões muito similares, na verdade quase literais no segundo livro do comentário às Sentenças de Guilherme de Ware, coloca ainda mais dificuldades. Essa obra de Duns Escoto é especialmente importante pelo estudo da sua doutrina. A partir desse período da sua atividade, o mestre franciscano conhece Guilherme de la Mare, Guilherme de Ware, Pedro Olivi, Ricardo de Mediavilla e Guilherme de Sherwood. Ele se posiciona contra Henrique de Gand, Godofredo de Fontana e os nominalistas, e mostra conhecer perfeitamente a doutrina aristotélica; mas preferiu mais vezes Avicena (desde sempre estimado pela escola franciscana) a Aristóteles. Nasce, assim, a questão se nessa obra o pensamento de Duns Escoto não teria encontrado ainda certas problemáticas, dado que ainda não as resolve daquele seu modo peculiar. Por exemplo, ele não se coloca ainda a favor da doutrina da univocidade do ser. Desde o início do século xiv, as *Quaestiones in metaphysicam* são muito apreciadas e frequentemente citadas. Jacó de Ascoli as cita na sua *Tabula Scoti*, que se encontra em Assis, e Pe. Ephrem Longpré anunciou o iminente lançamento da edição crítica das *Quaestiones in metaphysicam*.

II. OBRAS TEOLÓGICAS

As obras teológicas de Duns Escoto são mais numerosas do que as puramente filosóficas. Os textos nos chegaram em parte na forma redigida pelo próprio Escoto, em parte em cópias realizadas pelos seus discípulos. Fazem parte das obras teológicas os seguintes escritos: 1. *De primo rerum principio*; 2. *De prima lectura* de Oxford e também a edição complementada, corrigida e organizada pelo próprio Escoto dessa *prima lectura* – essa edição definitiva é conhecida pelo nome de *Opus Oxoniense* ou *Ordinatio*; 3. *Additiones Magnae*, reunidas por Guilherme de Alnwick em Paris para o primeiro livro das Sentenças e, em Paris e Oxford, para o segundo livro; 4. as diversas transcrições não oficiais das lições realizadas em Paris, bem como a edição autêntica e [67] oficial desse curso plenamente conhecido, intitulado *Collationes Oxonienses*; 5. *Reportatio Parisiensis*; 6. *Collationes Parisienses*; 7. *Quodlibet*; 8. *Quaestio disputata de formalitate*.

1. De primo rerum principio

A atribuição do escrito *De primo omnium rerum principio* está correta[2]: todos os manuscritos conhecidos atribuem essa obra a Duns Escoto. Desde o século xiv, os seguidores de Duns Escoto citam frequentemente esse texto, especialmente, Francisco de Meyronnes, Pedro Tomás, Antônio André e João de Reading. É difícil estabelecer a data exata de composição dessa obra; provavelmente é posterior ao primeiro livro da *Opus oxoniense*.

2. Prima lectura de Oxford e Opus oxoniense

a. Prima lectura

Como licenciado em Teologia, Duns Escoto ensinava, como todos os mestres/professores do século xiii, as Sentenças e, com base nelas, ministrava os seus cursos de Oxford e de Paris (*Opus oxoniense* e *Parisiense*). Antes, porém, de falar das suas obras, devemos esclarecer alguns dados referentes à vida do Doutor Mariano. É particularmente importante levar em conta que, de 1299 a 1302, Duns Escoto se encontrava certamente na Inglaterra, como mostram as *Quaestiones disputatae* de Felipe de Bridlington. Nelas, Duns Escoto aparece como *opponens*. Isso advém também do elenco dos franciscanos de Oxford entregue em 26 de julho de 1300 pelo bispo de Lincoln, John Dalderby, da parte do Padre Provincial da Inglaterra, Hugo de Hertelpol. Como a maior parte dos licenciados, Duns Escoto também devia ensinar nesse período, parcial ou integralmente, as Sentenças. Segundo Pe. Longpré, o Doutor Mariano ensinou antes em Cambridge, dado que um manuscrito (Merton College 60) contém, no final do primeiro livro da *Opus oxoniense*, o seguinte *explicit*: "*Haec de ordinatione venerabilis fratris Joannis Duns de ordine Fratrum Minorum, qui floruit Cantabrigiae, Oxoniae et Parisiis et obiit in Colonia*". Na página 470, um comentário particular alude também às lições de Duns Escoto em Cambridge sobre o primeiro livro das Sentenças. Que Duns Escoto tenha passado um período

---

2   Cf. Ioannis Duns Scoti, *Tractatus de primo principio*.

em Cambridge parece, portanto, certo. Depois de ter ensinado em Cambridge, o beato Duns Escoto ensinou as Sentenças em Oxford, ainda antes de apresentar-se em Paris. Esse dado também é certo. As tradições franciscanas o confirmam desde os tempos de Bartolomeu de Pisa. A partir de 1328, Agostino Gregório de Rimini menciona a *Opus oxoniense* chamando-a *Prima lectura* publicada por Duns Escoto. O franciscano Guilherme de Nottingham confirma em seu comentário às Sentenças, presente no manuscrito 300 de Cajus, datado aproximadamente de 1310, que Escoto ensinou em Paris e que as lições determinam formalmente a pessoa em Deus, e isso depois de ter afirmado em um curso anterior que era um elemento absoluto e positivo que constituía as pessoas e não as relações divinas. Esse último ensinamento, porém, encontra-se explícito apenas no curso de Oxford (*Opus oxoniense*); em seguida, Escoto ensinou as Sentenças, primeiro em Oxford e depois em Paris. Também o manuscrito 1.69 de Worcester e outros escritos confirmam que o Doutor Mariano ensinou em Paris de 1302 a 1303. Nesse período, precisamente em 24 de junho de 1303, ele foi obrigado a deixar Paris pela sua lealdade ao Papa Bonifácio VIII, retornando a Oxford. Como será mostrado com relação à *Lectura* completa, em Oxford, Duns Escoto ensinou o terceiro livro das Sentenças, especialmente, de junho de 1303 a novembro de 1304. Dando por certas essas datas, pode-se resolver satisfatoriamente, ainda que não de modo definitivo, o difícil problema dos comentários às Sentenças de Duns Escoto sem ter de descartar nenhum manuscrito encontrado.

Como mostram os manuscritos, as primeiras lições (*Prima lectura*) de Duns Escoto em Oxford compreendiam o primeiro e o segundo livro das Sentenças. O curso de Oxford (*Opus oxoniense*) parece, no entanto, ser uma simples *reportatio*. A sua autenticidade não é certa e alguns estudiosos contemporâneos do Medievo formularam dúvidas, sem fornecer, porém, as provas definitivas. O Pal. lat. 993 termina com a seguinte frase: "*Explicit primus Scoti Ordinis Fratrum Minorum*." O Códice 178 de Pádua especifica o conteúdo do segundo livro da seguinte maneira: "*Explicit registrum super secundum sententiarum et super quaestiones libri eiusdem disputatas per venerabilem Magisturm Sacrae Theologiae Joannem Scotum de Ordine Fratrum Minorum*". Um copista do século XIV acrescentou também no início do manuscrito as seguintes palavras: "*Scotus super primum et secundum*." O manuscrito 1449 de Viena fornece ainda mais um esclarecimento. No início da Fol. 1ʳ traz a seguinte inscrição: "*Liber Joannis Scoti*." O nome de Duns Escoto aparece depois novamente nas tabelas da Fol. 120ʳ: "*Incipiunt tituli super secundum Scoti*." Também o manuscrito de Francisco de Ripa é concluído com as seguintes palavras: "*Explicit secundus Magistri Joannis Scoti Doctoris* [69] *Sacrae Theologiae subtilissimi*." Não se pode desconsiderar essa indicação tão clara quanto fundamentada, dado que tanto o manuscrito de Pádua quanto o de Viena são da primeira metade do século XIV. Não é menos significativo o fato de que as *Additiones Magnae*, das quais teremos ainda oportunidade de falar e que, além do mais, encontram-se no Vat. lat. 876, compreendem, no segundo livro Dist. 25. qu. 1. Fol. 211ʳ-212ʳ, um ensinamento muito especial de Duns Escoto sobre a vontade, que ele tinha discutido em Oxford. Na edição definitiva da *Opus oxoniense*, Duns Escoto ensina que a razão e o objeto não influem fisicamente sobre a vontade, mas que representam apenas uma *condicio sine qua non* da sua atividade. Segundo as *Additiones magnae*, em Oxford, Escoto tinha criticado essa opinião. Posteriormente, tinha ensinado que o objeto, incluindo o intelecto, não age apenas ao modo de uma *condicio*, mas exercita sobre a vontade uma verdadeira e própria causalidade parcial: "*Hanc opinionem multipliciter Oxoniae improbavit. Ideo aliter Oxoniae ad quaestionem, quod volitio est per se a voluntate ut a causa activa et ab obiecto, et ab obiecto intellecto ut a causa aliqua partiali*" etc. No entanto, essa opinião é, por sua vez, literalmente defendida *ex professo* no curso de Oxford do qual estamos falando. Nas *Additiones magnae*, encontramos quase literalmente a *Distinctio 25*, exatamente como nos três manuscritos de Pádua, Viena e de Francisco de Ripa. Isso significa, entretanto, que os cursos de Oxford relatados nos manuscritos de Viena, Pádua e de Francisco de Ripa são, na verdade, de Duns Escoto. Depois, conclui-se disso também que o curso de Oxford foi realizado antes de 1302, porque precede às *Additiones magnae* que, como sabemos, são de 1302-1303. É anterior mesmo à *Opus oxoniense* ou à *Ordinatio* que, como já mencionado, não se trata verdadeiramente de um curso, mas de uma transcrição posterior desse curso redigida pessoalmente por Duns Escoto e complementada por ele mesmo com base nas *Additiones magnae*. Existem provas seguras de que a *Opus oxoniense* é posterior ao curso de Oxford do qual estamos falando (*Prima lectura*) contido nos manustricos de Pádua e Viena. Na segunda *Quaestio* do prólogo à *Opus oxoniense*, menciona a vitória dos cristãos obtida no Oriente em 1299, de que teve notícia em Cambridge em junho de 1300. O curso de Oxford (*Prima lectura*) contido nos manuscritos de Viena e Pádua não apresenta nenhuma referência desse tipo. Existem, além disso, diversas diferenças doutrinais entre a *Prima lectura* de Oxford e a *Opus oxoniense*. Em particular, a doutrina das ideias divinas na *Opus oxoniense* é, diferentemente da [70] *Prima lectura*, apresentada na específica forma escotista, de modo que pode-se afirmar que a *Prima lectura* de Oxfrod precede a *Opus oxoniense* e a *Opus parisiense*. Como já mencionado, a *Prima lectura* de Oxford inclui o primeiro e o segundo livro das Sentenças. Pe. Longpré considera, porém, certo que na *Reportatio parisiensis*, Duns Escoto se refere a um curso sobre o quarto livro. De acordo com o próprio Duns Escoto, ele nunca ensinou que na justificação, ao instilar a graça e na remissão do pecado ocorram mudanças reais: "*Respondeo ad quaestionem, in qua aliquando tenui, quod non esset una mutatio, sed duae propter quattuor rationes quae me ut alios movebant... Illae rationes bonae sunt et videbantur mihi aliquando concludere*." Na *Opus oxoniense*, porém, essa opinião é refutada com expressões formais, ainda que respeitosamente. Parece, portanto, que existia uma versão anterior sobre o quarto livro das Sentenças. Todavia, tanto esse texto quanto o do curso de Cambridge não chegaram até nós.

b. Opus oxoniense

A principal obra teológica de Duns Escoto é a edição definitiva das lições de Oxford com o título de *Opus oxoniense* ou de *Ordinatio*. Dessa obra, existem mais de oitenta manuscritos, dentre os quais uma séria datada dos primeiros anos do século xiv. Foram copiados com extremo cuidado e atenção e, parece, corrigidos e dotados de anotações críticas e explicações *extra de manu Scoti*. Comparando os vários manuscritos, são observadas variações substanciais. De todo modo, é possível subdividir os manuscritos em dois grupos principais, dos quais um oferece um texto provisório e, portanto, menos elaborado, enquanto outro contém a versão definitiva. O texto de Wadding do *Opus oxoniense* se atém com grande precisão a essa versão definitiva, pelo que ele pode ser utilizado sem reservas para os trabalhos científicos sobre Escoto.

As características dos manuscritos mostram que Escoto não teve tempo de preparar a edição das suas obras. Muitas das *Quaestiones* se encontram sob a forma de simples acréscimos que, portanto, não estão presentes em todos os manuscritos. Existem ao menos dezesseis dessas *Quaestiones* que se referem ao primeiro livro. O Ms. Merton College 66, 6, por exemplo, assegura que a *Distinctio* 10 é extraída das *Additiones magnae*: [71] "*Notandum, quod ista quaestio magna est additio.*" As primeiras treze *Distinctiones* do segundo livro da *Oxoniense* mostram um texto fixo, enquanto as quatro *Quaestiones* finais são um tanto diferentes entre si. Encontram-se presentes em duas recensões, das quais uma é muito breve, ao passo que a outra é proveniente das *Additiones magnae* e é muito mais detalhada. Pode-se dizer, em linhas gerais, que praticamente todos os acréscimos são extraídos das *Additiones magnae*. Com relação ao terceiro livro da *Opus oxoniense*, é especialmente importante levar em conta que, segundo o manuscrito lat. 15361 de Paris e também de acordo com um códice de Worcester, as *Distinctiones*, a partir da 16, não foram ditadas ou inseridas por Duns Escoto, apresentando-se sob a forma de acréscimos posteriores. A edição do quarto livro foi completada em parte pelo próprio Escoto. Segundo o manuscrito 137 de Assis, existe uma outra recensão que se refere a algumas *Quaestiones* sobre o sacramento do matrimônio. Essa recensão foi encontrada e identificada com o Ms. Balliol College 303. Das *Quaestiones* finais do quarto livro, cinco não foram ditadas por Duns Escoto, como mostra o manuscrito 137 Fol. 284^r de Assis. Na realidade, têm a forma de simples acréscimos e contêm diferenças consideráveis. Essas breves indicações dão uma ideia dos problemas que deverão ser resolvidos ao preparar uma edição crítica da *Opus oxoniense*.

Marianus Müller

POSFÁCIO
Um Divisor de Águas nos Estudos de Fenomenologia

O livro *A Presença de Duns Escoto no Pensamento de Edith Stein*, de Francesco Alfieri, inscreve-se entre os trabalhos mais atualizados e rigorosos em matéria de história da fenomenologia e de investigação sobre a individualidade humana. Ao provar que Edith Stein, no tocante ao problema do princípio de individuação, mantém-se em continuidade com o pensamento escotista e não neotomista, Francesco Alfieri confirma a importância da tradição franciscana dos séculos XIII e XIV para a formação da filosofia moderna e contemporânea e extrai consequências que esclarecem o sentido da fenomenologia nascente e seu impacto na primeira metade do século XX, além de evitar uma associação desmedida entre Edith Stein e o pensamento neotomista, suposta ainda hoje por alguns estudiosos. Visto dessa perspectiva, o livro de Francesco Alfieri representa um verdadeiro divisor de águas nos estudos steinianos e fenomenológicos em geral.

Com efeito, a leitura desse livro não deixa dúvidas sobre a importância estratégica de Duns Escoto para o trabalho de Edith Stein na busca de uma solução para o problema de saber qual o princípio que individua as substâncias, em especial o ser humano. Alfieri adota uma postura imparcial e não projeta nenhum desejo particular de provar uma vinculação entre

Edith e Escoto, mas faz falar os textos. É, portanto, na escrita dos dois pensadores que ele encontra a dependência da fenomenóloga para com o autor medieval. De um ponto de vista historiográfico, portanto, Francesco Alfieri liberta Edith Stein dos clichês interpretativos segundo os quais a pensadora alemã ter-se-ia simplesmente convertido em neotomista durante a fase madura de seu pensamento.

Não deixa de ser verdade, porém, que Edith Stein, a partir de 1920, descobriu um horizonte quase infinito de *insights* filosóficos por meio do estudo do pensamento escolástico, principalmente de Tomás de Aquino. Seu contato pessoal e seus debates com Erich Przywara, seu aprendizado com os monges beneditinos da Abadia de Beuron (Alemanha) e seu estudo de obras neotomistas como aquelas escritas por Joseph Gredt, Gallus Manser, Antonin-Gilbert Sertillanges (ou Antonin-Dalmace Sertillanges) e Jacques Maritain, entre outros, permitiram-lhe avançar para universos antes insuspeitados, dando vazão ao impulso intelectual de fecundar a orientação fenomenológica com temas e procedimentos inspirados em Tomás de Aquino e levando, no mesmo movimento, a uma revivescência fenomenológica de formas do pensamento escolástico. Sem produzir nenhuma mescla inconsequente nem nenhum paralelismo estéril, Edith Stein insistia na diferença entre escolástica e fenomenologia, mas também evidenciava os pontos de encontro e mesmo de coincidência entre ambas.

Nas duas versões do texto *A Fenomenologia de Husserl e a Filosofia de Tomás de Aquino: Tentativa de Comparação*, publicado em 1929 no volume organizado por Martin Heidegger para comemorar os setenta anos de Edmund Husserl, Edith Stein põe frente a frente as duas formas filosóficas e faz afirmações impactantes: Husserl não rompe – antes subscreve – o compromisso escolástico com o princípio segundo o qual todo conhecimento começa pela experiência empírica do singular; por sua vez, Tomás de Aquino não defende um processo abstrativo em que as essências resultariam de um mero processo de extração de elementos universais ao modo de uma indução inteiramente determinada pelos objetos singulares, mas insiste claramente no papel do sujeito (intelecto) para a origem do conhecimento. Husserl, então, seria de certo modo tomasiano; e Tomás de Aquino seria de certo modo husserliano.

Ainda nos últimos anos da década de 1920, Edith Stein prepara sua tradução do *De veritate* de Tomás de Aquino, publicando-a em 1931; um ano depois publica *A Estrutura da Pessoa Humana*, registrando – na qualidade de autora e não apenas de historiadora da fenomenologia e do pensamento escolástico – sua tentativa de conjugar o método aprendido com Husserl e diferentes elementos do pensamento de Tomás de Aquino. Concretamente, essa obra registrava um exercício de antropologia filosófica ou de constituição da pessoa humana levado a cabo por Edith Stein em cursos ministrados para especialistas em educação. Esse impulso a filosofar com liberdade e rigor, inspirando-se em temas escolásticos e em continuidade com a fenomenologia de Husserl, levou ainda Edith Stein a redigir sua obra maior, *Ser Finito e Ser Eterno: Tentativa de Alcançar o Sentido do Ser*, terminada em 1939.

A rápida menção a esse conjunto de textos, embora deixe de lado outros igualmente importantes, já é suficiente para indicar a relevância de Tomás de Aquino no pensamento maduro de Edith Stein. Mas, em benefício da verdade histórica, é preciso lembrar que, na obra maior de Edith Stein, aparecem igualmente, ao lado de Tomás, também Duns Escoto, Agostinho, Aristóteles e Platão, além de outros autores de grandeza inferior à desses gigantes. Como a própria Edith Stein explica na "Apresentação" da obra, a quem perguntasse por que, em certos aspectos, ela se apoiou em Platão, Agostinho e Duns Escoto, em vez de Aristóteles e Tomás, ela respondia que a diferença de caminhos para chegar às conclusões a que ela chegou não desautoriza nenhum desses caminhos. Em outras palavras, não é porque Aristóteles e Tomás talvez a tivessem conduzido mais rapidamente a certas conclusões que eles desautorizam Platão, Agostinho e Duns Escoto. Aliás, como ela também permite entender na "Apresentação", não é necessário ver uma exclusão mútua entre Platão e Aristóteles nem entre Agostinho e Tomás (e Duns Escoto, poder-se-ia acrescentar). Levando-se isso em consideração, talvez seja correto descrever o pensamento maduro de Edith Stein como uma fenomenologia que se abre à metafísica de inspiração medieval. Não se trata de uma síntese ao modo de uma operação em que dois elementos são conservados e transformados em um terceiro elemento. Também não há hibridismo. A filosofia de Edith Stein parece o trabalho de alguém que, em primeira pessoa, aciona tradições distintas a fim de iluminar a experiência.

Dessa perspectiva, Edith Stein não manteve a fenomenologia e o pensamento medieval em uma relação tímida de polos distantes, como fizeram seu mestre Husserl e seu colega Heidegger. Ambos valorizaram elementos medievais, não há dúvida, mas sempre os mantiveram à margem de seus trabalhos ou mesmo sequer os ouviram de fato; nunca se perguntaram, por exemplo, se tais elementos lançariam alguma luz à radical teoria do conhecimento, à história do ser ou a qualquer outra tópica filosófica. Edith Stein, ao contrário, ouve os medievais com a mesma atenção com que ouve seu mestre Husserl, a ponto de encontrar na própria orientação fenomenológica a abertura para uma metafísica inspirada a um só tempo em Aristóteles e Tomás de Aquino, mas também em Platão e Duns Escoto. Como ela mesma afirmava no texto *Em Que Sentido a Fenomenologia Pode Ser uma Visão de Mundo*, seu trabalho resultava de um "examinar tudo, retendo o que há de bom". Não se tratava de ecletismo, mas da sabedoria de identificar convergências ou percepções comuns da verdade adotando diferentes abordagens que ajudavam a penetrar a opacidade do real.

Nesse quadro, o problema da individuação fornece talvez a melhor amostra do sentido do trabalho steiniano. O tratamento escotista desse problema saía do registro substancialista que procurava "algo" individuante, "interno" às substâncias, e entrava no campo da "modalidade", vendo o indivíduo não mais como apenas uma soma de características físicas determinadas por uma essência universal, e sim como resultado de um ato que é seu, de um modo singular de efetivar o que ele tem de universal e comum com sua espécie. Dito em vocabulário fenomenológico, o trabalho escotista permitia exprimir algo muito caro a Husserl: o eu puro não implica uma irrelevância do eu empírico; o indivíduo não merecia ser visto apenas em função do que não é ele próprio nem, portanto, como mero sujeito de intencionalidade; importava, em vez disso, vê-lo também como sujeito de um movimento que brota de seu íntimo e faz que sua maneira de viver a intencionalidade seja, a um só tempo, comum (pelo eu puro) e inteiramente única (pelo eu empírico). De certo modo, a fenomenologia husserliana pedia essa aclaração do indivíduo, sob o risco de, não a fazendo, conceber o indivíduo apenas como resultado de elementos que o precedem (o eu puro, o mundo, a alteridade). Porém, se Husserl sentiu a necessidade de escrever reiteradas vezes sobre a intersubjetividade, ele não se dedicou a construir uma antropologia filosófica. Heidegger tampouco. Coube a Edith Stein fazê-lo, identificando um cerne ou núcleo pessoal (da ordem do modo de ser ou do modo de realizar singularmente o que há de comum na espécie) e vendo em tal cerne o princípio de individuação. Não sem motivo, costuma-se dizer que uma das originalidades de Edith Stein está na elaboração de uma antropologia filosófica de inspiração fenomenológico-escolástica, projeto nascido da sensibilidade às exigências históricas do momento vivido por ela e pela frequentação dos "antropólogos por excelência", os medievais[1]. Em Duns Escoto, então, Edith Stein encontra uma semelhança de orientação que lhe permitiu preservar sua filosofia da consciência ou sua fenomenologia (evitando os percalços que certo aristotelismo e certo tomismo lhe apresentavam), bem como edificar sua metafísica da singularidade sem recusar os universais herdados desse mesmo aristotelismo e tomismo.

Em uma palavra, a via escotista permitia a Edith Stein, em primeiro lugar, permanecer em um registro fenomenológico. No dizer de Paul Vignaux, registrado em seu ensaio crítico *Condição de uma Metafísica Medieval: João Duns Escoto*, a originalidade de Duns Escoto para a história da filosofia (e – é lícito acrescentar – sua contribuição à fenomenologia) pode ser vista pela constatação de que

a noética aristotélica transforma em necessidade de natureza a experiência de uma conexão entre faculdades intelectuais e faculdades

1 Sobre a centralidade da visão filosófica do ser humano para diferentes formas de pensamento medieval (ou a centralidade da "antropologia filosófica", embora essa expressão tenha surgido apenas no século xx, com Max Scheler), continuam válidos e de grande interesse histórico-cultural os dois textos clássicos de Étienne Gilson e Paul Vignaux (este último, brevíssimo): É. Gilson, A Antropologia Cristã, em *O Espírito da Filosofia Medieval*, trad. Eduardo Brandão, São Paulo: Martins Fontes, 2006, p. 229-252 e P. Vignaux, La Nature humaine dans la pensée médiévale, *De Saint Anselme à Luther*, Paris: Vrin, 1976, p. 51-52.

sensíveis, transformação válida se "a natureza é tudo o que ela pode ser", como querem "os filósofos". Mas está aí o erro primordial que não é mais necessário "no pensamento escotista". [...] Dispensando essa transformação, o teólogo "Duns Escoto" repõe a consciência diante de uma pura situação de fato que ele interpreta como um dos *estados* de uma *natureza* mais profunda e mais rica (regida por uma Liberdade criadora). Entre esses dados da condição humana, aparece a metafísica: [...] ela se oferece a Escoto com a consistência de um fato cuja possibilidade não precisa mais ser estabelecida, mas apenas explicada; e é o fato que *verifica* a explicação. A consistência da filosofia primeira deve-se ao "sujeito" que a define: o "ente comum" [...]. A esse "ente que não é nada mais do que o ente", Duns Escoto chama "unívoco", a fim de exprimir sua unidade de objeto idêntico a si mesmo e separável de tudo pela "experiência mental", como o Ego e as naturezas simples de Descartes. Experiência do "sujeito" da metafísica, consciência desse saber [...], a metafísica, mesmo em toda a perfeição de sua essência (inacessível aos humanos em sua presente condição) define-se pelo "mais comum" de todos os objetos: o ente unívoco.[2]

Em outros termos, a dificuldade posta pelo pensamento aristotélico a Duns Escoto estava no compromisso com a tese da abstração, ou seja, na concepção de um intelecto humano que só atinge o inteligível com base no sensível. Duns Escoto insistirá, ao contrário, se assim se pode dizer, em uma presença do ente ou do ser a si mesmo, ou ainda, segundo a expressão de Paul Vignaux, em um "estabelecimento da condição da metafísica na consciência"[3]. Dessa perspectiva, não é difícil entender por que Escoto significou para Edith Stein a possibilidade de ultrapassamento do aristotelismo e do tomismo, ela que chegara a dizer que mesmo para Tomás de Aquino não podia haver uma abstração radical na origem do conhecimento humano, ao modo de uma indução fundada nos seres singulares, mas uma coprodução – por parte do intelecto e dos sentidos físicos – da percepção física mesma[4]. Com efeito, Edith Stein identifica certa filosofia da consciência em Tomás de Aquino ao sustentar que

---

2   P. Vignaux, Condition d'une métaphysique médiévale: Jean Duns Scot, *De Saint Anselme à Luther*, p. 249-250.
3   Ibidem.
4   Cf. E. Stein, Husserls Phänomenologie und die Philosophie des heiligen Thomas von Aquin: Versuch einer Gegenüberstellung, *Festschrift Edmund Husserl zum 70: Geburtstag gewindmet*. Halle: Nijmeier, 1929, p. 315-338 (texto publicado também no volume 9 da ESGA, *Edith Stein Gesamtausgabe* (Freiburg: Herder, 2014).

falar de abstração (tal como o tomismo atribuía a Tomás no início do século XX) significava não entender o sentido dos termos de Tomás e apegar-se, sem compreendê-lo, ao valor literal das palavras[5]. Ademais, se Edith Stein tivesse tido mais tempo de vida e mais condições para realizar a leitura do conjunto da obra de Tomás de Aquino, talvez não precisasse enfatizar a necessidade de ir além do sentido literal dos termos tomasianos, porque veria nesses próprios termos, quando tomados em conjunto e não isoladamente, a garantia do papel da consciência no conhecimento. A propósito, Tomás de Aquino explora com clareza a máxima tomada de Aristóteles, segundo a qual "o inteligente em ato é o inteligível em ato"[6]. Essa aparente tautologia contém, entretanto, uma intuição bastante clara: a presença que se manifesta na experiência não ocupa a consciência ao modo de um objeto que invade um espaço vazio, mas ocorre à medida que a consciência a acolhe e de certo modo identifica-se com ela. Assim, conhecer não será "reproduzir" ou "representar" algo exterior e onticamente independente, mas, sim, uma coprodução. Analisar o conhecimento, por sua vez, também não será apenas proceder a uma psicologia que explique a genética das ideias ou dos conteúdos universais com base em um procedimento abstrativo-indutivo, mas uma volta do intelecto sobre si mesmo a fim de ver como aparece, nele, algo onticamente independente[7].

Em segundo lugar, a via escotista permitia a Edith Stein fundar uma metafísica da singularidade em que o indivíduo é visto como portador de um caráter universal ao mesmo tempo em

---

5   Ibidem.
6   Cf. Aristóteles, *De anima* III, 430a4; Tomás De Aquino, *Suma contra os gentios* II, capítulo 59.
7   O texto de Tomás de Aquino mais eloquente nessa direção é o que se encontra na *Suma contra os gentios* IV, cap. 11. Karl Rahner dedicou-se a um estudo sistemático desse texto na obra *Ouvintes da Palavra* (*Hörer des Wortes*. München: Kösel, 1941) e elaborou uma visão de conjunto do conhecimento finito segundo Tomás de Aquino na obra *Espírito no Mundo: A Metafísica do Conhecimento Finito Segundo Tomás de Aquino* (*Geist in Welt: Zur Metaphysik der endlichen Erkenntnis nach Thomas von Aquin*. München: Kösel, 1957). Em uma direção diferente e negando explicitamente a abstração em Tomás de Aquino, está o trabalho de Roger Pouivet, *Depois de Wittgenstein, Santo Tomás* (*Après Wittgenstein, Saint Thomas*. Paris: PUF, 1997). Esses trabalhos, além de outros, testemunham a possibilidade de ver uma teoria do conhecimento tomasiana mais sofisticada do que aquela difundida pelos clichês que veem em Tomás um "realista" estrito. Certamente Edith Stein não subscrevia tais clichês.

que possui uma nota inteiramente única e irrepetível, um modo absolutamente seu de efetivar a espécie. Edith Stein escaparia, então, sem sombra de dúvida, à linhagem traçada ainda hoje por historiadores que afirmam existir uma continuidade, desde Aristóteles, na concepção da porção individual de matéria como princípio de individuação. Entre esses historiadores encontra-se, por exemplo, Roberta de Monticelli, que, em seu belo livro *L'ordine del cuore: etica e teoria del sentire*, chama de "absurda teoria da individuação" (*sic*) aquela que teria sido condividida desde Aristóteles até Peter Strawson (à exceção de Escoto e Leibniz) e segundo a qual Julieta se distinguiria de Sócrates apenas pela sua constituição corpórea ou pela matéria que os inscreve no espaço e no tempo[8]. Ora, se Edith Stein falasse de Julieta e Sócrates, diria com certeza que não são os traços físicos que os distinguem, pois traços físicos, embora permitam identificar indivíduos, sempre são comuns com outros indivíduos (não dando, portanto, a individualidade de nenhum deles). Obviamente, a porção de matéria que cabe a Julieta é diferente daquela que cabe a Sócrates; o nariz adunco do filósofo grego nada tem de comum com os belos traços da jovem veronense. Mas chegaria sem falta o dia em que as mesmas características de Julieta seriam encontradas em outra pessoa, assim como também as características de Sócrates apareceriam em outro indivíduo. Ver-se-ia, então, que não há sentido em considerar os traços físicos como aquilo que faz um indivíduo ser quem ele é. Restaria perguntar se não é o espaço que diferencia os indivíduos. Isso poderia ser confirmado pelos casos de pessoas gêmeas, pois a única diferença física entre elas parece ser o espaço. Mas, sendo inteiramente externo à substância, o espaço não é algo que participa do ser dela, mesmo porque o espaço pode variar indefinidamente, levando cada indivíduo a também variar em função do novo espaço ocupado. O espaço, então, nem de longe pode ser considerado o princípio de individuação.

Edith Stein, seguindo Duns Escoto[9], percebeu as limitações do modelo explicativo centrado na porção individual de

---

8 Cf. R. De Monticelli, *L'ordine del cuore: Etica e teoria del sentire*. Milano: Garzani, 2008, p. 190.
9 Para um estudo de conjunto do pensamento de Duns Escoto, ver o trabalho rigoroso e marcado de beleza de: G. Sondag, *Duns Scot: La métaphysique de* ▶

matéria. O que individua alguém deve ser da ordem da vibração individual com que esse mesmo alguém entoa a melodia de sua existência na sinfonia universal do gênero humano. Individuar-se é exercer o ato de ser indivíduo; não é ser o resultado de algum "elemento" interno à substância. Tal ato envolve não apenas aspectos espirituais (intelecto e liberdade), mas também psíquicos e físicos. Assim, mesmo os aspectos físicos de um indivíduo são exclusivamente seus porque são in-habitados por uma psique e um espírito próprios; do contrário, serão os mesmos aspectos de outros indivíduos. Um rosto humano tem características comuns com outros rostos; mas essas características pertencem-lhe de maneira única e irrepetível porque é inteiramente singular o seu modo de efetivar e viver esse conjunto de características. Aliás, nem mesmo gêmeos idênticos são confundidos quando se conhece o modo de existir e de viver de cada um. O que distingue a face de alguém é a força pessoal que se manifesta por meio de seus traços.

Na pena de Edith Stein, afastar-se da solução do problema da individuação pela porção individual de matéria equivalia a afastar-se de Tomás de Aquino. Mas aqui vale um comentário análogo ao já feito no tocante ao papel do intelecto na coprodução do conhecimento: assim como Edith Stein, se tivesse vivido o bastante para ler o conjunto da obra de Tomás, teria certamente encontrado nela fundamentos para defender a coautoria do sujeito (intelecto) na atividade cognitiva e para esclarecer de maneira inequívoca que a consciência não é uma simples tabula rasa, assim também, se ela tivesse tido tempo, poderia ter visto, em Tomás, passagens que relativizam a importância da porção individual de matéria ou a matéria assinalada pela quantidade como princípio de individuação. Com efeito, Tomás de Aquino, em certos momentos, admite que a forma pode ser esse princípio[10]. De acordo com o Aquinate, "no constitutivo inteligí-

---

▷ *la singularité*. Paris: Vrin, 2005. Para ter acesso aos textos do próprio Duns Escoto sobre a individuação, ver: Duns Escoto, *Le principe d'individuation* (*Principium individuationis*). Edição e tradução francesa de Gérard Sondag. Paris: Vrin, 2005.

10 A esse respeito, cf. o artigo já clássico de Joseph Owens, que, embora discutível em alguns aspectos, situa o debate em termos menos simplistas do que uma opção pura e simples pela matéria individual: J. Owens, Thomas Aquinas, em J.E. Gracia (ed.), *Individuation in Scholasticism: The Late Middle Ages and* ▶

vel (*ratio*) do indivíduo há dois aspectos: que ele seja em ato (ou em si ou em outro) e que seja divisível"[11]. Ora, ainda que a divisibilidade signifique que o indivíduo é constituído por uma quantidade (condição material), a exigência de que ele seja em ato leva a concluir que o que o individua é a forma, pois ato é sempre algo próprio da forma, nunca da matéria. Além disso, Tomás de Aquino também insiste que "os acidentes não são o princípio de individuação, mas são princípio de conhecimento da distinção dos indivíduos"[12].

No próprio Aristóteles – em cujos ombros, aliás, se pôs a responsabilidade pela eleição da matéria individual como princípio de individuação – é possível encontrar uma posição muito mais matizada do que se lhe atribuía nos tempos de Edith Stein: se o Estagirita afirma que as características diferenciais dos indivíduos são acidentais para a forma específica, pois a peculiaridade de cada um não é essencial e porque o que lhes é essencial é seu pertencimento à forma da espécie[13], ele também afirma que a essência do particular é o composto de matéria e forma, que vem a ser e perece[14]. Ele ainda estabelece que, para um particular, sua distinção com outro particular não pode ser acidental; a diferença entre as formas realizadas nos particulares deve ser essencial para elas[15].

Vistos dessa maneira, nem Tomás de Aquino nem Aristóteles poderiam ser associados, sem nuanças, à solução do problema da individuação pela porção individual de matéria ou pela matéria assinalada pela quantidade. Aliás, apesar das conclusões instigantes que possibilitou, o juízo histórico de Roberta de Monticelli revela-se exagerado e mesmo incorreto

▷ *the Counter-Reformation (1150-1650)*. Abany: State of New York Press, 1994, p. 173-194. Cf. também R.J. Henle, Santo Tomás e o Platonismo, em Tomás de Aquino, *Suma de Teologia, Primeira Parte, Questões 84-89*. Trad. Carlos Arthur Ribeiro do Nascimento. Uberlândia: EDUFU, 2004, p. 52-71.

11 Tomás De Aquino, *Comentário às Sentenças de Pedro Lombardo* IV, 12, 1, 1, 3, ad 3m: *de ratione individui duo sunt, scilicet quod sit ens actu vel in se vel in alio, et quod sit divisum.*

12 Idem. *Comentário ao Tratado da Trindade de Boécio* 4, 2, Resp.: *accidentia non sunt principium individuationis, sed sunt principium cognoscendi distinctionem individuorum.*

13 Cf. Aristóteles, *Metafísica*, 1034a5-8.
14 Ibidem, 1039b20-31.
15 Ibidem, 1058b8-12.

ao falar de uma teoria uniforme desde Aristóteles até Strawson, com exceção de Escoto e Leibniz. Tomás de Aquino seguramente é mais uma exceção; e mesmo Aristóteles talvez o seja. As exceções, assim, mostram-se tantas que talvez o que não tenha existido historicamente é a pretensa linhagem da "absurda teoria da individuação".

Edith Stein, porém, não teve condições de chegar a essa clareza histórica. Para ela, afastar-se da *materia signata* era afastar-se de Tomás e de Aristóteles. Os leitores de hoje, no entanto, podem ver as diferenças e buscar uma explicação mais adequada para saber de quem realmente Edith Stein se afastou. A resposta não parece ser outra senão a de que Edith Stein, crendo afastar-se de Tomás, afastava-se, na verdade, do neotomismo, pois esse movimento aplainava as irregularidades do terreno lexical e conceitual formado pelos textos de Tomás de Aquino e promulgava uma visão homogênea e sistemática da qual fazia parte, por exemplo, a tese da *materia signata* como resposta única ao problema da individuação. Dado que Edith Stein foi formada em grande parte pela interlocução com neotomistas, ela certamente associou essa solução com o pensamento histórico de Tomás de Aquino, a ponto de pensar que significava uma ruptura com ele a entrada na via escotista. Mas a ruptura era com o pensamento neotomista.

O neotomismo constituiu um movimento filosófico iniciado no século XIX e autodeclarado como legítimo representante de uma filosofia católica "correta e imutável", baseada no pensamento de Tomás de Aquino, que havia sido declarado pensador oficial da Igreja pela encíclica *Aeterni Patris*, de Leão XIII. Mas o neotomismo não correspondia necessariamente ao pensamento registrado por Tomás de Aquino em seus textos, ou, como se diz, do "Tomás histórico". As raízes do neotomismo estão no tomismo, movimento iniciado de certa maneira já no século XIV (quando Tomás de Aquino foi canonizado) e na declaração de Tomás como Doutor da Igreja, em 1567. Aos poucos, segundo explica Henrique Claudio de Lima Vaz, o tomismo pôs Tomás de Aquino em um pedestal a-histórico, como se o seu pensamento fosse marcado por um caráter "definitivo" porque seria imutável e perene. Tomistas e neotomistas traduziram, então, aquilo que eles consideravam ser o pensamento de Tomás em um código de teses e doutrinas que pretensamente não variariam, mas seriam o reflexo, no tempo, de realidades imutáveis[16]. Ocorre que tomistas e neotomistas – percebendo-o ou não – assimilaram teses vindas de outros autores, como Tomás de Vio (Cajetano), João de Santo Tomás ou, ainda, Suárez, Descartes e Leibniz, entre outros, raras vezes mantendo fidelidade estrita aos textos do próprio Tomás de Aquino. No início do século xx, historiadores do pensamento histórico de Tomás (chamado então de tomasiano ou tomásico), como Martin Grabmann e Marie--Dominique Chenu, chamaram a atenção para o descompasso entre o (neo)tomismo e o Tomás histórico. Edith Stein, porém, embora tivesse consciência da urgência de recuperação do pensamento histórico de Tomás de Aquino, sofreu grande influência do pensamento neotomista majoritário e respeitava os representantes desse pensamento como seus interlocutores[17]. Isso explica por que, em alguns pontos, ela tenha sentido a

---

16 Cf. H.C. Lima Vaz, *Escritos de Filosofia III: Filosofia e Cultura*, São Paulo: Loyola, 1997, p. 291. Vale lembrar que o magistério da Igreja Católica não fala mais, hoje em dia, de uma "filosofia oficial", pois percebeu o equívoco teórico-histórico que isso implica. O tomismo também não é mais declarado como seu representante, assim como não se preocupa mais com uma filosofia "perene" ou "imutável", como se a abertura à historicidade do pensamento representasse uma ameaça à estabilidade da fé. A imprecisão cometida pela encíclica *Aeterni Patris*, de Leão XIII, foi corrigida na encíclica *Fides et ratio*, de João Paulo II, que não mais propõe o tomismo como pensamento oficial, mas apenas chama Tomás de Aquino de pensador modelar, junto com outros, entre eles Santo Anselmo, São Boaventura, Edith Stein, John Henry Newman, Vladimir Soloviev, Pavel Florenskij (cf. João Paulo II, *Fides et ratio: Carta apostólica sobre as relações entre fé e razão*. Trad. brasileira. São Paulo: Loyola, 1998, p. 57). O fato de a encíclica *Fides et ratio* mencionar repetidas vezes São Boaventura já é algo muito eloquente, pois desde o século XVI a hegemonia tomista na política vaticana impedia que qualquer referência ao pensamento de orientação franciscana ganhasse destaque nas cenas eclesiásticas (embora também circulassem manuais de filosofia escotista em ambientes católicos). Não parece casual, aliás, que Duns Escoto tenha sido declarado beato apenas em 1993, por João Paulo II, e que ainda esteja longe de ser canonizado.

17 Entre as anotações de Edith Stein, é possível encontrar referências a historiadores mais críticos, como é o caso de Martin Grabmann e Pierre Mandonnet, mas, curiosamente, no tocante ao tema do conhecimento, do ente, da individuação e outros, restaram longas notas tomadas por ela do livro *Saint Thomas d'Aquin*, de A.-D. Sertillanges, um dos mais influentes neotomistas do século XX. Cf. E. Stein, *Miscellanea thomistica: Übersetzungen, Abbreviationen, Exzerpte aus Werken des Thomas von Aquin und der Forschungsliteratur*. Freiburg: Herder, 2013, p. 269-293.

necessidade de "distanciar-se de Tomás", quando, na realidade, era do neotomismo que ela se distanciava.

Em termos fenomenológicos, esse distanciamento concentrava-se, por exemplo, na necessidade de garantir a unidade íntima entre o objeto intencional e o objeto efetivo ou existente por si mesmo (onticamente independente, como diz Edith Stein em *Potência e Ato*). Os neotomistas, no entanto, não se libertavam de uma interpretação particular de Tomás de Aquino, fundada na ideia de abstração tal como eles a entendiam, acabando por aprisionar a teoria tomasiana do conhecimento em um esquema típico das filosofias da representação. Não é por acaso que Joseph Gredt, autor neotomista central na formação de Edith Stein, chamava de *fenomenalismo* o idealismo transcendental[18], coisa que Edith Stein não podia aceitar de modo algum.

No caso preciso do problema do princípio de individuação, Edith Stein via que a solução tomista (ou "aristotélico-tomista") não se coadunava com a fenomenologia e incorria em outras dificuldades filosóficas graves, pois obrigava a falar do eu individual como resultante de estruturas que o precedem (estruturas materiais) e como determinado por nada de realmente individual. É nesse contexto que a metafísica escotista da singularidade vinha em socorro da metafísica dos universais já aprendida por Edith Stein com Tomás de Aquino.

É o que mostra definitivamente Francesco Alfieri ao trazer à tona aquilo que os textos de Edith Stein contêm de tomasiano, escotista, tomista e neotomista, bem como ao reconstruir o pensamento steiniano por si mesmo e não apenas em relação às tradições anteriores. O livro de Francesco Alfieri, nesse sentido, é hoje a melhor e mais extensa obra a respeito da relação de Edith Stein com a tradição escolástica e com a própria fenomenologia. Para além desse aspecto técnico e historiográfico, Alfieri permite visualizar algumas das correntes subterrâneas que ainda hoje nutrem diferentes formas do pensamento filosófico e que são nascidas em épocas e problemas muito anteriores à Modernidade e à Contemporaneidade.

---

18 Cf. J. Gredt, *Elementa philosophiae aristotelico-thomisticae*, v. 2, *Metaphysica generalis*, Pars II, Thesis 11, nº 686, 2 (in fine). Barcelona: Herder, 1961, p. 83 (a edição lida por Edith Stein era de 1913).

Alfieri não cede, entretanto, à tentação de falar de uma *Problemgeschichte* ou de uma história de problemas que seriam arquetípicos e que, uma vez surgidos em momentos determinados, seriam constantes ao longo do tempo e receberiam tratamentos diferentes em épocas também diferentes. Essa posição é hoje insustentável, pois os historiadores veem cada vez mais que muitos temas e problemas tratados por certos filósofos não correspondem propriamente aos mesmos temas e problemas tal como formulados por filósofos anteriores, mesmo quando o nome dado a esses problemas é o mesmo. Em muitos casos, a despeito dos nomes parecidos, os temas e problemas são outros. Por exemplo, é já consenso que o platonismo criticado por alguns autores antigos, medievais e mesmo recentes, como Nietzsche entre outros, não corresponde ao que hoje os melhores especialistas dizem ser o pensamento histórico de Platão; também o aristotelismo reivindicado por alguns antigos, medievais e modernos não corresponde ao que se conhece hoje como o Aristóteles histórico.

Francesco Alfieri escapa com rigor a esse deslize filosófico e historiográfico, pois apresenta aos leitores as diferenças existentes entre o modo como Duns Escoto e Edith Stein trataram do problema da individuação, reconstrói as especificidades de cada um e somente depois analisa a dependência de Stein para com Escoto. As semelhanças e diferenças nascem, portanto, dos textos mesmos e não de uma projeção historiográfica. Seu trabalho assemelha-se ao que Paul Veyne chamava de "modelo da intriga" (entre conceitos, não entre pessoas)[19] e que hoje, seguindo Alain de Libera, poder-se-ia chamar de "problemas tomados em rede"[20]: há tantas redes conceituais quantos são os pesquisadores que as identificam, mas a rede mais confiável é aquela que se evidencia pela sua coerência com os documentos-fontes e é testada pelo debate entre os pares especialistas; não é aquela que se defende a todo custo, ainda que para isso se negligenciem as fontes ou se manipulem dados que não interessam à posição que se busca sustentar.

---

19 Cf. P. Veyne, *Comment on écrit l'histoire*. Paris: Seuil, 1971.
20 Cf. A. Libera, *Autour de l'Archéologie du sujet: Entretien à Actu Philosophia*. Disponível em: <http://www.actu-philosophia.com>. Acesso em: 2 set. 2015.

Pensando por analogia, assim como a independência ôntica dos objetos efetivos é obtida pela intersubjetividade (que exclui todo risco de solipsismo), assim também a efetividade de uma rede conceitual é obtida pela intersubjetividade dos pesquisadores que dialogam e não têm medo de abrir-se ao confronto de ideias. Esse é o modo como o livro de Francesco Alfieri convence os leitores quanto à rede efetiva que se manifesta em Duns Escoto e em Edith Stein. Seu livro retrata a escuta dos textos dos próprios filósofos e faz o pensamento steiniano falar por si mesmo, sem os filtros de interesses predeterminados. Daí a enorme importância deste trabalho para os estudos steinianos e de fenomenologia em geral. Trata-se, sem exagero, de um verdadeiro divisor de águas.

Juvenal Savian Filho
Departamento de Filosofia – Unifesp

Bibliografia

1. Códices manuscritos

Todi: Biblioteca Comunale, cód. 95 (= T).
Roma: Collegio S. Isidoro, cód. 1/15 (= Is).
Cidade do Vaticano: Biblioteca Vaticana, cód. lat. Borghesiano 192 (= v).

1.1. Repertório de Manuscritos

BIERBAUM, M. Bettelorden und Weltgeistlichkeit an der Universität Paris. Texte und Untersuchungen zum literarischen Armuts- und Exemtionsstreit des 13. Jahrhunderts (1255-1272). FS, n. 2, 1290.
LEONIJ, L. *Inventario dei codici della Comunale di Todi.* Todi: [Tip. Z. Foglietti], 1878.
MAIER, A. *Codices Burghesiani Bibliothecae Vaticanae* (Studi e Testi, 170). Città del Vaticano: Biblioteca Apostolica Vaticana, 1952.

2. Obras e estudos

2.1. Aristóteles

ARISTOTELES LATINUS. *Metaphysica. Libri I-X, XII-XIV,* siue translatio media. Anonymus saec. XII uel XIII translator Aristotelis, edidit G. Vuillemin-Diem (al, 25/2). Leiden: Brill, 1976.

2.1.1. Estudos sobre Aristóteles

BERTI, E. *Introduzione alla metafisica*. Torino: Utet, 2006.
CHARLTON, W. Aristotle and the Principle of Individuation, *Phron*, n. 17, 1972.

2.2. João Duns Escoto

Quaestiones super secundum et tertium de anima. Freiburg: St. Bonaventure University, 2006.
Quaestiones super libros Metaphysicorum Aristotelis. St. Bonaventure: St. Bonaventure University, 1997.
Lectura in librum secundum sententiarum. Studio et cura Commissionis Scotisticae ad fidem codicum edita. *Opera omnia*, t. XIX. Città del Vaticano: Typis Polyglottis Vaticanis, 1993.
Lectura in librum secundum sententiarum, distinctiones 1-6. Studio et cura Commissionis Scotisticae ad fidem codicum edita. *Opera omnia*, t. XVIII. Città del Vaticano: Typis Polyglottis Vaticanis, 1982.
Ordinatio, liber secundus, distinctiones 1-3. Studio et cura Commissionis Scotisticae ad fidem codicum edita. *Opera omnia*, t. VII. Città del Vaticano: Typis Polyglottis Vaticanis, 1973.
Opera omnia, quae hucusque reperiri potuerunt, collecta, recognita, notis, scholiis, et commentariis illustrata. a PP. Hibernis, Collegij Romani S. Isidori professoribus [edd. L. Waddingus etc.], Lugduni: Durand, 1639; reimpr. Hildesheim: Olms, 1968.
Opera omnia. Studio et cura Commissionis Scotisticae ad fidem codicum edita. Città del Vaticano: Typis Polyglottis Vaticanis, 1950.
Tractatus de primo principio. Ed. criticam curavit M. Müller. Freiburg: Herder, 1941.
Opera omnia. Editio nova iuxta editionem Wadding continentem a patribus Franciscanis de observantia accurate recognita. Paris: Vivès, 1891-1895. 12 t.

2.2.1. Estudos sobre João Duns Escoto

DE ORDINATIONE *Ioannis Duns Scoti disquisitio historico-critica*. In: DUNS SCOTI, Ioannis. *Opera omnia*, studio et cura Commissionis Scotisticae ad fidem codicum edita. Città del Vaticano: Typis Polyglottis Vaticanis, 1950. T I.
COMMISSIONIS Scotisticae (org.). *De doctrina Ioannis Duns Scoti. Acta Congressus Scotistici Internationalis Oxonii et Edimburgi 11-17 septembris 1966 celebrati*. Roma: Poligrafica & Cartevalori, 1968. 4 v.
SILEO, L. (org.). *Via Scoti: Methodologica ad mentem Joannis Duns Scoti. Atti del Congresso Scotistico Internazionale, Roma 9-11 marzo 1993*. Roma: Antonianum, 1995. 2 v.

2.3. Outros filósofos medievais

BOAVENTURA. *Commentaria in primum librum sententiarum*. Studio et cura PP. Collegii a S. Bonaventura ad plurimos codices mss. Emendata, *Opera omnia*, t. I, ex typ. Collegii S. Bonaventuræ Ad Claras Aquas (Quaracchi), 1882.

EGÍDIO ROMANO. *De esse et essentia, de mensura angelorun, et de cognitione angelorum*. Venezia: Simone de Luere, 1503 (reimpr. Frankfurt: Minerva, 1968).
____. *Quodlibet*. Cura industriaque Fratris Simonis de Ungaria. Bologna: Domenico de Lapi, 1481.
HENRIQUE DE GAND. *Quodlibeta magistri Henrici Goethals a Gandauo doctoris solemnis: vaenundantur ab Iodoco Badio Ascensio*. Paris: Iodoci Badii Ascensii, 1518.
MATEUS DE AQUASPARTA. *Quaestiones disputatae de fide et de cognitione*. Cura PP. Collegii S. Bonaventurae. Firenze: Quaracchi ex typ. Collegii S. Bonaventurae, 1957.
PEDRO DE JOÃO OLIVI. *Quaestiones in secundum librum Sententiarum: quas primum ad fidem codd. mss. edidit Bernardus Jansen*. Firenze: Quaracchi ex typ. Collegii S. Bonaventurae, 1922. T. I.
VITAL DE FURNO. *Quodlibeta tria*. Roma: Typis Polyglottis Vaticanis, 1947.

2.4. Wilhelm Dilthey

Einleitung in die Geisteswissenschaften: Versuch einer Grundlegung für das Studium der Gesellschaft und Geschichte. Leipzig-Göttingen: Teubner-Vandenhoeck & Ruprecht, 1990.

2.5. Eugen Fink

VI. *Cartesianische Meditation. Teil I. Die Idee einer transzendentalen Methodenlehre*. Dordrecht: Kluwer, 1988.

2.6. Martin Heidegger

Die Kategorien- und Bedeutungslehre des Duns Scotus. Tübingen: Mohr, 1916.
Sein und Zeit. Tübingen: Niemeyer, 1927.
Scritti filosofici (1912-1917). Padova: La garangola, 1972.

2.7. Edmund Husserl

Natur und Geist, in *Aufsätze und Vorträge (1911-1921)*. Dordrecht/Boston/Lancaster: Nijhoff, 1987.
Logische Untersuchungen. Zweiter Band. Untersuchungen zur Phänomenologie und Theorie der Erkenntnis. Haia/Boston/Lancaster: Nijhoff, 1984.
Die Krisis der europäischen Wissenschaften und die transzendentale Phänomenologie. Eine Einleitung in die phänomenologische Philosophie. Haia: Nijhoff, 1976.
Ideen zu einer reinen Phänomenologie und phänomenologischen Philosophie. Erstes Buch. Allgemeine Einführung in die reine Phänomenologie (1913). Haia: Nijhoff, 1976.
Formale und transzendentale Logik. Versuch einer Kritik der logischen Vernunft. Haia: Nijhoff, 1974.
Ms. trans. F I 30/43a-b (obra inédita).

2.7.1. Estudos sobre Edmund Husserl

ALES BELLO, A. *Edmund Husserl: Pensare Dio, credere in Dio*. Padova: Messaggero, 2005. Trad. ingl. *The Divine in Husserl and Other Explorations*, de A. Calcagno. Dordrecht: Springer, 2009. (Analecta Husserliana, v. 98.)

2.8. Hedwig Conrad-Martius

Die Geistseele des Menschen. München: Kösel, 1960.
Metaphysische Gespräche. Haia: Niemeyer, 1921.
Ms. A XVIII 2 (a) – trans. 2 (b), *Individuationsprinzip*, 1946 (*Catalogus codicum manu scriptorum Bibliothecae Monacensis. Die Nachlässe der Münchener Phänomenologen in der Bayerischen Staatsbibliothek*, verzeichnet v. E. Avé-Lallemant, Tomus X, Pars I. Wiesbaden: Harrassowitz, 1975).

2.8.1. Estudos sobre Hedwig Conrad-Martius

ALFIERI, F. Gli inediti su Edith Stein aprono un nuovo orizzonte di ricerca: una ricognizione dei carteggi privati di H. Conrad-Martius, H.-L. Van Breda e A.-T. Tymieniecka. In: MANGANARO, P.; NODARI, F. (orgs.). *Ripartire da Edith Stein: la scoperta di alcuni manoscritti inediti*. Brescia: Morcelliana, 2014.

_____. L'ancoraggio ontico tra "Natura" e "Spirito" nel "Das Sein" di H. Conrad-Martius: una questione aperta. In: BACCARINI, E.; D´AMBRA M.; MANGANARO, P.; PEZZELLA, A.M. (orgs.). *Persona, logos, relazione: una fenomenologia plurale. Scritti in onore di Angela Ales Bello*. Roma: Città Nuova, 2011.

_____. Dalla fenomenologia husserliana al "realismo meta-fenomenologico" di H. Conrad-Martius: quali sono i "confini" fenomenologici che vengono "oltrepassati"? In: DE LEO, D. (org.). *Pensare il senso: perché la filosofia. Scritti in onore di Giovanni Invitto*. Milano/Udine: Mimesis, 2014. V. 1.

_____. Hedwig Conrad-Martius: A Philosophical Heredity Illustrated by Eberhard Avé-Lallemant. *Axiomathes*, v. 18, 2008. Disponível em: <http://www.springerlink.com>. Acesso em: 30 jul. 2010.

_____. Bio-bibliographical Note. *Axiomathes*, v. 18, 2008. Disponível em: <http://www.springerlink.com>. Acesso em: 30 jul. 2010.

2.9. Edith Stein

2.9.1. Obras de Edith Stein

Beiträge zur philosophischen Begründung der Psychologie und der Geisteswissenschaften. Halle: Neimeyer, 1922.
Husserls Phänomenologie und die Philosophie des heiligen Thomas von Aquin. Versuch einer Gegenüberstellung. Festschrift Edmund Husserl zum 70. Geburtstag gewidmet. Halle: Neimeyer, 1929.
Briefe an Hedwig Conrad-Martius. Mit einem Essay über Edith Stein. München: Kösel, 1960.
Endliches und ewiges Sein. Versuch eines Aufstiegs zum Sinn des Seins (ESW, II). Freiburg/Basel/Wien: Herder, 1962.

Beiträge zur philosophischen Begründung der Psychologie und der Geisteswissenschaften. Tübingen: Neimeyer, 1970.
Briefe an Roman Ingarden. 1917-1938 (ESW, XIV). Freiburg/Basel/Wien: Herder, 1991.
Potenz und Akt. Studien zu einer Philosophie des Seins (ESW, XVIII). Freiburg/Basel/Wien: Herder, 1998.
Die Frau. Fragestellung und Reflexionen (ESGA, 13). Freiburg/Basel/Wien: Herder, 2000.
Selbstbildnis in Briefen, v. 3: Briefe an Roman Ingarden (ESGA, 4). Freiburg/Basel/Wien: Herder, 2001.
Aus dem Leben einer jüdischen Familie und weitere autobiographische Beiträge, neu bearbeitet und eingeleitet (ESGA, 1). Freiburg/Basel/Wien: Herder, 2002.
Natura persona mistica: Per una ricerca cristiana della verità. Roma: Città Nuova, 2002.
Der Aufbau der menschlichen Person. Vorlesung zur philosophischen Anthropologie (ESGA, 14). Freiburg/Basel/Wien: Herder, 2004.
Einführung in die Philosophie (ESGA, 8). Freiburg/Basel/Wien: Herder, 2004.
Potenz und Akt. Studien zu einer Philosophie des Seins (ESGA, 10). Freiburg/Basel/Wien: Herder, 2005.
Selbstbildnis in Briefen, v. 1: Erster Teil: 1916-1933 (ESGA, 2). Freiburg/Basel/Wien: Herder, 2005.
Was ist der Mensch? Theologische Anthropologie (ESGA, 15). Freiburg/Basel/Wien: Herder, 2005.
Endliches und ewiges Sein. Versuch eines Aufstiegs zum Sinn des Seins. Anhang: Martin Heideggers Existenzphilosophie – Die Seelenburg (ESGA, 11-12). Freiburg/Basel/Wien: Herder, 2006.
Selbstbildnis in Briefen, v. 2: Zweiter Teil: 1933-1942 (ESGA, 3). Freiburg/Basel/Wien: Herder, 2006.
Zum Problem der Einfühlung. Freiburg/Basel/Wien: Herder, 2008.
Beiträge zur philosophischen Begründung der Psychologie und der Geisteswissenschaften (ESGA, 6). Freiburg/Basel/Wien: Herder, 2010.
STEIN, Edith; CONRAD-MARTIUS, H. *Übersetzung von Alexandre Koyré. Descartes und die Scholastik* (ESGA, 25). Freiburg/Basel/Wien: Herder, 2005.

2.9.2. Fontes utilizadas por Edith Stein

DUNS SCOTI, Ioannis. *Quaestiones disputatae de rerum principio. Tractatus de primo rerum omnium principio,* novis curis ed. M. Fernandez Garcia. ex typ. Collegii S. Bonaventurae, Ad Claras Aquas (Quaracchi), 1910 [1891].
KOYRÉ, A. *Essai sur l'idée de Dieu et les preuves de son existence chez Descartes* (Bibliothèque de l'École des Hautes Études, Sciences Religieuses, 33). Paris: Leroux, 1922.
LONGPRÉ, E. Duns Skotus, der Theologe des fleischgewordenen Wortes. *wiwei,* n. 1, 1934.
MANSER, G.M. *Das Wesen des Thomismus.* Freiburg (Schweiz): Rütschi, 1935.
MESSNER, R. Das Individuationsprinzip in skotistischer Schau. *wiwei,* n. 1, 1934.
MÜLLER, M. Stand der Skotus-Forschung 1933. Nach Ephrem Longpré, O.F.M. (Referat, gehalten zu Köln am 27. März 1933). *wiwei,* n. 1, 1934.

2.9.3. Estudos sobre Edith Stein

ALES BELLO, A. Status quaestionis. In: ALES BELLO, A.; MANGANARO, P. (orgs.). *...e la coscienza? Fenomenologia, Psicopatologia, Neuroscienze*. Bari: Giuseppe Laterza, 2012.

_____. Il "singolo" e il suo volto. In: VINCI, D. (org.). *Il volto nel pensiero contemporaneo*. Trapani: Il Pozzo di Giacobbe, 2010.

_____. Ontology and Phenomenology. In: POLI, R.; SEIBT, J. (orgs.). *Theory and Applications of Ontology: Philosophical Perspectives*. Dordrecht: Springer, 2010.

_____. *Edith Stein o dell'armonia: esistenza, pensiero, fede*. Roma: Studium, 2009.

_____. Il contributo specifico della donna nella formazione culturale. *Sul femminile: scritti di antropologia e religione*. Troina: Città Aperta, 2004.

_____. *Edith Stein: La passione per la verità*. Padova: Messaggero, 2003.

_____. *L'universo nella coscienza. Introduzione alla fenomenologia di Edmund Husserl, Edith Stein, Hedwig Conrad-Martius*. Pisa: ETS, 2003.

_____. Persona. *L'universo del corpo*. Roma: Istituto della Enciclopedia Italiana, 2000. V. 5.

_____. Maschile-femminile: Antropologie contemporanee e problema del "genere". In: AA.VV. *Cattolici in Italia tra fede e cultura*. Milano: Vita e Pensiero, 1997.

_____. *Fenomenologia dell'essere umano: Lineamenti di una filosofia al femminile*. Roma: Città Nuova, 1992.

ALES BELLO, A.; ALFIERI, F.; SHAHID, M. (orgs.). *Edith Stein, Hedwig Conrad-Martius: Fenomenologia, metafisica, scienze*. Bari: Giuseppe Laterza, 2010.

ALES BELLO, A. (org.). *Edith Stein: La ricerca della verità. Dalla fenomenologia alla filosofia cristiana*. Città Nuova: Roma, 1999.

ALFIERI, F. Gli inediti su Edith Stein aprono un nuovo orizzonte di ricerca: una ricognizione dei carteggi privati di H. Conrad-Martius, H.-L. Van Breda e A.-T. Tymieniecka. In: MANGANARO, P.; NODARI, F. (orgs.). *Ripartire da Edith Stein: la scoperta di alcuni manoscritti inediti*. Brescia: Morcelliana, 2014.

_____. *Pessoa Humana e Singularidade em Edith Stein: Uma Nova Fundação da Antropologia Filosófica*. São Paulo: Perspectiva, 2014.

_____*Die Rezeption Edith Steins. Internationale Edith-Stein-Bibliographie (1942-2012). Festgabe für M. Amata Neyer ocd*. Würzburg: Echter, 2012.

_____. Il principio di individuazione nelle analisi fenomenologiche di Edith Stein e Hedwig Conrad-Martius: il recupero della filosofia medievale. In: ALES BELLO. A.; ALFIERI, F.; SHAHID, M. (orgs.). *Edith Stein, Hedwig Conrad-Martius: Fenomenologia, metafisica, scienze*. Bari: Giuseppe Laterza, 2010.

_____. Il "Principium individuationis" e il "fondamento ultimo" dell'essere individuale: D. Scoto e la rilettura fenomenologica di E. Stein. In: SHAHID, M.; ALFIERI, F. (orgs.). *Il percorso intellettuale di Edith Stein*. Bari: Giuseppe Laterza, 2009.

ARENDT, H. *La banalità del male: Eichmann a Gerusalemme*. Milano: Feltrinelli, 2007.

BERTOLINI, A. *Empatía y Trinidad en Edith Stein: fenomenología, teología y ontología en clave relacional*. Salamanca: Secretariado Trinitario, 2013.

BORDEN, S. *Edith Stein*. London/New York: Continuum, 2003.

BOTTIN, F. Tommaso D'Aquino, Duns Scoto e Edith Stein sulla individuazione. *Il Santo*, n. 49, 2009.

CALLIERI, B. *Corpo, esistenze, mondi: Per una psicopatologia antropologica*. Roma: EUR, 2007.
CONRAD-MARTIUS, H. Meine Freundin Edith Stein. *Hochland*, n. 51, 1958.
DE MONTICELLI, R. *L'ordine del cuore: etica e teoria del sentire*. Milano: Garzanti, 2008.
_____. Persona e individualità essenziale: un dialogo con Peter Van Inwagen e Lynne Baker. In: CAPPUCCIO, M. (org.). *Neurofenomenologia: le scienze della mente e la sfida dell'esperienza cosciente*. Milano: Bruno Mondadori, 2006.
_____. L'individualità essenziale: appunti per una personologia fenomenologica. In: BESOLI, S.; GUIDETTI, L. (orgs.). *Il realismo fenomenologico: sulla filosofia dei circoli di Monaco e Gottinga*. Macerata: Quodlibet, 2000.
EPIS, M. *Fenomenologia della soggettività: saggio su Edith Stein*. Milano: LED, 2003.
ERRICO, R. Quantità e qualità: la questione dell'individuazione nel confronto tra Tommaso D'Aquino e Edith Stein. In: SHAHID, M.; ALFIERI, F. (orgs.).: *Il percorso intellettuale di Edith Stein*. Bari: Giuseppe Laterza, 2009.
FELDES, J. Il rifugio dei fenomenologi: il nuovo "Circolo di Bergzabern" dopo la prima guerra mondiale. In: ALES BELLO, A.; ALFIERI, F.; SHAHID, M. (orgs.). *Edith Stein, Hedwig Conrad-Martius: Fenomenologia, metafisica, scienze*. Bari: Giuseppe Laterza, 2010.
HECKER, H. *Phänomenologie des Christlichen bei Edith Stein*. Würzburg: Echter, 1995.
HERBSTRITH, W. (org.). *Edith Stein: Ein neues Lebensbild in Zeugnissen und Selbstzeugnissen*. Freiburg/Basel/Wien: Herder, 1987.
HÖFLIGER, A. *Das Universalienproblem in Edith Steins Werk "Endliches und ewiges Sein"*. Freiburg (Schweiz): Universitätsverlag, 1968.
MANGANARO, P. Comunità e comunione mistica. In: ALES BELLO, A.; PEZZELLA, A.M. (orgs.). *Edith Stein: comunità e mondo della vita. Società, diritto, religione*. Città del Vaticano: Lateran University Press, 2008.
PEZZELLA, A.M. *Lineamenti di filosofia dell'educazione: per una prospettiva fenomenologica dell'evento educativo*. Città del Vaticano: Lateran University Press, 2007.
_____. *L'antropologia filosofica di Edith Stein: indagine fenomenologica della persona umana*. Roma: Città Nuova, 2003.
POSSELT, T.R. *Das Lebensbild einer Karmelitin und Philosophin*. Nürnberg: Glock u. Lutz, 1948.
REDMOND, W. La rebelión de Edith Stein: la individuación humana. In: RIZO PATRON, R.J.; VARGAS GUILLÉN, G. (orgs.). *Acta fenomenológica latinoamericana. Actas del III Coloquio Latinoamericano de Fenomenología/I Coloquio Iberoamericano de Fenomenología y Hermenéutica, Lima, enero 12-16, 2004*. Bogotá/Lima: San Pablo/Pontificia Universidad Católica del Perú, 2005.
SACRA CONGREGATIO Pro Causis Sanctorum. *Canonizationis servae Dei Teresiae Benedictae a Cruce positio super causae introductione*. Roma: Tipografia Guerra, 1983.
SÉCRÉTAN, P. Personne, individu et responsabilité chez Edith Stein. In: TYMIENIECKA, A.-T. (org.). *The Crisis of Culture: Steps to Reopen the Phenomenological Investigation of Man*. Dordrecht: D. Reidel Pub. Co, 1976.
SCHULZ, P. *Edith Steins Theorie der Person. Von der Bewußtseinsphilosophie zur Geistmetaphysik*. Freiburg/München: Alber, 1994.
SHAHID, M.; ALFIERI, F. (orgs.). *Il percorso intellettuale di Edith Stein*. Bari: Giuseppe Laterza, 2009.

VETTER, H. (org.). *Wörterbuch der phänomenologischen Begriffe*. Hamburg: Meiner, 2004.
VOLEK, P. *Erkenntnistheorie bei Edith Stein. Metaphysische Grundlagen der Erkenntnis bei Edith Stein im Vergleich zu Husserl und Thomas von Aquin*. Frankfurt: Lang, 1998.
ZAMBELLI, P. Alexandre Koyré alla scuola di Husserl a Gottinga. GCFI, n. 78, 1999.

3. Martin Heidegger e o "Tractatus de modis significandi sive Grammatica speculativa" de Tomás de Erfurt

GRABMANN, M. Die Entwicklung der mittelalterlichen Sprachlogik. Tractatus de modis significandi. *PhJ*, n. 35, 1922.
KÖLMEL, W. Heidegger und Duns Scotus. In: SILEO, L. (org.). *Via Scoti: Methodologica ad mentem Joannis Duns Scoti. Atti del Congresso Scotistico Internazionale, Roma 9-11 marzo 1993*. Roma: Antonianum, 1995. V. 2.
OTT, H. *Martin Heidegger. Unterwegs zu seiner Biographie*. Frankfurt: Campus, 1988.
PONTOGLIO, O. La dottrina scotista dell'intenzionalità nell'interpretazione di M. Heidegger. In: COMMISSIONIS Scotisticae (org.). *De doctrina Ioannis Duns Scoti. Acta Congressus Scotistici Internationalis Oxonii et Edimburgi 11-17 septembris 1966 celebrati*. Roma: Poligrafica & Cartevalori, 1968. V. 4.
USCATESCU BARRÓN, J. Ecos de Duns Escoto en Heidegger y en el pensamiento contemporaneo. In: BÉRUBÉ, C. (org.). *Homo et mundus. Acta quinti Scotistici Congressus Internationalis, Salmanticae, 21-26 septembris 1981*. Roma: Societas Internationalis Scotistica, 1984.

4. Duns Escoto e o "principium individuationis"

ALFIERI, F. Il "Principium individuationis" e il "fondamento ultimo" dell'essere individuale. D. Scoto e la rilettura fenomenologica di E. Stein. In: SHAHID, M.; ALFIERI, F. (orgs.). Bari: Giuseppe Laterza, 2009.
BARTH, T. Individualität und Allgemeinheit bei Duns Skotus. Eine ontologische Untersuchung. *WiWei*, n. 16, 1953; n. 17, 1954; n. 18, 1955; n. 19, 1956; n. 20, 1957.
CLATTERBAUGH, K.C. Individuation in the Ontology of Duns Scotus. *FrSA*, n. 32, 1972.
CONTI, A.D. Alcune note su individuazione e struttura metafisica della sostanza prima in Duns Scoto. *Anton*, n. 76, 2001.
DE LIBERA, A. *Storia della filosofia medievale*. Milano: Jaca Book, 1999.
DENIFLE, H. *Chartularium universitatis Parisiensis. Sub auspiciis consilii generalis facultatum Parisiensium*. Paris: Ex typis fratrum Delalain, 1889. T. 1.
DONÀ, M. Haecceitas e materia mignata: sul senso di una radicale questione metafisica. Note sul principium individuationis. In: MASIERO, R.; CODELLO,

R. (orgs.). *Materia signata-haecceitas tra restauro e conservazione*. Milano: FrancoAngeli, 1990.

D'ONOFRIO, G. (org.). *Storia della teologia, v. 2: Età medievale*. Casale Monferrato: Piemme, 2003.

____. *Storia della teologia nel Medioevo, v. 3: La teologia delle scuole*. Casale Monferrato: Piemme, 1996.

DUMONT, S.D. The Question on Individuation in Scotus'"Quaestiones super metaphysicam". In: SILEO, L. (org.), *Via Scoti: Methodologica ad mentem Joannis Duns Scoti. Atti del Congresso Scotistico Internazionale, Roma 9-11 marzo 1993*. Roma: Antonianum, 1995. V. 1.

____. The Univocity of the Concept of Being in the Fourteenth Century: John Duns Scotus and William of Alnwick. MS, n. 49, 1987.

____. The Univocity of the Concept of Being in the Fourteenth Century: The *De ente* of Peter Thomae. MS, n. 50, 1988.

GHISALBERTI, A. Individuo ed esistenza nella filosofia di Giovanni Duns Scoto. In: BÉRUBÉ, C. (org.). *Regnum hominis et regnum Dei. Acta quarti Congressus Scotistici Internationalis*. Roma: Societas Internationalis Scotistica, 1978. V. 1.

GILSON, É. *Giovanni Duns Scoto: introduzione alle sue posizioni fondamentali*. Ed. e organizado por C. Marabelli e D. Riserbato. Milano: Jaca Book, 2008.

GRACIA, J.J.E. (org.). *Individuation in Scholasticism: The Later Middle Ages and the Counter-Reformation (1150-1650)*. Albany: State University of New York Press, 1994.

GREDT, J. *Die aristotelisch-thomistische Philosophie, v. 1: Logik und Naturphilosophie*. Freiburg: Herder, 1935.

HÜLLEN, J. Individuation: Individuationsprinzip. HWP, n. 4, 1976.

IAMMARRONE, L. *Giovanni Duns Scoto metafisico e teologo: le tematiche fondamentali della sua filosofia e teologia*. Roma: Miscellanea Francescana, 2003.

KING, P. Duns Scotus on Singular Essences. *Medioevo*, n. 30, 2005.

____. Duns Scotus on the Common Nature and the Individual Differentia. *Philosophical Topics*, n. 20, 1992.

MANNO, A. *Introduzione al pensiero di Giovanni Duns Scoto*. Bari: Levante, 1994.

MACKEY, L. Singular and Universal: A Franciscan Perspective. FrSA, n. 39, 1979.

MEßNER, R. Das Individuationsprinzip in skotistischer Schau. WiWei, n. 1, 1934.

MODRIĆ, L. Rapporto tra la "Lectura II" e la "Metaphysica" di G. Duns Scoto. *Anton*, n. 62, 1987.

NOONE, T.B. Universals and Individuation. In: WILLIAMS, T. (org.). *The Cambridge Companion to Duns Scotus*. New York: Cambridge University Press, 2003.

____. Scotus's Critique of the Thomistic Theory of Individuation and the Dating of the "Quaestiones in Libros Metaphysicorum", VII q. 13. In: SILEO, L. (org.). *Via Scoti: Methodologica ad mentem Joannis Duns Scoti. Atti del Congresso Scotistico Internazionale, Roma 9-11 marzo 1993*. Roma: Antonianum, 1995. V. 1.

PARK, W. Haecceitas and the Bare Particular. RMet, n. 44, 1990.

____. Common Nature and Haecceitas. FS, n. 71, 1989.

____. The Problem of Individuation for Scotus: A Principle of Indivisibility or a Principle of Distinction? FrSA, n. 48, 1988.

PELSTER, F. Handschriftliches zu Skotus mit neuen Angaben über sein Leben. FS, n. 10, 1923.

PICKAVÉ, M. The Controversy over the Principle of Individuation in Quodlibeta (1277-ca 1320). A Forest Map. In: SCHABEL, C. (org.). *Theological Quodlibeta in the Middle Ages: The Fourteenth Century*. Leiden/Boston: Brill, 2007.

PINI, G. Scotus on Individuation. *Proceedings of the Society for Medieval Logic and Metaphysics*, n. 5, 2005. Disponível em: <http://www.fordham.edu/gsas/phil/klima/smlm/psmlm5/psmlm5.pdf>. Acesso em: 30 jul. 2010.

_____. Univocity in Scotus'"Quaestiones super metaphysicam": The Solution to a Riddle. *Medioevo*, n. 30, 2005.

RUDAVSKY, T. The Doctrine of Individuation in Duns Scotus. *FS*, n. 59, 1977; n. 62, 1980.

SALAMON, W.G. Una "quaestio" di Scoto intorno alla natura di una cosa: analisi di "Quaestiones super libros metaphysicorum Aristotelis". *Religioni et doctrinae. Religioni et doctrinae. Miscellanea di studi offerti a Bernardino de Armellada in occasione del suo 80º compleanno*. Roma: Istituto Storico dei Cappuccini, 2009.

SCHUBERT-SOLDERN, R. Das Individuationsprinzip bei Duns Scotus. *Deus et homo ad mentem I. Duns Scoti. Acta tertii Congressus Scotistici Internationalis Vindobonae 28 sept.-2 oct. 1970*. Roma: Societas Internationalis Scotistica, 1972.

SHIBUYA, K. Duns Scotus on "ultima realitas formae". In: CARBAJO NÚÑEZ, M. (org.). *Giovanni Duns Scoto: studi e ricerche nel VII Centenario della sua morte*. Roma: Antonianum, 2008. V. 1.

SILEO, L.; ZANATTA, F. I maestri di teologia della seconda metà del Duecento. In: D'ONOFRIO, G. (org.). *Storia della teologia nel Medioevo, v. 3: La teologia delle scuole*. Casale Monferrato: Piemme, 1996.

SEIDL, H. *Metafisica e realismo: dibattito su critiche moderne alla metafisica tradizionale e al suo realismo*. Città del Vaticano: Lateran University Press, 2007.

_____. Sulla concezione della materia in Aristotele e S. Tommaso D'Aquino. In: SORONDO, M.S. (org.). *Physica, cosmologia, Naturphilosophie: nuovi approcci*. Roma: Herder/Università Lateranense, 1993.

SQUITTIERI, A. Considerazioni sulla "natura indifferens" di Scoto. *StFr*, n. 90, 1993.

_____. La definizione del principio di individuazione in Duns Scoto: analisi delle difficoltà. *StPat*, n. 34, 1987.

STELLA, P.T. La teoria ilemorfica nel sistema scotista. In: COMMISSIONIS Scotisticae (org.). *De doctrina Ioannis Duns Scoti. Acta Congressus Scotistici Internationalis Oxonii et Edimburgi 11-17 septembris 1966 celebrati*. Roma: Poligrafica & Cartevalori, 1968. V. 2.

STROICK, C. Eine Pariser Disputation vom Jahre 1306. Die Verteidigung des thomistischen Individuationsprinzips gegen Johannes Duns Scotus durch Guillelmus Petri de Godino op. In: ECKERT, W.P. (org.). *Thomas von Aquino. Interpretation und Rezeption. Studien und Texte*. Mainz: Grünewald, 1974.

TONNA, I. The Problem of Individuation in Scotus and Other Franciscan Thinkers of Oxford in the 13th Century. In: COMMISSIONIS Scotisticae (org.). *De doctrina Ioannis Duns Scoti. Acta Congressus Scotistici Internationalis Oxonii et Edimburgi 11-17 septembris 1966 celebrati*. Roma: Poligrafica & Cartevalori, 1968. V. 1.

5. Vital de Furno e as "Quaestiones disputatae de rerum principio"

ALBANESE, C. *Studi su la filosofia di G. Duns Scoto: la teoria del conoscere*. Roma: Libreria di scienze e lettere, 1923.
BAZAN, B.C. et al. *Les questions disputées et les questions quodlibétiques dans les facultés de théologie, de droit et de médecine*. Turnhout: Brepols, 1985.
BONAFEDE, G. *Antologia del pensiero francescano*. Palermo: Mori, 1961.
CALLEBAUT, A. Le B. Duns Scot étudiant à Paris vers 1293-1296. *AFH*, n. 17, 1924.
ČAPKUN-DELIĆ, P. L'edizione critica delle opere di Giovanni Duns Scoto. *La Scuola Cattolica*, n. 94, 1966.
CARRERAS Y ARTAU, J. *Ensayo sobre el voluntarismo de J. Duns Scot: Una contribución a la historia de la filosofía medieval*. Gerona: Tipografía Carreras, 1923.
DELORME, F. Les Questions brèves "De rerum principio" du cardinal Vital du Four. *Sophia*, n. 10, 1942.
____. Le Cardinal Vital du Four. Huit questions disputées sur le problème de la connaissance. *AHDL*, n. 2, 1927.
____. L'Œuvre scolastique du maître Vital du Four d'après le Ms. 95 de Todi, *FrFr*, n. 9, 1926.
____. Autour d'un apocryphe scotiste. Le *De rerum principio* et Godefroy de Fontaines. *FrFr*, n. 8, 1925.
DE WULF, M. *Histoire de la philosophie médiévale, v. 2 : Le Treizième siècle*. Louvain/Paris: Institut Supérieur de Philosophie/Vrin, 1936.
DUMONT, S.D. Giles of Rome and the "De rerum principio" attributed to Vital du Four. *AFH*, n. 77, 1984.
GEREMIA DA BOLOGNA. Necrologio francescano. *MFS*, n. 5, 1890.
GILSON, É. *La Philosophie au Moyen-Âge: Des origines patristiques à la fin du XIVe*. Paris: Payot, 1947.
GLORIEUX, P. Pour en finir avec le "De rerum principio". *AFH*, n. 31, 1938.
____. D'Alexandre de Hales à Pierre Auriol: La Suite des maîtres franciscaines de Paris au XIIIe siècle. *AFH*, n. 26, 1933.
GODOFREDO DE PARIS. Vital du Four. *DThC*, tomo 15, v. 2, 1950.
HARRIS, C.R.S. *Duns Scotus*. Oxford: Clarendon Press, 1927. V. 2.
HECHICH, B. Il contributo della commissione scotista nella causa e nello studio del B. Giovanni Duns Scoto. In: SILEO, L. (org.). *Via Scoti: Methodologica ad mentem Joannis Duns Scoti. Atti del Congresso Scotistico Internazionale, Roma 9-11 marzo 1993*. Roma: Antonianum, 1995. V. 1.
HOFFMANS, J.; DE WULF, M. (orgs.). *Les Quodlibet cinq, six et sept de Godefroid de Fontaines*. Louvain: Institut Supérieur de Philosophie de l'Université, 1914.
HOFFMANS, J.; PELZER, A. (orgs.). *Étude sur les manuscrits des Quodlibet*. Louvain: Institut Supérieur de Philosophie de L'Université, 1937.
KLUG, H. *Die Lehre des Johannes Duns Scotus über Materie und Form*. 1917.
____. Die Immaterialität der Engel und Menschenseelen nach Johannes de Duns Skotus. *FS*, n. 3, 1916.
LANDRY, B. *Duns Scot*. Paris: Alcan, 1922.
LANGLOIS, C.-V. Vital du Four Frère Mineur. *HLF*, n. 36, 1927.

LONGPRÉ, E. Pour la défense de Duns Scot. *RFNS*, n. 18, 1926.
____. *La Philosophie du B. Duns Scot*. Paris: Librairie S. François d'Assise, 1924.
____. Le Cursus Philosophicus scotisticus du Zacharie Van de Woestyne. *FrFr*, n. 5, 1922.
LOTTIN, O. (org.). Le Quodlibet XV et trois questions ordinaires de Godefroid de Fontaines. Texte inédit. In : HOFFMANS, J.; PELZER, A. (orgs.). *Étude sur les manuscrits des Quodlibet*. Louvain: Institut Supérieur de Philosophie de L'Université, 1937.
LYNCH, J. The Theory of Knowledge of Vital du Four. *FIP.P*, n. 16, 1972.
MINGES, P. Die skotistische Literatur des XX Jahrhunderts. *FS*, n. 4, 1917.
____. *Ist Duns Scotus Indeterminist?* Münster: Aschendorff, 1905.
PARENT, E. Necrologia. Ephrem Longpré. *AO.F.M.*, n. 85, 1966.
PITS, J. *Relationum historicarum de rebus Anglicis*. Paris: R. Thierry et S. Cramoisy, 1619. V. 1.
PUTALLAZ, F.-X. La Connaissance de soi au Moyen Âge: Vital du Four. *Études de philosophie et théologie médiévales offertes à Camille Bérubé pour son 80e Anniversaire*. Roma: Istituto Storico dei Cappuccini, 1991.
SCARAMUZZI, D (org.). *Duns Scoto Summula: scelta di scritti coordinati in dottrina*. Firenze: Libreria Editrice Fiorentina, 1990.
SCARAMUZZI, D. La prima edizione dell' "Opera Omnia" di G. Duns Scoto (1639). *StF*, n. 27, 1930.
SIMONIS, S. De vita et operibus B. Joannis Duns Scoti iuxta litteraturam ultimi decennii. *Anton*, n. 3, 1928.
SPETTMANN, H. Neuere Forschungen zur Franziskanerschule. *FS*, n. 10, 1923.
TEEUWEN, M. *The Vocabulary of Intellectual Life in the Middle Ages*. Turnhout: Brepols, 2003.
THÉRY, G. Le "De rerum principio" et la condamnation de 1277. *RSPhTh*, n. 13, 1924.
UNTERVINTL, L. von. Die Intuitionslehre bei Vitalis de Furno, O. Min. *CFr*, n. 25, 1955.
WEIJERS, O. *Terminologie des universités au XIIIe siècle*. Roma: Edizioni dell'Ateneo, 1987.

Índice de Nomes

Agostinho 8 n.23, 27, 108, 143, 173
Agostino Gregório de Rimini 167
Ales Bello, A. XI ns.1 e 2, XX, XXII, XXIII
   n.4, 6 n.10, 9 n.25, 81 n.1, 83 n.6, 84 , 92
   ns.29 e 30, 93 n.32, 101 n.66, 103 n.70,
   107, 108 n.82, 110, 112, 113 n.94, 118, 128,
   129 n.143, 154 n.6, 157 n.10, 159
Alexandre de Hales 39n. 96
Alfieri, F. XI, XII, XIII, XVII, XVIII, 6 n.10,
   111 n.90, 154 n.6, 157 n.10, 171, 172, 183,
   184, 185
Anselmo 182
Antônio André 163, 164, 166
Arendt, H. XIX, 102 n.67
Aristóteles XXI, 3 n.2, 44, 48, 52, 54, 60,
   62, 64, 66, 67, 76, 81, 121 n. 126, 134, 135,
   143, 165, 173, 174, 177, 178, 180, 181, 184
Auriol Pedro, ver Pedro Auriol
Avé-Lallemant, E. 82 n.2
Averrois 74 n.84
Avicena 26, 165

Baccarini, E. 82 n.2
Baker, L. 159 n.13
Barth, T. 45 n. 3, 47 n.8, 72
Bartolomeu de Pisa 167

Baumeister, T. 161 n.1
Bazan, B. C. 8 n.22
Berti, E. 52 n.20
Bertolini, A. 157
Besoli, S. 121 n.126
Bierbaum, M. 19 n.48
Boaventura 79, 161, 182 n.16
Bonafede, G. 33 n.77
Bonifácio VIII (Papa) 167
Borden, S. R. 143
Bottin, F. XX, 128, 136, 137, 156
Buber, M. XIX

Cálias 67
Callebaut, A. 38
Callieri, B. 120 n.123
Cappuccio, M. 158 n.11
Carbajo Nuñez, M. 45 n.8, 76 n.89
Carreras y Artau, J. 22
Charlton, W. 66 n.65
Chenu, M.-D. 182
Clatterbaugh, K. C. 47 n.8
Clemente V (Papa) 39, 40
Codello, R. 47 n.8
Conrad-Martius, H. XIII, XX, XXII, XXIII,
   1, 3, 5, 6, 7, 9 n.25, 22 n.51, 27 n.65, 82, 91

n.24, 103 n. 70, 117, 123, 124 n.134, 125 n.134, 132, 140, 151, 152, 154 n.6, 157
Conti, A. D. 48 n.8

D'Ambra, M. 122 n.128
D'Onofrio, G. XI ns.1 e 2, 38 n.92, 52 n.22, 57 n.32, 61 n.44
De Leo, D. 82 n. 2
De Monticelli, R. 121 n.126, 158, 159 n.13, 178, 180
Delorme, F. M. 15 n.41, 21, 22, 24, 27, 29, 31 n.76, 33, 35, 36, 37, 38n. 91, 39 n. 97, 40, 41
Denifle, H. 46 n.5, 47 n.6
Descartes, R. 3 n.2, 8, 27, 108, 176, 182,
Dilthey, W. XII, 120 n.125
Donà, M. 47 n.8
Dumont, S. D. 24, 25, 41, 47 n.8, 74 n.84, 76 n.89, 79 n.97

Eckert, W. P. 48 n.11
Egídio Romano 24, 25, 26, 35, 41, 66 n.64
Epis, M. 23 n.54
Errico, R. 136, 137, 157
Étienne Tempier 26, 46

Feldes, J. 6 n.10
Felipe de Bridlington 166
Fernandez Garcia, M. 11, 22, 23, 24,25, 26, 27, 28, 31, 32, 34, 36, 152
Fernandus de Ylliescas 17
Fidelis de Fanna 161
Fink, E. 95 n.40
Florenskij, P. 182 n.16
Francisco de Meyronnes 79, 166
Francisco de Ripa 168
Freyer, J.-B. 161

Gadamer, H.-G. XIX
Garcia (ed.), ver Fernandez Garcia M.
Gelber, L. 125 n.134
Geremia da Bologna 38 n.92
Gerl-Falkovitz, H.-B. XI n.1
Ghisalberti, A. 75 n.86
Gilson, É. 41, 64, 77 n.92, 106, 175 n.1
Glorieux, P. 33 n.78, 35, 39
Godofredo de Fontana 35, 36, 37, 41, 52, 62, 165
Godofredo de Paris 38 ns.92 e 93, 40 n.100,

Grabmann M. 2 n.1, 161, 182
Gracia, J. J. E. 44 n.1, 179 n.10
Gredt, J. 144, 145,172, 183
Guidetti, L. 121 n.126
Guilherme de Alnwick 79
Guilherme de la Mare 165
Guilherme de Nottingham 167
Guilherme de Ockham, ver Ockham, Guilherme de
Guilherme de Saint-Amour 19
Guilherme de Sherwood 165
Guilherme de Ware 165

Harris, C. R. S. 14
Hechich, B. 49 n.14
Hecker, H. 142 n.182
Heidegger, M. XII, XIII, 1, 2, 3, 4, 61 n.46, 151, 172, 174, 175
Henle, R. J. 180 n.10
Henrique de Gand 5, 35, 41, 57, 58, 59, 61, 165
Herbstrith, W. 6 n.14
Hering, J. XXII, 6 n.10
Hilbert, D. 7 n.18
Hoffmans, J. 19 n.48, 35 n.83
Höfliger, A. 142 n.182
Homero 135
Hugo de Hertelpol 166
Hüllen, J. 44 n.2
Husserl, E. XII, XV, XX, XXII, XXIII, 2-3, 4, 6, 7, 9, 82, 83, 86, 92, 95 n.40, 103, 104, 107, 108 n.81, 109, 111, 13, 117, 123, 125, 134, 146, 151, 156, 172, 173, 174,175

Iammarrone, L. 48 n.8, 106
Ingarden, R. 5, 6

Jacó de Ascoli 165
João de Reading 166
João de Santo Tomás 182
João Paulo II (Papa) 182 n.16
João XXII (Papa) 40
John Dalderby 166
John Peckham 41
Julieta 121 n.126, 178

Kant, I. 108 n.81
Kilwardby, R. 74 n.83

ing, P. 47 n.8, 48 n.8
lug, H. 22 n.51
ölmel, W. 4 n.4
oyré, A. XXII, XXIII, 1-2, 3, 6 n. 10, 7, 8, 9, 27, 151, 152

andry, B. 14,
anglois, C.-V. 38ns. 92 e 94, 40 n.100
eão XIII (Papa) 181, 182 n.16
eibniz, G. W. von 2 n.2, 3 n.2, 121, 159, 178, 181, 182
eonij, L. 15 n.41
ima Vaz, H. C. 181, 182 n.16
ipps, T. 83 n.4, 84
ocke, J. 2 n.2, 3 n.2
ongpré, E. 2 n.1, 10, 11, 22, 23 n.53, 23 n.61, 152, 161, 163, 164, 165, 166, 169
ottin, O. 19 n. 48
ynch, J. E. 38 n.92

lac Craith, M. 16 n.43
lackey, L. 45, 60
laier, A. 19 n.48
landonnet, P. 161, 182 n.17
langanaro, P. 82 n.2, 93, 160 n.14
lanno, A. 47 n.8
lanser, G. M. 9, 10 n.29, 172
laritain, J. 172
lasiero, R. 47 n. 8
lateus de Aquasparta 41
lauritius de Portu 163
lerleau-Ponty, A. xv, xvi
leßner, R. 10, 11, 147 n.197
lichelangelo 29, 30
linges, P. 22
lodrić, L. 49 n.13
lüller, M. 11, 152, 161 n.1

ewman, J. H. 182 n.16
icolas di Lisieux 19
odari, F. 82 n.2
oone, T. B. 47 n.8, 48 n.12
ozick, R. E. xix

ckham, Guilherme de 5
tt, H. 3 n.3
wens, J. 179 n.10

alade, T.-B. xi

Parent, E. 22 n.52
Park, W. 47 n.8, 71 n.76
Pedro Auriol 5, 39n.96
Pedro de João Olivi 29, 39, 47 n.7
Pedro Lombardo 38, 180 n.11
Pedro Tomás 166
Pelster, F. 5, 48 n.11, 161
Pelzer, A. 19 n.48
Pezzella, A. M. 9 n.25, 85, 93 n.32, 98 n.51, 103 n.70
Pfänder, A. XXII
Pickavé, M. 57 n.34, 66 n.64
Pini, G. 48 n.8, 76 n.89
Pits, J. 14 n.38
Platão 3 n.2, 55, 143, 148, 173, 174, 184
Poli, R. 107 n.80, 108 n.82, 113 n. 94
Pontoglio, O. 2 n.1
Posselt, T. R. 7 n.15
Pouivet, R. 177 n.7
Przywara, E. 172
Putallaz, F.-X. 33 n.77

Redmond, W. 131, 142 n. 82
Reinach, Adolf 6
Reinach, Anne 6
Reinach, Pauline 6,7 n.15
Ricardo de Mediavilla 165
Ricardo de São Vítor 90 n.23
Rizo Patron, R. J. 131 n.152
Roger Marston 41
Rousset, D. 102 n.67
Rudavsky, T. 47 n.8, 60

Saint-Exupéry, A. xv
Salamon, G. W. 72 n.81
Savian Filho, J. XI, XII
Scaramuzzi, D. 17 n.47
Schabel, C. 57 n.34
Scheler, M. XXII, 3, 175n.1
Schulz, P. 142 n.182
Seibt, J. 107 n. 80, 107 n.82, 113 n.94
Seidl, H. 67 n.67
Sepp, H. R. 125 n.134
Sertillanges, A.-D. 172, 182 n.17
Shahid, M. 6 n.10, 154 n.6, 157 n.10
Shibuya, K. 48 n.9, 75, 76 n.89, 154
Sileo, L. 4 n.4, 48 ns.8 e 12, 52 n.22, 57 n. 32, 61 n.44, 74 n.84, 76 n.89
Simone di Lens 39 n.96

Sócrates 55, 67, 78, 121 n.126, 136, 145, 147, 178
Soloviev, V. S. 182 n.16
Sondag, G. 178 n.9, 179 n.9
Sorondo, M. S. 67 n.67
Spettmann, H. 22 n.51
Spinoza, B. 3 n.2
Squittieri, A. 47 n.8, 52 n.24
Stella, P. T. 46 n.4
Strawson, P. F. 121 n.126, 178, 181
Stroick, C. 48 n.11
Suárez, F. 182

Teeuwen, M. 31 n.74
Teresa d'Ávila 7 n.15
Teresia Renata de Spiritu Sancto, *ver* Posselt, T. R.
Théry, G. 26 n.36
Tomás de Aquino XII, XXI, XXIII, 3 n.2, 5, 8 n.23, 9, 10, 19, 62, 67 n.67, 107, 111 n.90, 128, 134, 136, 142, 144, 146, 152, 156, 161, 172, 173, 174, 176, 177, 179, 180, 181, 182, 183
Tomás de Erfurt 2 n.1, 151

Tonna, I. 44 n.2
Tricarico, C. F. XI
Tymieniecka, A.-T. 101 n.64

Untervintl, L. von 33 n.77, 38 n.92, 40 n.10

Van Inwagen, P. 159 n.13
Vargas Guillén, G. 131 n.152
Vetter, H. 122 n.128
Veyne, P. 184
Vignaux, P. 175, 176
Vinci, D. XX n.2, 84 n.8, 118 n. 115, 129 n.143
Vio T. (Cajetano) 182
Vital de Furno 38 ns.93 e 94, 39, 40, 41, 151, 152
Vivès, L. 8 n.21, 22

Wadding, L. 8 n.20, 17, 21, 22, 164, 170
Walther, G. XX, XXII
Weijers, O. 31 n.74,
Wulf, M. 35 n.83, 41

Zambelli, P. 7n.18
Zanatta, F. 52 n.22, 57 n.32, 61 n.44

Este livro foi impresso na cidade de São Bernardo do Campo,
nas oficinas da Paym Gráfica e Editora, em abril de 2016,
para a Editora Perspectiva